DE REGIA POTESTATE ET PAPALI

O equilíbrio de poderes segundo Joannes Quidort (1270? – 1306)

Tese apresentada ao Programa de Pós-Graduação em História da Universidade Federal Fluminense como requisito para obtenção do grau de doutor. Área de concentração: História Social. Setor Temático: Antiga e Medieval.

Orientadora: Professora Dra. Vânia Leite Fróes

Tese apresentada na UFF, Niterói, em 28 de março de 2008.

ALEXANDRE PIEREZAN

Toledo-PR
2022
Editora AHBP

ISBN: 979-84-41-10394-7

EDITORAÇÃO E CAPA

Neide Ivene Bender Pierezan

REVISÃO TÉCNICA

Neide Ivene Bender Pierezan

FICHA CATALOGRÁFICA

Dados Internacionais de Catalogação na Publicação (CIP)

P618

Pierezan, Alexandre, 1977

DE REGIA POTESTATE ET PAPALI: o equilíbrio de poderes segundo Johannes Quidort (1270? – 1306) / Alexandre Pierezan. Toledo-PR: AHBP Publishing Company, 2022.

312 p.: il.
Orientador: Vânia Leite Fróes
Tese (Doutorado) – Universidade Federal Fluminense.
Defesa da Tese: 28 de março de 2008

Bibliografia
ISBN: 979-84-41-10394-7

1. Idade Média – França. 2. Monarquia – França. 3. Política. 4. Poder. 5. Ideias Políticas. I. Título.

CDD 944.02

Editora AHPB
CNPJ 41.953.318./0001-74
Rua Padre Luis Luise, nº 263, Bairro Tocantins, Toledo-PR.
Fone (45) 99802-9317

ALEXANDRE PIEREZAN

DE REGIA POTESTATE ET PAPALI

O equilíbrio de poderes segundo Johannes Quidort (1270? – 1306)

Tese apresentada ao Programa de Pós-Graduação em História da Universidade Federal Fluminense como requisito para obtenção do grau de doutor. Área de concentração: História Social: Setor Temático: Antiga e Medieval.

Aprovado em 28 de março de 2008.

BANCA EXAMINADORA

Professora Doutora Vânia Leite Fróes (Orientadora) – UFF

Professor Doutor Luiz Carlos Soares – UFF

Professora Doutora Adriana Maria de Souza Zierer – UEMA

Professor Doutor Moisés Romanazzi Torres – UFSJ

Professor Doutor Edmar Checon de Freitas – UFF

À minha esposa, Neide Ivene Bender Pierezan; e

aos meus filhos queridos, Arthur Henrique e Heitor Remy.

Com muito amor e carinho.

AGRADECIMENTOS

A Deus, primeiramente, por oportunizar e permitir a conclusão desta tese no ano de 2008, agora publicada em formato de livro.

Algumas pessoas contribuíram de maneira decisiva para a realização do presente trabalho. Familiares, amigos, colegas de trabalho e professores: a todos, meus sinceros agradecimentos.

Quero expressar um agradecimento cordial e fraterno à professora Doutora Vânia Leite Fróes, a quem sou eternamente grato pela oportunidade de crescimento intelectual e humano. Sem dúvida, foram quatro anos em que aprendi muito, que guardarei e lembrarei pelo resto de minha vida. A sua experiência, sua ternura e sua sensibilidade foram fundamentais para minha formação como professor e, acima de tudo, como ser humano.

À CAPES, pelo auxílio financeiro nos primeiros três anos de pesquisa.

Aos professores Dr. Moisés Romanazzi Torres e Dr. Edmar Checon de Freitas, pelas sugestões dadas na ocasião do Exame de Qualificação, que muito contribuíram para o aprimoramento da pesquisa.

Aos professores Dr. Luiz Carlos Soares e Dr. Adriana Maria de Souza Zierer, além dos supracitados, por terem aceito, gentilmente, o convite que lhes foi feito.

À Neide Ivene Bender Pierezan, minha querida e conselheira esposa, paciente amiga que tem me acompanhado na alegria e na tristeza.

Aos meus familiares: meu pai, Anildo Pierezan; meus irmãos

Leandro Pierezan e Evandro Pierezan; e minha avó Adélia Pierezan (*in memorian*). A todos, obrigado pelo apoio e estímulo.

Aos amigos Richard Negreiros de Paula e Paulo César dos Reis, pelos quatro anos de conversas, debates e discussões teóricas que "revolucionaram a historiografia.

Ao amigo Marcelo Berriel, pelos anos de convivência e aprendizado.

Minha gratidão a todos os colegas e alunos da Universidade Estadual de Goiás, Unidade de Itumbiara, Instituição em que trabalhei durante os três primeiros anos de doutorado. Em especial aos amigos Túlio, Rodrigo, João França e Sérgio Paula Rosa.

Um especial agradecimento ao amigo Dr. Nilton Milanez, da Universidade Estadual do Sudoeste da Bahia – UESB -, pelas discussões acadêmicas e sincera amizade.

Aos amigos Hagaides de Oliveira e Clarice, pelo apoio nas horas mais difíceis.

Aos colegas da Universidade Federal de Mato Grosso do Sul, Campus de Nova Andradina.

Aos colegas da Universidade Tecnológica Federal do Paraná, universidade esta em que me encontro cedido desde o ano de 2019, especialmente ao amigo Professor Osni Hoss.

Registro meu agradecimento ao professor Stéfano Paschoal, pelas sugestões sobre a difícil língua de Camões.

Sumário

RESUMO

Trata-se de um estudo no campo da História das Ideias Políticas, que aborda os embates entre o papado e o poder régio, tomando como referência central o tratado político *De Regia Potestate et Papali*, escrito por Johannes Quidort entre 1302 e 1303. Faz-se uma aproximação das ideias deste último com o pensamento de Egídio Romano, para demonstrar que ambos os pensadores propuseram uma harmonia entre as forças políticas. Para se compreender o contexto de centralização política da monarquia francesa, analisa-se o período em que o rei Filipe, o Belo, e o Papa Bonifácio VIII foram protagonistas do rejuvenescimento teórico sobre a idéia de "Bem comum", "Soberano supremo" e "Hierocracia", comprovando a existência de um discurso político atento para a distinção entre os poderes temporal e espiritual. Os juristas do rei auxiliaram na montagem, mas coube aos dominicanos a empresa teórica de defesa da monarquia. Estes últimos, especialmente os instalados em território francês, propuseram a busca pelo equilíbrio político entre as forças em litígio. Esse discurso encontra correspondência na realidade das práticas sociais, o que é comprovado pela atividade exercida pelos dominicanos na Universidade de Paris e da credibilidade junto aos súditos franceses.

Palavras-chave: História das Ideias Políticas. Poder. França. Monarquia. Idade Média.

RÉSUMÉ

La présente thèse de doctorat est une étude dans le domaine de l´histoire des idées politiques. Elle se penche sur les relations qui se sont établies entre la papauté et le pouvoir royal a partir du traité De Regia Potestate et Papali (1302-1303) écrit par Johannes Quidort. L´étude montre aussi les liens existant entre Quidort et la pensée d'Egídio Romano. Elle prouve qu'il existe chez les deux penseurs une proposition d´harmonisation des forces politiques. Pour bien comprendre le processus de centralisation politique de la monarchie française, l´auteur analyse la période pendant laquelle le roi Philippe le Bel et le pape Boniface VII ont été les protagonistes du renouveau théorique autour de l´idée de « bien commun », de « souverain absolu » et de « hiérocratie ». Cette démarche a notamment pour but de prouver l´existence d´un discours politique qui tient compte de la différence entre le pouvoir temporel et le pouvoir spirituel. Si les juristes royaux ont contribué à cet effort, c´est aux dominicains qu'a incombé la tâche théorique de défendre la monarchie. Ces derniers, notamment ceux installés sur le territoire français, ont proposé la recherche d'un équilibre entre les deux forces en conflit. Ce discours jouissait de l'appui de la population française et plongeait ses racines dans des pratiques sociales existantes et dans l'activité des dominicains au sein de l'Université de Paris.

Mots-clés: Histoire des Idées Politiques; Pouvoir; France; Monarchie; Moyen Âge

INTRODUÇÃO

Promover a distinção entre o poder temporal e o espiritual foi o principal alvo do dominicano Johannes Quidort. Ao escrever o tratado político *De Regia Potestate et Papali* – provavelmente entre março e agosto de 1302 estendendo-se, talvez, até meados de 1303 –, Johannes acirrou o já então conhecido debate teórico sobre o conflito político entre o Papa Bonifácio VIII e o rei francês Filipe, O Belo. Ao usar a Cadeira de Teologia na Universidade de Paris para defender os preceitos de um poder soberano em seu reino, o pensador acabou por ser agraciado por uma das partes, mas condenado pelo papado. São esses embates teóricos que, inicialmente, servem de exemplo emblemático para a análise do contexto da época.

Johannes não estava entre os grandes gênios de seu tempo, mas ainda assim promoveu discussões teológicas que o conduziram ao centro do debate sobre as ideias hierocráticas do Papado e do Império. Ele não ousou, em nenhum momento, propor a supressão da autoridade eclesiástica, todavia procurou dar um ordenamento lógico às teorias produzidas até então, buscando encontrar um meio termo entre os dois maiores erros que pôde encontrar: o erro dos que exaltavam em demasia a autoridade universal e dos que propunham como fim único e verdadeiro o poder do rei. Esse despretensioso dominicano, ao avaliar as teorias políticas que tratavam do Papado, da Monarquia e do Império, aproximou discussões e apontou soluções para o conflito.

Na trama social e política do período, as Bulas Papais e os

documentos da chancelaria régia entraram em rota de colisão, momento em que as referências ao conflito partiram para a disputa jurídica. Nesse meio de intenso debate, vários pensadores propuseram teorias de conciliação e equilíbrio entre as forças. O tratado *De Regia Potestate et Papali*, objeto de especial atenção nesta tese, contudo, demarcou um limite claro para as duas esferas em litígio. Ao aproximar os conceitos debatidos num universo considerável de fontes produzidas na época, fez-se necessária a leitura detida dos documentos do papado e da monarquia, tendo como contraponto, sobretudo, a obra *Sobre o Poder Eclesiástico*, de Egídio Romano.

Os dois maiores expoentes do pensamento à época do conflito foram, de fato, Johannes Quidort e Egídio Romano. O primeiro, defensor de um poder local e atento à diversidade das multidões governadas, e o segundo, defensor da velha tradição hierocrática do poder papal. Desse frutífero embate de ideias, em que figuram exemplos desde a Antigüidade Clássica até doutores da Igreja, surge uma lógica do exercício do poder, preocupada em conquistar a defesa dos pensadores e juristas. Num momento em que o rei francês começava a sedimentar as ideias de reino – rei e súdito –, o poder do soberano é retomado à luz de um contexto propício à disseminação dessas mesmas ideias. O Papa sempre foi um grande aliado do rei francês e, em grande medida, partilhava das ambições projetadas. O Clero francês, todavia, não era homogêneo, e diluía-se em grupos voltados à defesa das pretensões monárquicas, enquanto um número considerável procurava conter o avanço real com o intuito de resguardar a própria autoridade sacerdotal. Nesse sentido, a tese apresenta uma análise focalizada na relação que tinham mais particularmente os professores da Universidade de Paris com a monarquia francesa, em especial, como as ideias políticas de Johannes Quidort procuraram estruturar uma nova hierarquia política, fundamentadas na tradição vetero-testamentária, nos clássicos e na tradição patrística.

Transita-se, assim, pela corrente da História das Ideias Políticas, e por todas as formas de se compreender o poder, bem como pela relação existente entre os poderes. Os símbolos, as crenças, os conceitos e as instituições, ou seja, todos os tipos de produção ideológica permitem a compreensão de como se exercia o poder no Medievo, elementos importantes para se entender a legitimidade dos poderes dominantes, principalmente na Baixa Idade Média, momento em que os símbolos religiosos, as crenças e os valores cristãos influenciavam os homens em todas as decisões.

Poucos são os estudos que aproximam o pensamento político dos interesses da monarquia francesa. Grande parte deles preocupa-se com a demonstração das disputas internas da Igreja, correlacionando-os muito pouco com as pretensões monárquicas de ampliar a autoridade no reino francês. Muitos vêem essa aproximação apenas como uma inclinação do rei aos debates teológicos e, particularmente, jurídicos, realizados na Universidade de Paris. Evidentemente, a produção jurídica auxiliou em muito os interesses de Filipe, o Belo, mas, certamente, os debates teológicos também ampliaram a compreensão sobre a distinção entre a esfera espiritual e a temporal. Não foi somente uma querela teológica, pois os Dominicanos receberam um significativo apoio dos príncipes franceses, o que permite entrever o interesse da Ordem em continuar sendo agraciada pelo rei.

Ao observar os jogos do poder político da época, pergunta-se se Johannes Quidort de fato almejou apenas manter a autoridade do rei ou se buscou credenciar a própria função na Universidade de Paris. É sabido que ele teve sua cátedra cassada. Assim, é possível concluir o interesse em receber as graças de continuar lecionando e escrevendo. Será, contudo, que a promoção da Ordem dos Dominicanos era o objetivo final dessa teorização? Será que, ao ser repudiado pelo Papa, escreveu almejando legitimar um poder atento à diversidade dos povos e das ideias geradas pelos clérigos? Será que os Dominicanos foram realmente beneficiados, ou somente a monarquia francesa o foi? Como as ideias e as crenças foram utilizadas para perpetuar os valores do soberano? Questões como estas norteiam o trabalho de pesquisa, e é nesse sentido que se deseja contribuir.

O olhar restringe-se ao período entre 1270 e 1306, contexto em que supostamente teria nascido e morrido Johannes Quidort. Esse momento culmina com a eleição do Papa Gregório X, em

1271, ocorrida depois de um ano de intensos debates no Sacro Colégio sobre quem deveria ser eleito Papa. Nessas décadas, inicia-se um longo processo em que os interesses dos reis influenciam na escolha do Papa. É a época em que Bonifácio VIII torna-se Papa (1294), antes mesmo do Papa Celestino V abdicar. É o período que deflagra a mudança da sede do papado para Avignon (1309-1377), conhecido como Cativeiro da Babilônia. Ressalta-se, entretanto, a necessidade de se recuar no tempo para que se analisem os argumentos, os fundamentos e as ideias assimiladas por Johannes Quidort a fim de sustentar suas teorias. Ademais, sabe-se da influência de Aristóteles no pensamento de Tomás de Aquino e de seu fiel discípulo.

Acredita-se que o rei Filipe, o Belo, tenha se apoiado na discussão proposta pelos religiosos para minar as ideias que fundamentavam e davam base ao poder hierocrático do papado. A constatação da fragilidade em que se encontravam as ideias sobre a autoridade papal pode ser encontrada ainda nas primeiras bulas papais que tratam das esferas de poder. O principal exemplo é a *Clericis Laicos*, em que o Papa Bonifácio VIII revela os primeiros sinais de que o debate havia se tornado perigoso para o modelo hierocrático. A contestação dos juristas atendeu aos interesses imediatos da monarquia francesa, que culminou na escrita do *De Regia Potestate et Papali*, bem como nos eventos de perseguição ao próprio cabeça da Cristandade: o Papa.

Desse modo, os argumentos propostos no tratado político de Johannes Quidort revelam os mecanismos e instituições que serviram aos propósitos centralizadores da monarquia francesa. Ao tentar livrar a monarquia francesa da obediência imputada pela Igreja, as teorias do dominicano ocuparam-se da concepção de cristão e súdito, o que traduziu o sentimento que aglutinou os fiéis e súditos aos interesses do rei francês. Para provar a relação entre os conceitos, utilizam-se as principais concepções da História das Ideias Políticas. Desse modo, não se faz somente um "inventário" dos grandes autores, mas também uma análise que procura enxergar nos pensadores uma resposta argumentada às perguntas que a sociedade se faz no momento em que o autor também formula os questionamentos. Nesse sentido, constrói-se uma idéia de bom governo, bom governante, de súdito e de cristão, que mantém uma ligação com a tradição e os valores presentes em seu tempo.

Considerando o exposto até aqui, as principais hipóteses encontram-se ordenadas do seguinte modo: a) o pensamento político de Johannes Quidort, ao propor o equilíbrio político entre os poderes, acaba por estruturar uma nova hierarquia política. Fundamentado na tradição vetero-testamentária, nos clássicos e na tradição patrística, afirma a primazia da monarquia na hierarquia política; b) a teoria política de Johannes Quidort provocou o debate entre os agostinianos, o que propiciou um novo modo de considerar os fiéis e súditos na ordem societária da época; c) as ideias políticas de Johannes Quidort rompem com a antiga dicotomia entre Império e Igreja e funda um novo modelo para o equilíbrio político.

Para comprovar as hipóteses propostas, foi necessário analisar a obra de Johannes Quidort, *De Regia Potestate et Papali*, o tratado político *Sobre o Poder Eclesiástico*, de Egídio Romano, além dos argumentos régio e papal. O corpus documental precisou abarcar os discursos produzidos por ambos os lados da disputa, pois os diálogos, as intrigas, os acordos, traições e ideias são encontrados no interior das experiências vivenciadas e pelas representações repassadas em forma de letra escrita.

A tese está dividida em duas partes, contendo cinco capítulos. A primeira parte apresenta uma discussão das principais questões teóricas relativas à História das Ideias Políticas, um breve balanço historiográfico do tema, discute o corpus documental, analisa as principais questões biográficas de Johannes Quidort e os dados textuais e contextuais dos séculos XIII e XIV. Na segunda parte, composta por dois capítulos, encontram-se as análises específicas do corpus documental.

No primeiro capítulo são analisadas as principais temáticas relacionadas ao poder e a Igreja, com o intuito de se tecer um breve estudo sobre os meios a que a História das Ideias Políticas recorre para abordar o tempo, o espaço e as categorias sociais. Tomando-se como base os estudos de James Burns[1], esse primeiro capítulo discute como o historiador analisa as ideias políticas e a interação dessas ideias com a experiência dos pensadores do Medievo. Apresenta, ainda, aspectos biográficos e contextuais da época de Johannes Quidort.

A principal finalidade do segundo capítulo é, por um lado, situar o contexto da Cristandade Latina e apresentar as pretensões do papado à universalidade do poder, particularmente à época de Bonifácio VIII. Por outro lado, tem como foco a França monárquica de Filipe, o Belo, apontando como se constituiu o palco de confronto de poderes e de disputa das principais ideias políticas da época. Para tanto, além de material bibliográfico, são consultados documentos da chancelaria régia, bulas papais e discussões propostas por pensadores do baixo Medievo.

O capítulo três apresenta as principais correntes do pensamento político da época e a forma como era idealizado o modelo do poder soberano do rei. Apesar do uso formal do tratado político de Johannes Quidort, consultaram-se, eventualmente, alguns documentos de Santo Agostinho, Boécio, Santo Tomás de Aquino e outros, a fim de se comprovar o surgimento da idéia medieval do papado e da monarquia. Desse modo, verificou-se como as ideias hierocráticas foram questionadas pelos defensores do poder régio.

Ao apresentar a análise dos tratados políticos e dos documentos expedidos pelo papado e pela monarquia francesa, o capítulo quatro expõe a configuração política da disputa entre o poder temporal e o espiritual, atendo-se ao problema da distinção entre os poderes e como se processam os principais argumentos sustentadores do poder régio, inclusive no interior da tese hierocrática. Ao destacar a busca pelo reordenamento das forças políticas, percebe-se em quem o rei se apoiava para questionar a plenitude do poder papal e quais os mecanismos ideológicos e políticos que amparavam e sustentavam a Igreja.

---

[1] BURNS, James Henderson. *Histoire de la pensée politique Médiévale*. Paris: Presses universitaires deFrance, 1993. p. 06.

No último capítulo apresenta-se a análise específica da fonte *De Regia Potestate et Papali* e demonstra-se como os argumentos papais foram fragilizados diante do discurso místico dado à monarquia. A principal fonte é confrontada com o documento *Sobre o poder eclesiástico*, de Egídio Romano, que defende o poder papal em todas as esferas de poder. O intuito disto é comprovar a existência de um significado novo à organização das forças políticas em fins do século XIII e princípio do XIV, que declaravam o rei como soberano em seu reino.

Conclui-se, ao término da tese, que os principais discursos defendidos por Johannes Quidort estiveram em conformidade com a realidade social da época e podem ser encontrados, inclusive, nos textos que defendiam o poder papal. Os escritos políticos da época revelam o intrincado mundo das ideias políticas, mas também permitem observar e comprovar a existência de uma adaptação, conforme os interesses da monarquia, aos anseios mais profundos da sociedade em ser governada por um poder forte e local. Essa constatação é recorrente em boa parte dos documentos analisados ao longo da tese, mas permite outros tantos estudos sobre a construção do poder soberano nas localidades, que ainda está por ser feito.

PARTE 1
POLÍTICA E PODER NA CRISTANDADE LATINA

CAPÍTULO 1 – História das Ideias Políticas: problemas e questões

Aprendemos a ler uma obra nas pegadas das outras.

Claude Lefort

Herdeira de tradição política que remonta à Antigüidade Clássica, a História das Ideias Políticas sofreu transformações a partir da década de 70, ao propor novos problemas, novas abordagens e novos objetos. Até então, voltada à exaltação dos grandes nomes, dos acontecimentos e das datas consideradas mais importantes, questões relacionadas à crença e à mística real foram negligenciadas por fazerem parte do mundo da ficção. Trata-se de História das Ideias Políticas descarnada que, em grande medida, reproduzia apenas a visão institucional e biográfica.

Diversos Combates pela História[2] levaram a História das Ideias Políticas[3] a incluir estudos[4] que levavam em conta a

[2] FEBVRE, Lucien. *Combates pela história*. 3a ed. Lisboa: Presença, 1989. p. 31. O autor destaca a paixão pela história e defende a formulação de hipóteses, construção de argumentos que não negam as interferências do presente nas escolhas e, sobretudo, refuta as ideias que afirmavam ser a história somenteuma coleção de fatos. Para Febvre, "pôr um problema é precisamente o começo e o fim de toda a história. Se não há problemas, não há história. Apenas narrações, compilações".

[3] WINOCK, M. "As idéias políticas". In: RÉMOND, R. (org.). *Por uma história política*. Rio de Janeiro:UFRJ/FGV, 1996. pp. 273-274.

[4] DUBY, Georges. *Para uma história das mentalidades*. Lisboa: Terramar, 1999. pp. 71-72. Como lembrava Georges Duby, reafirmando *Combates pela História,* de Lucien Febvre: "Estas investigações tornaram menos incerta uma verdadeira história

compreensão dos modelos, do diálogo, dos interesses e, por exemplo, das crenças que integram o debate político de fins da Idade Média. Max Weber[5], no início do século XX, já apontava para a necessidade de se compreender a crença como elemento fundamental para o estabelecimento dos Estados, das ciências e das organizações políticas[6].

---

das filosofias – e não dos filósofos –, que não se isolarampelos seus sistemas de pensamento do seu ambiente cultural e afectivo, e que manteria aberta, sempre, uma porta de comunicação, por onde o mundo das ideias pudesse retomar nos nossos espíritos o contactoque tinha naturalmente com o mundo das realidades, quando vivia". Esta crítica a uma História das Ideiasdescarnada é retomada por Georges Duby com o intuito de lembrar ao historiador que, à época de Lucien Febvre, em seus *Combates pela História*, o compromisso era escrever uma história que levasse em consideração o que Febvre conceitualizava como passado: "O passado é a reconstituição feita por homensengajados na trama das sociedades de hoje". Do mesmo modo, LE GOFF, Jacques. "A visão dos outros: um medievalista diante do presente". In: CHAUVEAU, Agnès & TÉTART, Philippe. *Questões para a história do presente*. São Paulo: EDUSC, 1999. p. 93., assinala sua compreensão de tempo: "minha reação é a de um historiador, de um aluno de Marc Bloch. Esclarecer o presente pelo passado e o passadopelo presente". A questão do "político", ou sua esfera, portanto, precisa ser melhor esclarecida, principalmente se vista depois do movimento de renovação política, promovido, em grande medida, pelosherdeiros da Escola dos Annales. Nesse caso, outra referência importante para o assunto é LE GOFF, Jacques. "A política será ainda a ossatura da História?" IN: LE GOFF, Jacques. *O Maravilhoso e o quotidiano no Ocidente Medieval*. Lisboa: Edições 70, 1983. p. 228, texto em que explicita um movimento mais apropriado para a história política: "Embora a história política possa ser renovada e regenerada pelas outras ciências humanas, ela não pode aspirar à autonomia. Dividir um só ramo do saberem compartimentos separados é mais inadmissível que nunca, numa época de pluridisciplinaridade".

[5] WEBER, Max. *Ciência e política:* duas vocações. São Paulo: Martin Claret, 2002.

[6] COMTE, Augusto. *Reorganizar a sociedade*. São Paulo: Escala, 2005. pp. 32-55. Mesmo no século XIX, o filósofo Augusto Comte demonstrou as significativas mudanças no pensamento político, apontando para a interpretação dos valores medievais na consolidação do pensamento moderno. Para o autor: "Além disso é essencial observar que as discussões sobre a divisão dos poderes, as únicas de que alguém se ocupou, foram, por outra conseqüência do desvio primitivo, tão superficiais quanto possível. De fato, perdeu-se de vista a grande divisão em poder espiritual e poder temporal, o principal aperfeiçoamento que o antigo sistema havia introduzido na política geral. Uma vez que a atenção se dirigiu inteiramente para a parte prática da reorganização social, foi-se naturalmente conduzido a essa monstruosidade de uma constituição sem poder espiritual que, se tivesse podido

O grande paradoxo da História das Ideias Políticas é que, até pouco tempo, ela se manteve comprometida com a solução dos problemas do tempo presente, procurando os desvios e as causas dos mesmos problemas registrados no passado. O fato é que esta modalidade de história não pôde ser concebida de outra forma, pois, como bem notou René Rémond, "a história de fato não vive fora do tempo em que é escrita, ainda mais quando se trata da história política: suas variações são resultado tanto das mudanças que afetam o político como das que dizem respeito ao olhar que o historiador dirige ao político"[7]. O historiador, marcado por problemas do presente, encarna a idéia de guia da civilização, o que o faz querer solucionar os problemas e/ou iluminá-los com as luzes da razão, esta última advinda do trabalho intelectual. Ao seguir estas balizas fixas, "o historiador, como homem do presente trabalhando sobre o passado, é, pois, julgado em segunda instância pelo futuro"[8].

Ao estudar o pensamento político dos séculos XIII e XIV e o entrelaçamento das ideias que integram e interagem com as experiências do homem medieval, James Burns[9] aponta para a necessidade de o historiador analisar a maneira como os pensadores da Baixa Idade Média selecionaram, utilizaram e confrontaram as ideias políticas retiradas dos antigos tratados. Entende, pois, a necessidade e o propósito de interligar diferentes níveis da percepção política numa mesma análise. O campo do político, na Idade Média, por exemplo, correspondia a uma província do sagrado. É importante consultar o maior número de obras e

---

tornar-se duradoura, configurar-se-ia como um verdadeiro e imenso retrocesso em direção à barbárie. Tudo foi direcionado unicamente para o temporal. Foi vislumbrada somente a divisão em poder legislativo e poder executivo, oque não passa evidentemente de uma subdivisão". E ainda, "em primeiro lugar, para tornar positiva a ciência política, é necessário introduzir nela, como nas outras ciências, a preponderância da observação sobre a imaginação".

[7] RÉMOND, Réné (org.). *Por uma história política*. Rio de Janeiro: Editora UFRJ, 1996.

[8] SIRINELLI, François. "Ideologia, tempo e história". In: CHAUVEAU, Agnès & TÉTART, Philippe. *Questões para a história do presente*. São Paulo: EDUSC, 1999. p. 92.

[9] BURNS, James Henderson. *Histoire de la pensée politique Médiévale*. Paris: Presses Universitaires deFrance, 1993. p. 06.

tratados, atento aos diferentes níveis de engajamento político dos setores a que os pensadores estiveram vinculados. Somente desta maneira é possível minimizar a análise singular dos grandes nomes da história e valorizar o processo histórico em que as ideias políticas foram geradas.

Os tratados políticos medievais continham temas que foram, durante muito tempo, relegados pelos historiadores ao mundo da superstição e da ficção, pois esses historiadores não encontravam conteúdo adequado para iluminar os problemas práticos de seu tempo. Para a Baixa Idade Média, todavia, pode-se dizer que os escritos políticos estão eivados da crença, da moral religiosa e da ética cristã. Conforme James Burns[10], dificilmente se conseguirá distinguir o político do religioso. A impossibilidade metodológica resulta na crítica do conceito de sens de la totalité – formulado por Walter Ullmann, que defende a idéia de unidade do pensamento –, pois, apesar de integrarem o conjunto dos valores cristãos, os grupos regionais sempre apresentavam características peculiares a cada localidade. Neste sentido, mesmo havendo uma intenção unificadora, é possível distinguir domínios separados pela moral, pelo religioso e pelo político, se assim se pode denominar. Ao estudar os séculos XIII e XIV, Fritz Bleienstein defende o seguinte:

> Quase não existe, na história do Cristianismo, uma época em que o comportamento de tensão entre fé cristã e o âmbito público (Estado) não se tenham feito observáveis. O problema Estado/Igreja é tão velho quanto a própria Igreja, pois a fé cristã almeja comover e renovar o homem todo, através do que a vida pública do Estado é, de alguma forma, forçosamente tangida. [...] A Antigüidade Greco- Romana não conheceu este problema. A vida religiosa era a vida religiosa da própria res publica, e o culto era completamente integrado à polis. (O caso Sócrates está locado num outro contexto: em Sócrates se expressa a tensão entre o pertencer do isolado à sociedade mundana e à sua relação interna espontânea com a consciência e com Deus). Neste mundo é que o Cristianismo – enquanto deixava acordar-se com a mensagem de Deus – foi marcado,

[10] BURNS, James Henderson. *Ibid.* p. 06.

frente ao Estado, por indiferença e obediência. [11]

Grande parte das ideias políticas relacionadas à soberania e à autoridade descende, ou é emprestada da tradição grega e romana. O fato é que não são aplicadas com o mesmo sentido da origem, pois não haveria razão de existir de igual modo em outro contexto histórico. Na verdade, depois de lidas e acrescidas dos valores medievais, tenderão a integrar a tradição cultural/o cerne cultural/a essência cultural do povo a adotar tais preceitos, podendo-se visualizar outras possibilidades para a interpretação política. Um dos exemplos clássicos concretiza-se na noção de Respublica, dentre os romanos e, sobretudo, na de polis, nomeadamente grega[12].

Quando se trata de analisar o tratado político de Johannes Quidort, De Regia Potestate et Papali, o reconhecimento dos vínculos, da rede de relações, os conflitos e as imposições precisam integrar os valores idealizados, a crença na vida eterna e, sobretudo, o que unia e/ou separava os grupos sociais. Significa considerar a influência das leituras gregas, romanas e vetero-testamentárias como que integradas ao olhar da época, que deu destaque a

[11] BLEIENSTEIN, Fritz. *Johannes Quidort von Paris* - Über königliche und päpstliche Gewalt. (De Regia Potestate et Papali). Stuttgart: Ernst Klett, 1969. p. 19. Traduzido por Stéfano Paschoal. "Es gibt kaum eine Epoche in der Geschichte des Christentums, in der sich das Spannungsverhältnis zwischen christlichem Glauben und dem staatlichen Bereich nicht bemerkbar gemacht hätte. Das Problem Staat und Kirche ist ja den ganzen Menschen ergreifen und erneuern, wodurch zwangslãufig in irgendeiner Weise das öffentliche Leben des Staates tangiert wird. In der Gegenwart erben sich die Reibungsflächen vornehmlich im Raum der sogenannten res mixtae, also auf Gebieten, an denen sowohl die Kirche als auch der Staat ein besonderes Interesse haben. (z. B. Familiengesetzungen, Schulgesetzgebung). Aber nicht immer haben sich die Spannungen nur in den Randzonen ergeben".

[12] BURNS, James Henderson. *Op. cit.* p. 01. Para este autor, "Sans doute, l'influence des idéesplatoniciennes ou néo-piciennes a-t-elle été plus continue, bien que la lumière qu'elle projetait ait été réfractée; mais il n'existe aucun texte medieval possédant les caractéristiques (sans parler du niveau) de laRepublique de Platon. Qu'elles aient été platoniciennes ou aristotéliciennes, les idées enracinées dans la vie de la polis ou cite-Etat ne s'appliquaient au mieux que de façon limitée à la plupart des sociétés médiévales".

determinadas ideias e valores. Por isto, a leitura de trechos da Bíblia, que afirmam a supremacia do poder dos reis sobre o poder dos sacerdotes, só foi compreensível aos homens dos séculos XIII e XIV em virtude dos conflitos, de mesma ordem, presenciados diariamente.

Ao longo do século XIX, reproduzia-se a idéia de que a história deveria valorizar o testemunho deixado pela documentação oficial. Ao historiador caberia somente priorizar os documentos pela ordem de fidelidade do relato, descartando os considerados não-confiáveis. Sabe-se, entretanto, que este procedimento metodológico do historiador traduzia o sentido de uma história datada por um tempo. Preocupada em dar crédito aos documentos oficiais, essa modalidade de história fortaleceu o epíteto "a política como ossatura da história", amplamente revista e ampliada por Jacques Le Goff. [13] O estudo da política, envolto por diferentes domínios[14], apresenta uma imagem que revela o mundo em que o texto foi inscrito.

Para a análise dos documentos dos séculos XIII e XIV, Eric Voegelin destaca, também, a importância de se estudar, inclusive, as obras excluídas da classificação "grandes clássicos" do pensamento político. James Burns também destaca a importância de valorizar estudos que contemplem obras de "menor" valor filosófico e político. O que Eric Voegelin fez foi tentar dar credibilidade às obras distantes dos grands douctrinaires[15],

[13] LE GOFF, Jacques. "A política será ainda a ossatura da História?". In: LE GOFF, Jacques. *Op. cit.* p. 229. De acordo com o autor, "a história política não pode continuar a considerar-se a ossatura da história, mas continua a ser no entanto o seu núcleo".

[14] BURNS, James Henderson. *Op. cit.* pp. 02-03. Implica dizer os domínios econômico e social, como bem afirma, Burns, "Ansi, la théorie du dominium exposée par Jean de Paris, au tournant du XIIIe et du XIVe siècle, a des rapports étroits avec les problèmes posés para l'évolution des conditions économiques, mais elle est délibérément exposée dans le contexte d'une argumentation – d'une argumentation politique,pourrait-on dire à juste titre – sur le povoir Royal et papal".

[15] VOEGELIN, Eric. *A nova teoria política*. Brasília: EUB, 1979. Para o autor, a noção parece bastante ajustada ao que se convencionou chamar de clássicos do pensamento político, muito valorizado em nossaépoca. Na verdade, a eleição das obras que passam a integrar o rol dos grandes clássicos do pensamento político

principalmente por estas constituírem um grande filão para os estudos da História das Ideias Políticas e por apresentarem ponto de vista e estilo à margem dos documentos oficiais e institucionais.

Devido às preocupações do tempo, a História das Ideias Políticas passou a justificar o privilégio dado aos temas dominantes na política atual. O olhar direcionado ao passado sempre almejava responder a puras inquietações hodiernas. Desta forma, boa parte dos historiadores justificava o preconceito em relação aos denominados "eixos inatuais"[16] porque enxergavam pouco presente no passado estudado. Entretanto, torna- se indispensável considerar que os "eixos inatuais" permitem rica possibilidade teórico- metodológica. Servem, inclusive, para os historiadores do mundo contemporâneo, que podem estabelecer níveis e analisar os rituais dos governos atuais, sem deixar de fazer alusão ao caráter divino e à crença que cercavam as realezas sagradas do Medievo.

As ideias políticas não devem mais ser analisadas como se fossem independentes da vida real ou não-relacionadas a ela. Devem, sim, ser ponderadas sob os auspícios da estreita relação que as vincula ao campo do político e, em grande medida, à totalidade dos fenômenos sociais. As ideias dos pensadores políticos não estavam desconectadas do pensamento diário da maioria dos homens de seu tempo[17]. As ideias políticas são elaboradas e

---

parte mais de uma visão seletiva contemporânea. Um exemplo claro é *O príncipe*, de Maquiavel, que foi severamente perseguido logo depois de descoberto o conteúdo de sua obra e que, atualmente, é considerado um clássico. Portanto, essa seleção não passa de intervenção do presente na escolha e classificação, não importando, em muitos casos, a contribuição da obra como documento histórico.

[16] RIBEIRO, Renato Janine. *A última razão dos reis:* ensaios sobre filosofia e política. São Paulo: Companhia das Letras, 1993. p. 11. Na opinião de Renato Janine Ribeiro, os estudos voltados aos eixos inatuais importunam o "discurso hoje predominante (sobretudo na economia e na política) da modernização". Os eixos que mais importunam são os estudos em Antiga, Medieval e Moderna. O preconceito decorre porque muitos historiadores passaram a valorizar os símbolos e rituais nas pesquisas,o que, em muitos casos, deixa de responder aos mais imediatos problemas da sociedade contemporânea.

[17] GUILLEMAIN, Bernard. *O despertar da Europa:* do ano 1000 a 1250. Lisboa: Publicações Dom Quixote, 1980. p. 206. Compreende-se, disso, que "as imagens que cada europeu via exprimiam o que sedevia crer e saber. Cristo encontrava-se no

produzidas no contexto da ação dos homens, refletindo interesses individuais ou coletivos, mas sempre como desejos ou projetos de poder e de organização da vida social. Portanto, é fundamental observar a teorização[18] e a materialização das ideias políticas dos pensadores, considerando-as vinculadas e atreladas ao mundo da experiência e do vivido[19]. Nesta perspectiva, os documentos são analisados como que integrados ao construto histórico e social.

Seguindo os preceitos de uma História das Ideias Políticas que se volta ao construto histórico e social, os documentos aqui selecionados também integram a lista dos considerados, durante muito tempo, autores não-oficiais, principalmente por terem teorizado sobre aspectos considerados pertencentes à esfera da superstição. Na verdade, suas obras eram tratadas como sendo de ficção, pois muniam a figura mística do rei de símbolos e mitos cristãos. Nesta lógica, os nascentes Estados monárquicos perpetuavam, por meio de tratados políticos e documentos régios,

---

princípio e no fim".

[18] GUNNEL, John G. "Teoria política: texto e ação". In: GUNNEL, John G. *Teoria política*. Brasília: Editora Universidade de Brasília, 1981. No caso particular, refiro-me à teoria do modo como apontado por John Gunnel, que define o emprego do termo "teoria" usando-se a etimologia clássica advinda da leitura dos clássicos gregos, cuja derivação significa, em princípio, "admirar-se", "admirar" e "olhar", da mesma forma que o "teórico", para Platão *theoros,* designava o observador que tinha a incumbência de relatar o que havia visto em uma cidade vizinha ou informar sobre os rituais religiosos visitados (p. 97). Para John Gunnel, "qualquer teoria política é uma especulação à procura da verdadeira natureza do ser humano que, de um modo ou de outro, se torna o modelo da cidade, quer se considere a cidade como paraAristóteles, um espaço para o desenvolvimento moral ou, como para Santo Agostinho, uma revelação porDeus para a repressão dos pecadores" (p. 111). Ou, ainda, "embora a teoria política nunca se separe de um interesse com um reordenamento da sociedade, há um sentido em que tanto como atividade quanto como texto, ela se torna um substituto para a ação política, ou mesmo se torna uma espécie de ação política" (p. 99).

[19] CERTEAU, Michel de. *A escrita da história*. Rio de Janeiro: Forense Universitária, 1982. p. 93-94. Para o autor, "Não existe relato histórico no qual não esteja explicitada a relação com um corpo social e com uma instituição de saber". Fundamental observar, no presente estudo, a vinculação de Johannes Quidort à Universidade de Paris, instituição que lhe garantiu a projeção social e uma posição teórica bemdefinida - principalmente ao defender a monarquia francesa perante as pretensões do papado.

a figura do bom e do mau governante cristão. Jacques Le Goff, em São Luís, considera que o debate entre os planos espiritual e temporal ocorreu de maneira mais intensa na França, local e momento histórico em que os espelhos de príncipes suscitaram o seguinte questionamento em diversos autores que se debruçaram sobre o tema: "*Miroir des princes ou miroir du clergé?*" [20]. Na verdade, uma História das Ideias Políticas que almeja direcionar um olhar sobre a diversidade social do Medievo não pode deixar de atentar para o fato de que os homens de Estado continuavam submetidos aos preceitos cristãos e, acima de tudo, à crença no modelo de rei caridoso, bondoso, virtuoso etc.

O estudo considera, a partir do *De Regia Potestate et Papali*, as principais formulações acerca do poder soberano do rei em seu reino, do poder do príncipe e da crescente autoridade da monarquia francesa. A utilização dos discursos clericais, analisados a partir dos interesses da monarquia, propiciou o entendimento das correntes do pensamento político que legitimaram a centralização do poder régio. Sem a análise combinada de textos oficiais e tratados políticos, dificilmente se pode alcançar uma compreensão dos movimentos e sentidos buscados pelas sociedades da época.

Observam-se diferenças significativas na montagem das ideias políticas conforme as regiões da Europa. O olhar contrário à unilateralidade esboça o sentido de uma História das Ideias Políticas preocupada com as disjunções, com os conflitos e com as divergências, pois caracterizam mais claramente o quadro de uma Europa feudal. Os espelhos franceses são considerados como algo à parte da produção encontrada, por exemplo, na Itália da mesma época. Jacques Le Goff teria verificado a divergência sensível entre os pensadores, ao considerar a Itália como um centro que se voltou à "oposição entre o bom e o mau governo"[21]; ao passo que os pensadores franceses não se reduziram ao debate sobre o "bom" e

---

[20] LE GOFF, Jacques. *São Luís*: Biografia. São Paulo: Editora Record, 1999. p. 360. Conforme Le Goff,na nota de rodapé da página 360, Michel Rouche "propôs recentemente a questão de saber se esses'Espelhos' não refletiam sobretudo seus autores eclesiásticos: '*Miroir des princes ou miroir du clergé*?'".

[21] LE GOFF, Jacques. *Ibid.* p. 367.

o "mau" governo, pois "o tempo (1259) é de busca de um equilíbrio entre o rei e a Igreja. O rei é o braço secular de Deus e da Igreja, garante a fé, é ele próprio o rei cristianíssimo, mas não se deixa conduzir pela Igreja, sobretudo nos negócios temporais"[22].

A compreensão de que o rei é o braço secular de Deus na terra indica caminhos ao historiador, mas seguramente demonstra que é necessário interessar-se pelas ideias implícitas às instituições e como os pensadores acabam por reproduzir os preceitos e valores observados diariamente nos rituais e cerimônias. O pensador que toma posição definida no jogo político da época confirma, sobremaneira, os recursos teóricos a que terá de recorrer para reforçar uma das partes que se encontra em litígio. Confirma-se a máxima grega de que o teórico é o homem que assiste ao espetáculo e o traduz conforme as conveniências do momento o permitem, para o público interessado.

Enfocar a Baixa Idade Média apenas a partir da idéia de unidade impede a distinção dos diferentes domínios e instituições a que os tratados políticos estiveram vinculados. O estudo busca compreender os diferentes níveis da prática teórica dos pensadores, principalmente porque "mais do que classes, o príncipe encontrou diante dele forças e poderes locais. Nos séculos XIV e XV, o Ocidente é marcado por profundo 'regionalismo' "[23].

A História das Ideias Políticas passou por uma renovação que permite a análise do lugar em que as ideias são geradas, a que tradições estão vinculadas e ao sentido dado à suposta memória do passado. Desta linha de pensamento, da leitura e da análise dos tratados políticos pode se depreender, sobretudo, quc o pensamento político de Johannes Quidort estrutura uma nova hierarquia política, uma vez que, fundamentado na tradição vetero-testamentária, nos clássicos e na tradição patrística, afirmou a primazia da monarquia na hierarquia política da época. De posse de argumentos pautados na relação feudo-vassálica, a teoria política de Johannes Quidort provocou o debate entre dominicanos e

---

[22] LE GOFF, Jacques. *Ibid*. p. 366.

[23] GUENÉE, Bernard. *O Ocidente nos séculos XIV e XV*: os Estados. São Paulo: Pioneira: Ed. daUniversidade de São Paulo, 1981. p. 66.

agostinianos, revelando sinal visível de que a antiga dicotomia entre Império e Papado – ambos com projetos universalizantes – perde a razão de existir num mundo (séculos XIII e XIV) em que os modelos hierocráticos são solapados pela tendência local e até mesmo regional, representada pelo rei e pela monarquia.

Na tese apresentada, as contribuições de autores como James Burns e Jacques Le Goff impedem o reducionismo histórico, pois a preocupação marcou o campo historiográfico ao refutar reificações do fato singular, da razão de Estado e do culto aos grandes homens. Jacques Le Goff, em particular, permite ao historiador perceber o "político" como uma das manifestações da vida social, com espaço de autonomia, mas associado às demais atividades humanas, sem o que seria praticamente impossível estabelecer os significados e a dinâmica deste campo social.

1.1 – As questões historiográficas

Quando se decide optar por um tema clássico como objeto de pesquisa, não se pode querer esgotar a bibliografia nem as discussões teóricas. O recorte teórico e as opções representam a seleção e a exclusão de alguns trabalhos, visto que, a cada dia, surgem novas e sugestivas obras sobre as ideias políticas na Baixa Idade Média. Ao situar o estudo no interior do debate instaurado pela História das Ideias Políticas, a especialidade da abordagem dificulta a seleção das referências mais importantes e os problemas apontados pela historiografia. O presente trabalho selecionou estudos que direta e/ou indiretamente se reportaram ao *De Regia Potestate et Papali*, de Johannes Quidort, à historiografia especializada em História das Ideias Políticas e que trataram da questão do poder na Baixa Idade Média.

Primeiramente, são apresentadas as obras clássicas que influenciaram a História das Ideias Políticas e o século XIV na Europa e que discorreram sobre eles sem deixar de apontar para aspectos do período medieval como um todo. Em segundo lugar, são apresentadas obras de síntese que traçam um balanço bibliográfico sobre o tema em questão e, por último, uma seleção de títulos mais específicos, estudos monográficos sobre o poder temporal e espiritual, bem como os que tratam da obra *De Regia Potestate et Papali*. Sabe-se, contudo, que todas as escolhas incorrem na exclusão de obras importantes. Por mais que a análise queira abarcar a totalidade, não deixará de ser a discussão de textos específicos da trajetória de cada historiador.

Seguindo as pistas e a experiência de Walter Ullmann[24], as ideias políticas passaram a ser alvo de muitas pesquisas, principalmente porque há a necessidade de se saber quais caminhos foram percorridos pelos conceitos políticos até que chegassem à concepção atual, principalmente, ao se estudar a História das Ideias Políticas do Medievo: ideias que o mundo contemporâneo herdou e das quais descende diretamente. O grande equívoco destacado por Ullmann é o aparecimento do interesse em estudar alguns aspectos das ideias políticas do Medievo para se compreender tão somente as ideologias modernas. Trata-se de trabalhos que não visualizam a natureza e a essência das ideias, mas que conferem um juízo de valor como se elas estivessem na menoridade, na "puberdade", e que ainda não atingiram o nível de compreensão revelado na atualidade. Modo equivocado, já que, ao se proceder assim, os princípios e conceitos medievais perdem o seu significado, pois a idéia de continuidade, se desvinculada do contexto histórico em que foram produzidas as ideias políticas[25], não faz sentido.

O debate entre historiadores, sociólogos e antropólogos também permitiu a ampliação da compreensão das ideias políticas. Os diferentes níveis e hierarquias políticas, muitas vezes, definem a produção e a recepção das ideias num dado contexto histórico. Ao estudar um pensador político do Medievo, as grandes questões teóricas, aqui propostas, indicam o procedimento que visa a identificar "o que seus autores estavam *fazendo* quando os

---

[24] ULLMANN, Walter. *Historia del pensamiento político em la Edad Media*. Ba: Ariel, 5ª Edição, 2004. p. 07.

[25] BLOCH, Marc. *Os reis taumaturgos*. São Paulo: Companhia das Letras, 1993. Vale ressaltar o clássico estudo de Marc Bloch, pois também desenvolve um trabalho que busca as raízes históricas do surgimento do toque taumatúrgico dos reis, mas sem desconsiderar o contexto próprio que as ideias foram produzidas. Ao citar o clássico estudo de James Frazer, confirmando a influência devida ao referido antropólogo, apenas alerta para que não "transportemos para Paris ou Londres os antípodas por inteiro". Ou seja, o devido cuidado para não transportar ideias e valores de uma época para outra. Nesse sentido, as ideias políticas também devem ser estudadas a partir do entendimento e das possibilidades disponíveis aos homens que as produziram, sem esquecer das origens e da tradição, que também servem de arcabouço teórico para a elaboração das ideias políticas.

escreveram"[26]. Não será possível descobrir isto, todavia, estudando-se tão somente os textos, já que é preciso atentar para a maneira como eles formularam os argumentos e o que contestavam e/ou ignoravam. Saber o ofício exercido pelos escritores dos tratados políticos no ato da escritura dos mesmos possibilita-nos observar a dimensão que extrapola o entendimento da obra e do autor, para assim se chegar às circunstâncias que geraram as condições para a produção das ideias políticas.

James Henderson Burns[27] promoveu estudos sobre o pensamento político medieval e demonstrou como os documentos apresentam sintonia fina com os exemplos da tradição. Para compreender em que medida os pensadores da época medieval reforçaram os conceitos e as ideias políticas do passado, ele se utiliza dos valores, das crenças e da leitura de textos antigos, e acredita na impossibilidade de compartimentar a política, a religião e a moral, pois as considera interligadas pelas práticas e experiências do homem medieval. Ele instaura uma nova compreensão da ideologia cristã dos séculos XIII e XIV, propiciando acréscimos importantes ao entendimento dos diferentes domínios[28] do pensamento político do Medievo. Seu estudo permite ampliar a compreensão das encenações e dos rituais no interior de uma dimensão simbólica integrada ao plano social. Neste sentido:

> [...] o próprio cristianismo, radicado no judaísmo, está, em certos aspectos, preocupado com a lei: um dos seus conceitos centrais é a noção de Deus como legislador supremo. Sobre a imagem clássica (sobretudo estóica) de um mundo governado por uma lei, ao mesmo tempo natural e divina, de razão e ordem, a tradição judaico-cristã superimpôs a figura de um Deus, que faz a lei segundo sua vontade e mandamento. Do primeiro capítulo do Gênese em diante, o poder soberano está

[26] SKINNER, Quentin. *As fundações do pensamento político moderno*. São Paulo: Companhia das Letras, 1999. p. 13.

[27] BURNS, James Henderson. *Histoire de la pensée politique medieval*: 350-1450. Paris: Presses Universitaires de France: 1993.

[28] BURNS, James Henderson. *Op. cit.* pp. 02-03. Distingue como domínios as esferas de poder temporal e espiritual analisadas por Johannes Quidort.

sempre entre os atributos do Deus de Israel, que viria a ser também o Deus do novo Israel, da Igreja Cristã[29].

Os séculos XIII e XIV são (re)-conhecidos pelas controvérsias entre o Papa Bonifácio VIII e Filipe, O Belo, rei francês. Trata-se de um estudo das diferentes dimensões do pensamento, que persegue os fios que conduzem à trama social, à busca do equilíbrio e que permitiu a garantia de uma estabilidade mínima, ainda que puramente imaginária.

Os esforços de James Burns propiciaram o reconhecimento dos símbolos e das imagens construídas no interior do debate: argumentos que levam o leitor à interpretação das crenças na implementação dos valores sacros à imagem do rei.

De modo diverso, Marc Bloch sinalizou para a importância crescente de se estudar os ritos e as cerimônias no imaginário dos povos da Época Medieval. O que apresenta é a história das imagens mentais criadas pelo homem para justificar a própria submissão ao poder mágico do rei. Ele não nega a existência de uma estrutura que dificultava a ruptura, mas considera as projeções mentais do homem como barreira coletiva em relação às mudanças, principalmente porque a suposta barreira mental condenava os revoltosos que não se submetiam ao poder "mágico" de reis e de sacerdotes. Aos homens comuns cabia a cega obediência. Para Marc Bloch:

> [...] no espírito das massas, este carácter sagrado não se traduzia apenas pela noção, demasiado abstracta, de um direito de direcção eclesiástica. Em torno da realeza, em geral, ou das diversas realezas particulares, elaborou-se todo um ciclo de lendas e superstições. Ele não atingiu, na verdade, o seu pleno desenvolvimento senão a partir do momento em que, de facto, se fortaleceu a maioria dos poderes monárquicos: cerca dos

[29] BURNS, James Henderson. "A estrutura da felicidade: o legislador e a condição humana". In: KING, Preston. *O estudo da política*. Brasília: Editora Universidade de Brasília, 1980. pp. 187-188.

séculos XII e XIII. Mas as suas origens remontam à primeira idade feudal. [30]

Durante os séculos XIII e XIV permanecia na esfera da normalidade a crença na figura única do rei, do Papa e do Imperador. O didatismo dos rituais, dos gestos e das histórias contadas oralmente – algo que fazia parte das experiências do dia-a-dia dos homens – fomentava o imaginário das primeiras reflexões sobre a repartição dos poderes[31]. Os povos, certamente, possuíam a clareza necessária para interpretar os rituais e os gestos do poder, pois acreditavam que "tanto para uma terra como para um homem, ter vários senhores era quase normal; mas, ter vários reis era impossível"[32]. No *De Regia Potestate et Papali* estas imagens não ficaram descoladas das pretensões e das imagens criadas pelos contemporâneos – isto tudo para que não se privilegiasse tão somente os considerados grandes temas da teoria política: Estado de transição, Estado feudal etc.

A análise da temática menos clássica permite compreender as variações do discurso e como usavam teorias antigas para reforçar, legitimar e imprimir um novo conceito à sociedade moderna[33]. Para compreender os movimentos no interior da construção das ideias políticas, James H. Burns apresenta boa definição:

> Replacer ces conceptions médiévales plus tardives, qui reflètent sans doute, dans une certaine mesure, une culture plus raffinée,

[30] BLOCH, Marc. *A sociedade feudal*. Lisboa: Edições 70, 1998. p. 396.

[31] Como exemplo disso, pode-se citar o pensamento político de Johannes Quidort, que negou a subordinação política do poder temporal ao espiritual. Johannes Quidort tentou estabelecer limites para as duas esferas, promovendo os primeiros pilares para a secularização das decisões tomadas no interior dos Estados nascentes.

[32] BLOCH, Marc. *Op. cit*. p. 397.

[33] GUNNEL, John G. *Teoria política*. Brasília: EUB, 1981. p. 45. Nota-se na maioria dos estudos relacionados aos chamados clássicos do pensamento político, mais detidamente europeu, a existência de uma tendência em realizar conexões, como se houvesse um diálogo ininterrupto entre Platão, Aristóteles, Maquiavel e Montesquieu. Nesse sentido, seria possível observar uma seqüência lógica e regular na História, podendo-se visualizar um início, um meio e um fim bem definidos.

> dans le contexte des sources antérieures auxquelles ceux qui les ont proposées ont continué de puiser, permet, pour un, d'acquérir une mesure de sécurité contre un risque de distorsion, provenant du fait que ce qui est "médiéval" est abordé et évalué en termes d'une prétendue anticipation par rapport à ce qu'on considère comme "moderne".[34]

A História das Ideias Políticas do Período Medieval procura ampliar a análise para o entendimento das filiações teóricas, dos grupos e ordens que defendiam ramificações ideológicas e dos vínculos institucionais que ligavam e submetiam cada um dos pensadores. A disponibilidade do recurso a explicações mais abrangentes impede a fugidia tentativa de apreender tão somente o autor e sua obra. Norberto Bobbio reforça a importância de se analisar, além do texto e do contexto, os elementos de ruptura, as permanências e as reminiscências[35] da leitura dos documentos propostos para a análise.

Para o estudo do impacto de novas tendências políticas no Ocidente Medieval, é importante observar as contribuições de Walter Ullmann[36], citado anteriormente. Preocupado em reorientar os estudos dos pensadores do medievo, ele propõe dinamizar a análise compreendendo os movimentos internos que resultaram da leitura e da assimilação. É o caso, apenas para exemplificar, dos textos de Platão e de Aristóteles, segundo os quais a unilateral e especulativa tese monolítica de governo e lei encontraria um complemento perfeito.

Ao trabalhar com diversos autores dos séculos XIII e XIV, Ullmann expõe, de maneira analítica, o caminho percorrido para se concretizar o movimento de desestruturação dos modelos universais de explicação do mundo, notadamente da Igreja e do Império. Ele destaca a concepção dos pensadores que estiveram diretamente ligados ao dominicano. Walter Ulmann diz que:

[34] BURNS, James Henderson. *Op. cit.* p. 04.

[35] BOBBIO, Norberto. *As teorias das formas de governo*. Brasília: EUB, 1998. p. 86.

[36] ULLMANN, Walter. *Principles of government and politics in the Middle Ages*. London: Methuen and co. Ltd, 1961.

> [...] o aparente objetivo de João de Paris era mostrar que o papa na sua função de papa não tinha direito de intervir nas questões do reino: sua principal preocupação era a demonstração do caráter autônomo do reino. [...] Em João de Paris temos forte ênfase na Igreja como um corpo puramente místico, como uma comunidade que nada tem a ver com o corpo político natural: a função dos ministros é exclusivamente sacramental. Eles só existem para ministrar os sacramentos. A comunidade é natural, e a Igreja é supranatural, e cada uma segue as suas próprias leis e os seus próprios objetivos inerentes. O Estado, através do seu governo persegue o fim coincidente com a sua natureza, que, apesar de Deus, independe da hierarquia eclesiástica. A vida eterna é essencialmente diferente da vida além-mundo; o governo do rei não está qualificado para essa tarefa.[37]

A discussão referente aos planos espiritual e temporal, essencialmente voltada a justificar uma das partes em litígio, acaba por fomentar a imagem do rei e da soberania régia perante as visões universais da Igreja e do Império. A combinação dos elementos contextuais, a percepção dos desvios na argumentação, as filiações de cada pensador e o uso do poder da escrita para gerar legitimidade são artifícios analisados com profundidade por Ullmann para compreender em que medida tais instrumentos, comuns a um grupo privilegiado da época, permitiram o desabrochar dos nascentes Estados europeus.

A explicação mais plausível destacava o surgimento da monarquia como meio para demarcar o equilíbrio político entre as forças. Até aproximadamente fins do século XIII, as teorias hierocráticas – dotadas de pretensões universais – estiveram marcadamente preocupadas em discutir como deveriam se dar as intervenções da Igreja e os limites impostos ao Império. Contudo, ao se ler os documentos dos séculos XIII e XIV, nota-se uma sensível modificação nos termos e na forma, uma vez que as

[37] ULLMANN, Walter. *Ibid.* pp. 121-122. Traduzido do inglês para o português por Stéfano Paschoal.

intervenções e explicações abandonaram o discurso político universal para se aterem às questões locais e regionais. Essa mudança de perspectiva de fato se deu sem uma escala definida, pois pode ser encontrada em grande parte dos documentos analisados ao longo da tese.

Para Ullmann, a partir do século XIII, é possível notar sensível alteração na forma de expressão de ideias políticas, mesmo que tenha sido privilégio de poucos. Segundo ele, trata-se de consistente modificação no vocabulário voltado às teorizações sobre o equilíbrio político, à moralidade, à ética e aos discursos cosmológicos. As teorias que defendiam o poder supremo da Igreja ficaram reclusas ao domínio da identidade cristã e da identidade de linhagem e parentesco do grupo étnico[38]. A idéia de pertencimento ao grupo definia as linhas mestras das novas teorias e ideias políticas, o que pode ser visto claramente no *De Regia Potestate et Papali*. Destarte, estudar as ideias políticas dos pensadores do século XIII e início do XIV, principalmente na França, implica a observação detida dos elementos que desencadearam e foram desencadeados pelos movimentos favoráveis e contrários às monarquias.

A concepção dos laços de parentesco também é defendida por Walter Theime, que analisa o poder a partir das variações do discurso político. Ele destaca que o pensamento político do Medievo manteve-se estreitamente voltado às relações pessoais, o que implica dizer que a História das Ideias Políticas precisa reconhecer estes vínculos para que não incorra em anacronismo.

---

[38] ELIAS, Norbert. *A sociedade dos indivíduos*. Rio de Janeiro: Jorge Zahar, 1994. p. 45. O modo como se processa a identificação do indivíduo perante o conjunto da sociedade. Esta preocupação é latente nas argumentações de Norbert Elias, que propõe, para isso, que as mudanças "têm origem, não na natureza dos indivíduos isolados, mas na estrutura da vida conjunta de muitos. A história é sempre história de uma sociedade, mas, sem a menor dúvida, de uma sociedade de indivíduos". Através das análises de Norbert Elias, é possível compreender como a auto-imagem e a composição social do indivíduo, no caso pensadores como Johannes Quidort e Egídio Romano, relacionaram-se com seu mundo. Do mesmo modo, é um tanto quanto apropriado pensar na identidade-eu em relação direta com a identidade-nós, cujas especificidades de cada um, permitem abrir discussões para tentar cobrir esta relação entre o indivíduo e a sociedade.

De fato,

> [...] o feudalismo puro só viveu enquanto durou a concepção estritamente pessoal das relações humanas; com a sua objectivação, com o contrato feudal hereditário ou vendável, passou-se para o Estado moderno, cuja essência é a impessoalidade.[39]

Para que sejam entendidas as contribuições dos autores, é necessário que se observem as questões levantadas e o debate suscitado posteriormente. A busca pelos aspectos atemporais dos tratados impede a leitura das estruturas sociais, e a experiência do sujeito histórico é, por fim, minimizada. Assim, a experiência cotidiana formaliza imagens mentais de uma sociedade ideal, ou pelo menos que atenda a desejos construídos socialmente.

Disto é possível depreender que a mística real e o crescimento da autoridade monárquica estão carregados de projeções mentais, produzidas a partir da experiência cotidiana dos homens do Medievo. Os tratados políticos insistem na posição e na credibilidade dos produtores do saber. Sob esta ótica, eles representam uma ação política individual que não deixa de integrar projeções mentais que, da mesma forma, também estão vinculadas aos sentimentos e desejos do ordenamento social em que se encontram. O exemplo mais nítido reside na busca insistente dos povos em confiar a autoridade legal à pessoa do juiz que, ao se tornar depositário desta confiança, adquire a credibilidade social por se fazer passar por detentor de função especial, imparcial e idônea, e principalmente por causar a impressão de que realiza o julgamento dos litígios entre os homens sem favorecer nenhum dos lados. Na verdade, a pessoa do rei[40] - ou a função régia – passa a

[39] THEIMER, Walter. *História das Idéias Políticas*. Lisboa: Arcádia, 1970. p. 67.

[40] QUIDORT, Johannes. *Sobre o poder régio e papal*. Tradução e introdução de Luis A. de Boni - Petrópolis, RJ: Vozes, 1989. A obra do dominicano Johannes Quidort, conhecido pela alcunha de João de Paris, foi escrita entre 1302 e 1303, originalmente em latim. Seus escritos são utilizados porque revelam o imbricado mundo das controvérsias teóricas e bélicas entre os poderes papal e monárquico.

incorporar essas qualidades[41]. As condições contextuais que permitiram a crescente autoridade do poder soberano das monarquias permitiram esse raciocínio. A demonstração decorre dos estudos de Joseph Strayer, ao afirmar que na Baixa Idade Média "[...] a escala das obediências, para a maior parte dos homens, era aproximadamente a seguinte: em primeiro lugar e acima de tudo, sou cristão; depois, sou borgonhês e, por último, francês".[42] Depreende-se disto que, invariavelmente, com o aparecimento de uma identidade de nação, os homens passaram, cada vez mais, a se reconhecerem como franceses, momento em que a identidade cristã cedeu aos interesses regionais dos nascentes Estados monárquicos. O modelo universal, que até então possuía a capacidade de mobilização e de decisão local, perdeu terreno para o poder monárquico que, ao mesmo tempo, representava os modelos universais e garantia a presença cotidiana de um poder até

Revela, sobretudo, o intrigado mundo das ordens religiosas de seu tempo, embora fiéis aos princípios cristãos, ora supervalorizavam o poder principesco, ora exaltavam as intervenções papais, certamente conforme os acordos e vantagens oferecidas das partes em litígio. A fonte também permite a análise da importância crescente do uso do direito romano para fins de legislar sobre as intervenções do papado nas questões laicas.

[41] GAUDEMET, Jean. "O milagre romano". In BRAUDEL, Fernand. *O Mediterrâneo:* os homens e a Herança. Lisboa: Teorema, 1987. pp. 51-52. O autor demonstra, através de uma análise do direito consuetudinário e direito escrito, as influências do direito romano na composição dos nascentes Estados europeus, sobretudo porque "Progressivamente, em finais do século XII e no século XIII, o direito romano impõe-se, difunde-se não só em França, mas também na Flandres, em Inglaterra e até na Frísia. Do século XIV ao século XVI, conquista a Europa até à Polónia, Boémia e à Hungria. O lugar que lhe foi concedido varia segundo os países. Na Alemanha ou na Itália, é 'direito comum' que vem anular estatutos ou costumes locais. A França divide-se em 'regiões consuetudinárias' e 'regiões de direito escrito' (= direito romano), o que não quer dizer que estas últimas não conheçam costumes (foi assinalado um grande número no Sul, alguns deles muito importantes), nem que o Norte consuetudinário não conceda um lugar ao direito romano".

[42] STRAYER, Joseph Reese. *As origens medievais do Estado moderno*. Lisboa: Gradiva, 1969. p. 61. A obra é fundamental para estabelecer a relação entre os conceitos de Estado/política medievais e modernos. Sobretudo, impõe séria restrição aos aspectos deterministas da relação Estado burocratizado e Estado centralizado, acreditando que suas reais possibilidades integram vastos conjuntos explicativos, que são próprios de seu mundo de produção.

então adormecido.

Uma concepção mais alargada dos ofícios, das funções, do exercício do poder e do *métier* do rei em seu cotidiano é a proposta do clássico estudo de Jean Barbey, *Être roi*[43]. Pode-se dizer que ele é herdeiro de uma história preocupada com a compreensão e com a extensão dos modelos e das estruturas sociais, atendo-se aos vetores sociais que garantem a eficácia cotidiana do poder real e das determinações vindas da corte da Igreja Romana. Partindo de longa extensão, Jean Barbey tece argumentações sobre o exercício real e sobre os inúmeros desdobramentos encontrados junto ao corpo social que propicia compreender as tensões sociais e os limites para a ruptura e/ou continuidade: uma história/problema que abarca as experiências e as expressões mais específicas de quem sentiu as tensões e os conflitos da época.

As reflexões de Barbey são importantes para ampliar a compreensão das forças políticas que atuaram no fortalecimento dos poderes da monarquia. O estudo realizado por ele não se limita à apresentação de datas e grandes nomes da História, uma vez que almeja, na verdade, compreender as estruturas de dentro para fora, ou seja, como as ações políticas eram organizadas e projetadas. O trabalho contém opções teóricas reveladoras do âmbito social de origem. A velha história, "descarnada", não teria respaldo, principalmente pela sensibilidade, em relação aos elementos simbólicos e rituais. Este propósito, em grande medida, foi severamente perseguido ao longo da demonstração de Jean Barbey, principalmente ao se ater às relações mais estreitas entre as diferentes esferas de poder, dando vida, e preenchendo com carne o mundo conturbado das ideias políticas.

Outro estudo importante foi feito por Christopher Dawson. Ele confere importância aos condicionantes sociais que dão vida e sustentação ao ideário religioso do Medievo. Na verdade, ele não acredita na possibilidade de uma análise unicamente religiosa, sem que haja concomitantemente uma avaliação das condições que propiciaram o desabrochar do fervor político e religioso. Defende,

[43] BARBEY, Jean. *Être roi*: Le roi et son gouvernement en France de Clóvis à Louis XVI. Paris: Fayard, 1992.

ainda, que os elementos constitutivos do pensamento e das ações devem ser levados em consideração ao se analisar a sociedade medieval. Acredita que:

> [...] para entender la religión de una época así no es suficiente el estudio teológico de sus principios religiosos y sus dogmas esenciales; es preciso, asimismo, estudiarla sociológicamente en relación con el cambiante complejo de las tradiciones sociales y de las instituciones sociales a las que se haya incorporado. La fisonomía social de una religión depende no solamente de la lógica interna de su doctrina moral, sino también del tipo de cultura a la que va unida, y no menos de la forma en que tal unión há tenido lugar.[44]

Tal leitura impulsiona o entendimento das ideias e as inúmeras possibilidades de vinculação à cultura e aos valores de uma dada época e lugar. Alarga a compreensão social dos organismos que compõem a estrutura mental e coercitiva de manutenção do poder.

Analisando as estruturas políticas do Ocidente medieval, Marcel Pacaut[45] promoveu subdivisões nas formações sociais da

---

[44] DAWSON, Christopher. *Ensayos acerca de la Edad Media*. Madrid: Aguilar, 1960. p. 76. Neste texto da década de 70 já aparece, nitidamente, o esforço intelectual para tentar apreender as diferentes facetas por que as ideias transitam, oferecendo rica possibilidade de se pensar o conjunto social sem separações dicotômicas do tipo ideologia e vivido, pois o autor crê na troca cultural, mesmo que haja iniciativas expansionistas por parte de setores institucionalizados da sociedade medieval - como é o caso da Igreja, respeitando-se os diferentes momentos do Medievo. Demonstra, sobretudo, como, na Alta Idade Média, o Estado "era meramente una institución subordinada encargada de preservar la paz y el orden" (p. 96), percepção que, a partir do século XIII e XIV, sofre profundas transformações, principalmente ao se definir e compreender que "La Iglesia miraba al pasado civilizado y conservaba la tradición de la cultura latina y del orden romano; al par que el Estado medieval era el heredero de los conquistadores bárbaros y representaba las tradiciones e instituciones sociales de los pueblos germánicos - francos, sajones, lombardos y visigodos" (p. 100).

[45] PACAUT, Marcel. *Les structures politiques de l'occident Medieval*. Paris: Librairie Armand Colin, 1969.

época para descobrir como os homens compreendiam as noções de monarquia, Estado, soberania régia e parlamento. Foram divisões clássicas, efetuadas quando se propõe estudar temas relacionados à política. Ele considera, entretanto, que "[...] celles-ci intéressent les historiens du fait que, durant leur longue évolution, elles ont, en même temps que les mutations territoriales, véritablement façonné la construction de l'Occident"[46]. Certamente, sua preocupação remete aos documentos que buscam apreender as aspirações dos então denominados "governados", principalmente por terem raio de ação muito menor, deixando para a posteridade um número reduzido de informações sobre querelas, disputas e protestos que, possivelmente, revelam outra compreensão do poder.

A contribuição de Marcel Pacaut reside no fato de ampliar as interpretações sobre o poder na Idade Média. Percebe a existência de sucessivas mudanças no pensamento medieval, principalmente em meados do século XIII. Observa a maneira como o poder se organiza por meio do discurso e da simbologia, sempre com vistas a produzir uma realidade social. Boa parte dos grupos sociais da época acabaram por reproduzir, mesmo que não quisessem, os valores e preceitos de uma monarquia com poderes legítimos. Nesta categorização, acredita que:

> L'homme, en cette vraie période Médiévale, passe son existence dans um milieu spécifique où il prend part a la vie politique en étant commandé, taxé, jugé, en recevant protection et aide, parfois en faisant connaitre et valoir son avis. Il lui arrive d'avoir à faire avec les representants du pouvoir central et de l'autorité souveraine.[47]

É o entorno de si mesmo, que não quer significar o aprisionamento, mas valores que tornam o homem suscetível ao lugar de origem, aos costumes locais que, à medida que se distancia,

[46] PACAUT, Marcel. *Ibid*. p. 267.

[47] PACAUT, Marcel. *Ibid*. p. 268.

fazem dele um estranho em poucos quilômetros distante de sua morada. Esta lógica interna, que Pacaut denomina de estrutura política, revela a geografia do poder, pulverizada em torno de inúmeros senhores, nobres, artesãos, ofícios e ordens que, hierarquizados, fazem com que a política não se apresente somente na relação de dominantes e dominados.

Na análise dos séculos XIII e XIV, é factível a leitura de Pacaut, principalmente porque os pensadores políticos também apresentaram informações sobre as diversas noções, grupos e hierarquias. Quando se associa o poder da escrita ao poder da Igreja, surgem elementos para se compreender um grupo específico, qual seja o dos teólogos. Neste grupo, que também se divide em inúmeras facções, os interesses imediatos, os desejos e sonhos traduzem um sentido para as teorias: são argumentos que se encontram vinculados aos laços e às experiências de cada grupo.

A partir do trabalho de Ernst Kantorowicz, *Os dois corpos do rei*[48], em 1957, as pesquisas em relação à mística real passaram por um rejuvenescimento teórico. Por propor um estudo de teologia política medieval, a obra é considerada como livro de base da renovação da história política, pelo fato de se voltar à análise da relação entre a crença religiosa e o poder político, assemelhando-se muito ao clássico *Os reis taumaturgos,* de Marc Bloch. Além disso, compreende a política pelo viés ritualístico ao abordar o caráter simbólico do poder do sacerdote, do imperador e do príncipe, e valoriza a maneira como os homens imaginavam a sociedade e as hierarquias. Para Kantorowicz, analisar os argumentos sobre a função régia facilita a compreensão da imagem mística do poder real, pois "o que expõe, de fato, é o caráter indelével do corpo político do rei, divino ou angelical"[49]. Trabalha com ideias que, hoje, afiguram-se como curiosidades, e destaca que é preciso reconhecer e estudar tais "curiosidades", mesmo que elas pareçam muito estranhas aos olhos hodiernos.

As influências teológicas da Alta Idade Média são

---

[48] KANTOROWICZ, Ernst H. *Os dois corpos do rei:* Um estudo sobre teologia política medieval. São Paulo: Companhia das Letras, 1998.

[49] KANTOROWICZ, Ernst H. *Ibid*. p. 35.

reinterpretadas a partir da análise dos documentos jurídicos e dos símbolos monárquicos da Baixa Idade Média. Da influência bíblica, Kantorowicz demonstra que, durante os séculos XIII e XIV, "o rei, por sua sagração, estava preso ao altar enquanto 'rei' e não só - como em séculos posteriores - como simples pessoa. Era 'litúrgico' como rei porque e à medida que representava e 'imitava' a imagem do Cristo vivo"[50]. A liturgia do poder amplia o campo de análise, pois tenta traduzir o pensamento dos grupos e a teia de relações a que os homens estavam vinculados.

O número de pesquisas voltadas ao pensamento político de meados do século XIII até meados do século XV é considerável. "É inclusive normal que os teóricos políticos do fim da Idade Média sejam também estudados, já que os historiadores, muito ansiosos na busca das origens, sempre tiveram o costume de vê-los como precursores da Modernidade, e, em particular, do Estado Moderno e do Estado-nação"[51]. Essa preocupação é encontrada principalmente porque há um sentimento de que o germe dos nascentes Estados Modernos pode ser encontrado em meio aos confrontos teóricos do Medievo. Obviamente, a cautela evita que isso se transporte aos pensadores da época, propósito que sequer foi pensado por eles. Antony Black bem destaca que:

> [...] as relações entre a Igreja-Estado entraram em tempo particularmente conturbado. As armas do papado eram a excomunhão e o interdito, por meio de que uma regra refratária pudesse ser declarada um desterro social, ou como se uma região inteira tivesse negado o acesso aos favores divinos. Os reis e príncipes possuíram a coerção física e a intimidação, mas também, crescentemente, uma medida larga de apoio popular[52].

---

[50] KANTOROWICZ, Ernst H. *Ibid.* p. 72.

[51] TORRES, Moisés Romanazzi. *O conceito de império em Marsílio de Pádua (c. 1275 - c. 1342-43).* Rio de Janeiro: Tese de Doutorado defendida na Universidade Federal do Rio de Janeiro, 2003. p. 02.

[52] BLACK, Antony. *Political thought in Europe*: 1250-1450. Cambridge: University Press, 1992. p. 43. Tradução livre: "Church-state relations now entered on a particularly troubled time. The papacy's weapons were excommunication and interdict, whereby a refractory ruler could be declared a social outcast, or a whole

É preciso reconhecer que os relatos e as discussões da época possuíam tempo, lugar, sentimento e razão. Dificilmente o historiador conseguirá ler o documento como os contemporâneos o leram, com o fervor e a vivacidade, pois a fonte, em muitos casos, já foi traduzida e, sobretudo, transportada do ambiente em que se encontrava. A reconstrução teórica do ambiente intelectual da época impõe-se como limite, e não como um empecilho. Saber dos limites não implica desistir do trabalho, mas sim se constitui como um em esforço extra para desvendar as intrigadas relações sociais de uma época que, certamente, deixou legado para os preceitos vivenciados até hoje.

Os poderes espiritual e temporal entraram em embate por possuírem interesses comuns. O principal deles, certamente, foi tentar institucionalizar o exercício do poder. De um lado, a Igreja procurava manter a tradição de intervenções em questões de paz e guerra entre os reinos; de outro, o rei almejava firmar bases sólidas para edificar os pilares que sustentam o poder régio nas localidades – em grande escala, os burgueses, comerciantes e grandes senhores pertencentes à nobreza. Sobretudo, conforme Antony Black:

> A distribuição de funções fornece mais elementos ao rei que a qualquer hierocrata, parecendo ir além do tradicional posicionamento "dualista", enquanto o equilíbrio acaba que por se inclinar em favor do poder civil. O rei é ensinado por padres, mas é ele quem comanda e proíbe os que promovem ou obstruem a viagem ao céu. Há aqui um conceito de melhoria, não certamente econômico, mas moral e espiritual, como uma função de governo; avançando o trabalho da igreja através de uma idéia de dom, talvez [...]. De qualquer maneira, é declarado agora inequivocamente que a função principal do rei, tendo aprendido a "lei" divina, é afiançar a vida (moral) boa para os

region denied access to divine favours. Kings and princes possessed physical coercion and intimidation but also, increasingly, a wide measure of popular support".

assuntos reais.[53]

Reconhecer o poder em suas dimensões simbólicas e sem desvinculá-lo de um processo histórico mais amplo requer que o uso do trabalho de Antony Black encaixe-se mais detidamente na apreensão dos aspectos da tradição literária, mais particularmente ao destacar as contribuições de Johannes Quidort para a busca de um equilíbrio político entre as forças concorrentes entre fins do século XIII e início do XIV. Os defensores da hierocracia, dentre eles Tiago de Viterbo[54], propunham ampliar a jurisdição papal e imperial, poderes relacionados à universalidade do pensamento político. Contudo, Antony Black ressalta os instrumentos teóricos e a inclusão de novos elementos conceituais na visão hierocrática,

---

[53] BLACK, Antony. *Ibid.* p. 47. Tradução livre: "This allocation of functions gives far more to the king than would any hierocrat, and seems to go beyond the traditional 'dualist' position, tilting the balance in favour of the civil power. The king is taught by priests, but it is he who commands and forbids what promotes or obstructs the journey to heaven. There is here a concept of improvement, not certainly economic but moral and spiritual, as a function of government; furthering the church's work through endowment, perhaps. Anyway, it is now unequivocally stated that the chief function of the king, 'having learned the divine law', is to secure the good (moral) life for his subjects".

[54] DE BONI, Luís Alberto. "Introdução". In ROMANO, Egídio. *Sobre o poder eclesiástico*. Petrópolis: Vozes, 1989. p. 11. Certamente, a escatologia cristã soube "prever" muito bem esse futuro, fazendo-o ser sentido como parte integrante do cotidiano dos cristãos. Os autores do século XIII e XIV o demonstram a partir de construções teóricas que visam a defender a ordem a que estão ligados, trazendo à baila argumentos bíblicos para demonstrar qual futuro os espera. João Quidort, por exemplo, preocupa-se, sobretudo, em criticar os curialistas, ou seja, os mais intrépidos defensores do poder direto do Papa em questões temporais. Refuta, também, personagens como o seu contemporâneo Tiago de Viterbo e Egídio Romano. O primeiro, sendo agostiniano, escreveu o *De regimine christiano*, em que constavam argumentos insistindo na importância da intervenção papal em questões temporais. O outro, também agostiniano, no período que residiu em Paris, no auge das disputas entre o clero secular e as ordens mendicantes, "tomou o partido dos seculares, opondo-se aos privilégios concedidos por Martinho IV a franciscanos e dominicanos". O *De Regimine Christiano*, segundo seus comentaristas, é a obra que mais aprofundou as teorias justificando as interferências da Igreja em questões temporais. Tendo sido aluno de Tomás de Aquino, escreveu *De Regimini Principum*, uma das obras políticas mais lidas na Idade Média.

conduzindo, principalmente, a um redimensionamento de noções tidas como universais para o plano das monarquias. Exemplo claro disso é o termo "soberano", de uso exclusivo dos hierocratas defensores do Império e Papado, mas que, em fins do século XIII, já estava sendo amplamente utilizado e adaptado ao poder monárquico.

Não se pretende esgotar, nesta discussão, toda a produção, todavia, o trabalho explicita a relação entre a bibliografia especializada e as fontes utilizadas na demonstração. O diagnóstico das principais discussões e das lacunas historiográficas ficou demarcado, impedindo que a pesquisa seguisse caminhos trilhados por outros historiadores. É preciso salientar que poucos estudos tiveram[55] como base a obra *De regia potestate et papali*, de Johannes Quidort, principalmente se considerado o número de trabalhos sobre os séculos XIII e XIV.

[55] LIMA, José Jivaldo. *A visão de João Quidort a respeito dos poderes temporal e espiritual*. Goiânia: Dissertação de Mestrado defendida na Universidade Federal de Goiás: 2000. p. 15.

1.2 – AS FONTES PARA O ESTUDO DO PENSAMENTO DE JOHANNES QUIDORT

Adotando os argumentos de James Burns[56], torna-se perceptível a necessidade de se conhecerem autores antigos, lidos e mencionados nas argumentações dos pensadores do século XIV, já que, para que se observem os fundamentos das concepções políticas em que tais argumentações estão ancoradas, cabe uma investigação que apreenda as diferentes facetas do pensamento, o que conduz, por sua vez, à formalização do pensamento político em suas mais variadas concepções espaciais e temporais.

As fontes são apresentadas e classificadas com a intenção de demonstrar os jogos políticos e os mecanismos de poder existentes na Baixa Idade Média. O objetivo é detalhar a documentação para que se tenha noção das principais ideias defendidas por homens que viveram o projeto da Cristandade Latina. Primeiramente, são analisados os tratados políticos produzidos no auge do conflito entre o papa Bonifácio VIII e o rei francês Filipe, o Belo. O intuito inicial é mapear as obras que tratam da questão e assumem posição diante das circunstâncias. Em seguida, relacionar obras produzidas séculos antes do conflito e que fazem parte dos tratados usados para reforçar e/ou refutar as pretensões universais da Igreja e do Império. Por último, analisar os documentos provenientes da

[56] BURNS, James Henderson. *Histoire de la pensée politique Médiévale*. Paris: Presses Universitaires de France, 1993. p. 06.

chancelaria régia e papal: escritos diversos que tratam diretamente da disputa política entre as esferas espiritual e temporal.

1.2.1. TRATADOS POLÍTICOS

O *De Regia Potestate et Papali*, escrito por Johannes Quidort[57], em 1302, é o principal documento analisado nesta pesquisa. É utilizada a versão bilíngüe latim/alemão, com a tradução para o português feita por Luis A. De Boni. A tradução para o português foi realizada a partir da edição crítica alemã *De Regia Potestate et Papali,* realizada por Fritz Bleienstein[58], no ano de 1969, edição também utilizada na presente tese para redimir qualquer dúvida encontrada na tradução em português. Outra versão em latim do *De Regia Potestate et Papali* também é utilizada. Ela aparece em anexo, ao final de estudo bastante profundo realizado por Jean Leclercq[59], em 1942.

Na obra, Johannes Quidort, conhecido pela alcunha de João de Paris[60], propõe tratar as origens do conflito que separava o papado das forças políticas da monarquia e do Império. O gênero de que dispõe o dominicano revela um estreito diálogo entre os pares clérigos, principalmente porque a escrita respeitava os códigos da palavra latina. Escrita para público seleto, a obra, que contém 25 capítulos, tem o intuito de fomentar a discussão sobre

---

[57] QUIDORT, Johannes. *Sobre o poder régio e papal*. Petrópolis, RJ: Vozes, 1989. (com Tradução e introdução de Luis Alberto de Boni).

[58] BLEIENSTEIN, Fritz. *Johannes Quidort von Paris* - Über königliche und päpstliche Gewalt. (De Regia Potestate et Papali)..Stuttgart: Ernst Klett, 1969.

[59] LECLERCQ, Dom Jean. *Jean de Paris*: l'ecclésiologie du XIIIe siècle. Paris: Librairie Philosophique J. Vrin, 1942. Jean Leclercq anexou uma cópia do manuscrito *De Regia Potestate et Papali* ao final de seu longo trabalho sobre o poder eclesiástico na Idade Média.

[60] Outras obras do dominicano Johannes Quidort são: *Determinatio de modo existendi corporis Christi in sacramento altaris*; *De principio individuationis*; *Tractatus de formis*; *Commentarium in libros sententiarum*. Essas obras não são contempladas no presente trabalho.

o equilíbrio de forças entre o papado e a monarquia.

Para traçar a idade e as origens do regime real, Johannes Quidort vê na Bíblia um recurso indispensável, principalmente segundo alguns trechos do Antigo Testamento, cujas qualidades e poderes reais foram exaltados como anteriores ao sacerdócio. Este gênero histórico procura responder às questões com argumentos provenientes dos doutores da Igreja, dos documentos produzidos nos concílios e chancelarias papais, além da própria base bíblica.

O dominicano Johannes Quidort preocupa-se com os erros na interpretação do poder e autoridade eclesiásticos, considerando que aos sucessores dos Apóstolos foi vedado totalmente o domínio temporal, bem como não lhes era permitida a posse de bens materiais. A grande mudança teria ocorrido com a doação de Constantino, fato que teria transformado a Igreja de Deus na Igreja Romana. Quidort defende uma concepção mais conciliadora, promovendo distinções e funções para cada setor da sociedade. A leitura da documentação revela uma preocupação com a veracidade dos fatos, transferindo o domínio da utilidade comum para o soberano temporal. Certamente, almeja construir uma unidade que respeite as diferenças de cada reino e/ou principado, pois defende que a sujeição é devida somente a Deus. Marcel Prélot revela os posicionamentos de Johannes Quidort:

> [...] o dominicano, a fim de libertar a França de toda a sujeição política, tanto em relação ao papa como ao imperador, afasta completamente a idéia papal e medieval, italiana e germânica, de um império universal da Cristandade. No entanto, a sua obra De Regia Potestate et Papali (1302) é a obra de um fiel discípulo de S. Tomás.[61]

A lista de pensadores e autores citados por Quidort é extensa. O uso que faz das leituras aplica-se necessariamente a convencer os pares de que o "reino da França"[62], através da história, sempre foi

[61] PRÉLOT, M. *As doutrinas políticas*. Lisboa: Presença, 1974. vol. 2. p. 19.

[62] QUIDORT, Johannes. *Op. cit*. p. 133.

arredio ao domínio romano, não aceitando se sujeitar, inicialmente, ao Império e, depois, aos interesses papais. Conforme Quidort, "o papa nada poderia sobre o rei da França, pois não era imperador".[63]

Quidort acredita que a história dos francos é antiqüíssima e revela toda a bravura de um povo ao qual "a Gália e seus habitantes deram o nome de França e não estiveram sujeitos nem aos romanos, nem a outros povos".[64]

Os escritos de Johannes Quidort inovaram consideravelmente o âmbito da teoria política. Seu estilo chamou a atenção por recriar a interpretação de Aristóteles e incrementar a leitura do mestre Tomás de Aquino, principalmente porque os novos tempos exigiam uma unidade social mais respeitosa perante as exigências do costume local. Referia-se à idéia de um único chefe, lembrando ditos de Cícero e afirmando que "os que concordaram foram ligados por certas leis relativas à vida em comum, que aqui são chamadas de direito das gentes".[65] Seus argumentos demonstram o reforço da idéia de um governo que se conformasse às determinações da natureza.[66]

A leitura da obra de Johannes Quidort permitiu a análise do conceito de soberano existente à época. Tal conceito, por sua vez, possuía a função principal de controlar internamente a monarquia. Sobretudo, os argumentos sinalizavam um controle maior das ações régias, o que podia ser identificado com o "direito das gentes", aspecto jurídico que criava entraves ao poder soberano do rei em seu reino. Por meio da análise do tratado político escrito pelo dominicano, observa-se o credo cristão a influenciar, cada vez mais, a formalização jurídica do "direito das gentes", valores que faziam crescer a autoridade régia e, ao mesmo, impunham sérias restrições à livre atuação do rei.

A sabedoria, a virtude, a humildade, a coragem e demais atributos serviram como que sustentáculos para uma ordem política

---

[63] QUIDORT, Johannes. *Ibid.* p.132.

[64] QUIDORT, Johannes. *Ibid.* p. 132.

[65] QUIDORT, Johannes, *Ibid.* p. 46

[66] KANTOROWICZ, Ernst H. *Op. cit.* p. 183.

pautada na figura real, imperial e papal. As discussões e as adversidades permitiram apurar noções antes pouco valorizadas para um soberano. Na pauta do dia, essas miragens políticas criaram e foram criadas, sustentando o equilíbrio e mantendo a ordem, mesmo que parcial, de um nascente Estado caduco, já que a imensa maioria não destruiu o ínfimo poder das armas da nobreza[67].

Os preceitos políticos produzidos em fins do século XIII e princípio do XIV revelaram as disputas políticas e os grupos que se confrontavam. A obra de Egídio Romano, *Sobre o poder eclesiástico*[68], escrita entre o final de 1301 e agosto de 1302, no calor das disputas[69] entre Filipe, o Belo e o papa Bonifácio VIII, apresenta a divisão interna em Três Livros. O primeiro apresenta nove capítulos, organizados para demonstrar os equívocos de alguns pensadores antigos e de seu tempo; o segundo, dividido em 15 capítulos, apresenta o problema político e as possibilidades de interpretação, criando um repertório que lembra a Questão das Investiduras, contudo com uma roupagem totalmente aplicada a uma nova realidade; o terceiro, disposto em 12 capítulos, apresenta possíveis soluções para o embate e defende a idéia de um poder político sobrenatural, capaz de intervir nas questões temporais.

A produção de Egídio Romano, um clérigo da Ordem dos

---

[67] Se comparado à multidão camponesa e aos citadinos pobres, os nobres armados perfaziam um número reduzido. O Estado cambaleante permaneceu, em parte "harmonioso" porque os povos colaboraram e contribuíram para que esse estado de coisas persistisse durante longo tempo. Contudo, as revoltas protestantes, posteriormente, levariam a cabo as ideias de transformação, em vista da fragilidade das estruturas/instituições do Estado. O que se pode identificar, sobretudo, é a relação dos fiéis e submissos aos preceitos da ordem e da hierarquia "desejada por Deus". Portanto, seguindo o que defendemos, essa idéia de um poder da identidade religiosa e cultural mantém e firma uma ordem política cujas atribuições de superioridade, divindade e sabedoria encontram-se nas mãos dos reis, imperadores e sacerdotes, bastante descritos e controversos nas Sagradas Escrituras, mas muito bem interpretados e ideologicamente fomentados/valorizados nos séculos XIII e XIV.

[68] ROMANO, Egídio. *Sobre o poder eclesiástico*. Tradução de Cléa Pitt B. Goldman Vel Lejbman & Luís A. De Boni. Petrópolis: Vozes, 1989. A tradução foi realizada da edição crítica do texto de Richard Scholz, de 1929.

[69] O papa Bonifácio VIII tinha o livro de Egídio ante os olhos ao redigir a bula *Unam Sanctam*.

Agostinianos, foi extremamente fecunda ao se referir à soberania, à monarquia e ao "poder das gentes". Em defesa aberta do papado, revelou as intrigas e as disputas pelo poder na Baixa Idade Média. Egídio Romano, cuja data de nascimento é incerta – entre 1243 e 1247 – não teve nascimento nobre, como muitos pensadores de seu tempo. Durante a formação, envolveu-se em inúmeras querelas, dentre elas as que exigiram a revisão das obras de Tomás de Aquino. Egídio não só defendeu como contra-atacou, escrevendo um livro, intitulado *Libercontra gradus et pluralitatem formarum*, afirmando nele que os que o atacavam eram contra a fé católica.

Ao alcançar o cargo de Vigário-Geral da ordem dos agostinianos a partir de 1281, seu nome passou a ser conhecido em outros círculos da política. Teve a oportunidade de retomar os estudos, o que lhe rendeu o convite do rei Filipe III da França para exercer o cargo de preceptor do herdeiro, Filipe, o Belo, ocasião em que escreveu um dos livros políticos mais lidos durante a Idade Média até o século XVIII: *De Regimine Principum*. Contudo, ao ver-se amigo tanto do papa quanto do rei, em vista das disputas pelo poder, acabou tomando o partido do papa Bonifácio VIII. Logo, porém, com sua morte, Egídio adaptou-se à nova realidade política, assistindo à supressão da Ordem dos Templários e à doação da casa deles aos agostinianos, pedido, aliás, feito por ele mesmo.

A obra de Egídio Romano oferece mais elementos para iluminar e suscitar questionamentos sobre a soberania, o poder político e a lógica do pensar no início do século XIV francês. Carregado de arcaísmo e das traças que corroíam as bases do feudalismo, Egídio Romano, de maneira diversa de Johannes Quidort, propunha questões sobre o poder, a soberania, o direito dos súditos e a propriedade. Elas iluminaram as teses para a formulação do Estado renascentista. Com o sentimento de preservar a Cristandade, como boa parte dos pensadores de seu tempo, promoveu um diálogo fecundo entre o pensamento político da tradição feudal e a agonia das incertezas. Tratou das adaptações, de acordos e da sensibilidade maior perante os interesses dos súditos e fiéis:

> É tarefa do poder terreno fazer justiça sobre essas coisas, para que ninguém prejudique ninguém, tanto no corpo como nas coisas, e que qualquer cidadão e qualquer fiel goze dos bens. A tarefa do poder terreno é, pois, preparar a matéria, a fim de que o príncipe eclesiástico não fique impedido de agir nas coisas espirituais, visto que o corpo foi eleito para servir à alma e as coisas temporais para serem úteis ao corpo.[70]

Os escritos de Egídio Romano permitiram uma análise mais ampla dos conceitos de soberania[71] e do poder dos súditos. Possibilitaram, igualmente, entrever a estreita relação das ordens religiosas e como o poder das fidelidades estavam vinculados à proximidade dos poderes locais. Rivalizou muito com Johannes Quidort pelo fato de que ele, mesmo seguindo os ensinamentos de seu mestre Tomás de Aquino, propagou preceitos políticos que limitavam as intervenções da Igreja. O que Egídio questionava era a ampliação do poder dos príncipes, pois contrariava os desígnios de uma Igreja que se pretendia universal.

A análise dos documentos deixados por Egídio Romano, mais precisamente da obra *Sobre o poder Eclesiástico,* permitiu a compreensão de que entre os séculos XIII e XIV, de modo geral, era forte a tendência em destacar a unidade dos cristãos no seio da Cristandade, mesmo que os conflitos e guerras fossem realidades. Os exemplos mais nítidos são revelados nas tensões e nos desacordos entre as ordens religiosas e, sem dúvida, no interior delas.

Escrever tratados políticos a partir do fim do século XIII não representa apenas um movimento de alguns intelectos privilegiados da época. Notava-se, sobretudo, que a expansão de tais propósitos conduziu a repartições e facções contrárias ao império universal da

---

[70] ROMANO, Egídio. *Op. cit.* p. 103.

[71] DAVID, M. *La souveraineté et les limites juridiques du pouvoir monarchique du IXe au XVe siècle*. Paris : Dalloz, 1954. p. 14. Nos séculos XIII e XIV, o conceito de soberania poderia ser expresso de três formas: duas delas, a "autoridade suprema", e a potência superior de um poder considerado legítimo, ambas expressas pela palavra *auctoritas*; a última, refere-se à potência pública, que se origina de *potestas*.

Igreja e do Império.

A obra de Hugo de São Vítor, *Didascálicon da arte de ler*[72], é um bom exemplo de documento que, apesar de ter como cerne as virtudes da sabedoria e da disciplina nos estudos, é veementemente citada por Johannes Quidort e serviu de base para formulações sobre a diferença entre os poderes na Baixa Idade Média. É consultada como fonte subsidiária, principalmente porque as ideias de Hugo de São Vítor podem ser encontradas em várias obras produzidas ao longo dos séculos XIII e XIV.

Hugo de São Vítor é tido como um dos maiores pensadores do século XII – contemporâneo de Abelardo – e que promoveu uma verdadeira reviravolta na arte de pensar e de escrever. Inaugurou nova era do pensar e de escrever principalmente após os sensíveis avanços na demografia e a modesta paz alcançada. Nasceu em 1095, provavelmente na Saxônia, chegando a Paris por volta de 1115, onde morreu em 1141. Sabe-se da existência de pelo menos 126 manuscritos espalhados pela Europa, sendo que o *Da arte de ler* foi o primeiro livro de Hugo de São Vítor, escrito em 1127. Não se tem a dimensão e a amplitude da influência de seu trabalho para a formação do pensamento ocidental moderno. Certamente, a fonte consultada permitiu uma compreensão mais ampla das estruturas do pensamento político medieval. Ao ser amplamente citado no *De Regia Potestate et Papali*, de Johannes Quidort, observou-se com maior precisão o pensamento cristão sobre a soberania e o sacerdócio. Notadamente, o pensamento aberto, a preocupação em operar de maneira empírica e o encontro com a *sapentia* dos gregos revelam elementos constitutivos do medievo filosófico, teológico e questionador.

A obra *Didascálicon* tem sido consideravelmente revisitada nos

[72] DE SÃO VÍTOR, Hugo. *Didascálicon da arte de ler*. Introdução e tradução Antônio Marchionni. Petrópolis, RJ: Vozes, 2001. Obra bilingüe: latim/português. A tradução baseia-se no texto crítico latino elaborado pelo americano Buttimer em 1939. Sabe-se que a Patrologia Latina de Migne reúne boa parte das obras de Hugo e alguns documentos de autoria certa e duvidosa, obra não encontrada para a presente pesquisa.

últimos anos "enquanto propulsora de novos tempos".[73] No século XIV, por exemplo, os pensadores que fizeram referência a seus textos, representaram novo debate, mais mundano e aplicado a uma realidade urbana e universitária. Johannes Quidort, por exemplo, na busca da legitimidade de um poder popular, seleciona trechos dos escritos de Hugo de São Vítor para criar uma atmosfera propícia ao fortalecimento do poder clerical no que se refere à sabedoria, destacando uma nítida separação entre *leigos* e *ministros*, cujas funções podem ser equiparadas em caso de julgamento perante o *direito humano*[74].

No contexto de aplicação das ideias antigas, um pensador dos séculos XIII e XIV, ao fazer referência a textos antigos, certamente buscava conferir legitimidade e autoridade aos argumentos. Almejava também criar uma aura de poder aos homens da Igreja, como os únicos a dominarem conhecimentos dos antepassados. Estes pensadores modificaram a lógica da abstração universal para o interior de uma teoria da soberania popular, sempre comandada e ordenada por indivíduos praticamente irreais, uma vez considerados os elementos simbólicos. Ao tentarem desmistificar a razão, depararam-se com o mundo da construção ideológica dos conceitos cristãos de "bem comum", Império, Sagrado, Cristandade etc. Mutilando os termos dos antepassados, os argumentos destes pensadores representaram o mundo como uma unidade incorpórea, numa pluralidade de indivíduos semelhantes. A Cristandade, através do legítimo discurso para fomentar o plano do sagrado associado à Igreja, construiu um mundo dispare, cujas diferenças eram minimizadas perante a grande construção do paraíso e a busca pela eternidade, diferenças pontuadas sempre nas posses, enquanto que, no imaginário cristão, o pensamento político correspondia a uma caminhada sem fim ao reino dos céus.

---

[73] MARCHIONNI, Antônio. "Introdução". In DE SÃO VÍTOR, Hugo. *Ibid.* p. 27.
[74] QUIDORT, Johannes. *Op. cit.* p. 123.

1.2.2. DOCUMENTOS PAPAIS

A *Bula Clericis Laicos*[75], documento escrito em 26 de fevereiro de 1296, dirigia-se, em termos gerais, à Cristandade. De maneira implícita, todavia, era apontada a reis em estado de beligerância. Revelou os aspectos centrais que dariam início ao embate mais importante em fins da Idade Média: a quem caberia o poder e quais suas respectivas jurisdições de ação. Esta fonte permitiu compreender em que medida os poderes buscaram o equilíbrio de forças, utilizando conceitos antigos aplicados a uma nova realidade política. O fato primordial relacionava-se à taxação dirigida ao clero e a suas propriedades, algo que os príncipes passaram a exigir à medida que os súditos se identificavam mais estreitamente com a monarquia. A bula papal é clara em relação àqueles que infringiam as leis da Igreja – receberiam o castigo da excomunhão –, pois esta passava por dificuldades financeiras e não poderia aceitar a taxação imposta por alguns príncipes.

O documento alicerçava-se na idéia de que o homem é um animal político e, portanto, para alcançar a via sobrenatural, a única que de fato importava, precisava do sacerdócio e, conseqüentemente, da Igreja, para concretizar o batismo. A bula do papa Bonifácio VIII declara que:

> [...] Para a perpétua lembrança do acontecimento, o tempo mostrou-nos que os leigos sempre foram excessivamente hostis para com o clero, e isto comprova-se de modo evidente face ao ocorrido nos nossos dias, pois, não contentes com o que lhes diz respeito, desejam obter o que lhes está proibido e

[75] BONIFÁCIO VIII. "Bula Clericis Laicos". In: SOUZA, José Antônio C. R. de & BARBOSA, João Morais. *O reino de deus e o reino dos homens*: as relações entre os poderes espiritual e temporal na Baixa Idade Média (da Reforma Gregoriana a João Quidort). Porto Alegre: EDIPUCRS, 1997. pp. 179-181.

> extravasam a sua ganância. Tampouco atentam diligentemente em que se lhes proíbe igualmente exercer qualquer poder sobre o clero, bem como sobre as pessoas eclesiásticas e os seus bens. Antes pelo contrário, os leigos impõem pesados tributos aos prelados e às suas igrejas, e ainda ao clero secular e regular, fazendo-os pagar impostos e taxas. [...] Portanto, ninguém ouse atentar e opor-se atrevidamente a esta nossa constituição, preceito ou proibição[76].

A História das Ideias Políticas analisa os vínculos, as redes de comunicação, as influências e, seguramente, busca compreender o respaldo político dos conceitos aplicados na documentação. Sabe-se, contudo, que a hierarquia da Igreja foi demonstrada a partir da interpretação documental. Nesses documentos aparecem elementos hierocráticos, principalmente porque a Bula ataca os abusos de príncipes contrários à plenitude do poder papal. Logo após a bula papal, o rei Filipe, O Belo, reagiu a suas determinações, baixando, em 17 de agosto do mesmo ano, com o apoio de Pedro Flot e Guilherme de Plaisians, uma lei que proibia sob qualquer hipótese a saída de ouro e metais preciosos da França[77]. Desse modo, o documento permite uma análise bastante ampla das ideias que ocupavam a mente de homens que viveram e lutaram, de todas as formas, para manter a estrutura de poder.

A *Bula Ausculta fili charissime*[78] foi escrita em meio ao debate teórico de ambas as partes. O desejo de subverter o estado de coisas levou o litígio a confrontos no campo de batalha. Por causa da insubmissão de Filipe, o Belo, às determinações papais, o papa promulgou a bula *Salvator mundi*, revogando todos os privilégios fiscais da coroa francesa, proibindo terminantemente o clero de pagar imposto. Devido aos interesses bélicos do rei francês na

---

[76] BONIFÁCIO VIII. *Ibid.* pp. 179-181.

[77] PASSOS, José Afonso de Morais Bueno. *Bonifácio VIII e Felipe IV de França*. São Paulo. Tese de Doutoramento em História Social, USP, 1973.

[78] BONIFÁCIO VIII. "Bula Ausculta fili charissime". In: SOUZA, José Antônio C. R. de & BARBOSA, João Morais. *O reino de deus e o reino dos homens*: as relações entre os poderes espiritual e temporal na Baixa Idade Média (da Reforma Gregoriana a João Quidort). Porto Alegre: EDIPUCRS, 1997. pp. 184-186.

guerra contra Eduardo I, da Inglaterra, o Papa tornava-se, cada vez mais, um empecilho às pretensões expansionistas do Estado monárquico. Filipe, o Belo, mandou que juristas preparassem a condenação de um partidário de Bonifácio VIII, acusado de heresia e simonia. A prisão de Saisset deixou o papa ainda mais irritado, travando batalha mais memorável, através de documentos e bulas papais.

A fonte permite apreender elementos constitutivos das redes de filiações, bem como o mundo envolto no conflito de ideias religiosas e políticas: a sintonia simbólica a que buscavam legitimar os argumentos, a base do pensamento sustentadora da ordem e, principalmente, para que interesses cabiam os exercícios teóricos. É cabível identificar o conflito político apenas como cenário para a protagonização do poder régio na esfera jurídica.

Nas palavras enunciadas na bula papal *Unam sanctam*[79], os termos, para a época, são incontestáveis: "A Igreja representa o Corpo Místico, cuja cabeça é Cristo, e a cabeça de Cristo, Deus. Nela há um só Senhor, uma só fé e um só Batismo". A compreensão do corpo místico, antes associado somente a Cristo, agora migra para a instituição Igreja, representação única e fiel do imaginário cristão: a idéia de que o espírito supera a matéria e julga a todos sem ser julgado por ninguém, princípios que aprofundaram noções sobre o entendimento da ordem representada pelo plano sagrado da Igreja e da ordem representada por ações humanas.

Em que medida as influências podem ser cruzadas? Estas e outras perguntas justificam a consulta das bulas papais, principalmente por ampliar a compreensão dos argumentos para justificar os poderes existentes.

---

[79] BONIFÁCIO VIII. "Unam Sanctam". In: SOUZA, José Antônio C. R. de & BARBOSA, João Morais. *Ibid*. pp. 202-204.

1.2.3. DOCUMENTOS EM DEFESA DO PODER RÉGIO

O conflito entre Bonifácio VIII e Filipe, o Belo, gerou obras e muita discussão teórica. Muitos textos escritos sequer chegaram a ser reconhecidos por seus autores por causa das restrições papais aos que ousassem contrariar os desígnios da Igreja. Um dos documentos consultados, a *Quaestio in utramque partem*[80], foi escrito em 1302, no calor dos debates. A partir dos moldes e do formato da redação, sabe-se que foi um texto redigido por um professor anti-hierocrata para ser discutido entre os alunos. Procurando evitar os dissabores da veiculação pública de suas ideias, preferiu o anonimato. Durante toda a Idade Média, o anonimato foi muito utilizado, como atestam os argumentos de Paul Zumthor, principalmente porque o valor da letra integrava o mundo da oralidade medieval[81], assumindo posição de espanto, admiração e temor: literatura dominada por certa oralidade, produzindo no observador e leitor uma fantasia do espetáculo que as letras causam à voz.

Ao tratar de temas como o lugar da palavra, a palavra-força, a palavra ordinária e o imbricado jogo entre as hierarquias que detinham o direito à letra e à voz, é factível observar, seguindo os exemplos de Paul Zumthor, que, principalmente no século XIV, "todo discurso é ação, física e psiquicamente efetiva".[82] Notava-se que os lugares do rei e o do bispo no manejo e no trato da palavra,

---

[80] "Quaestio in utramque partem". In: SOUZA, José Antônio C. R. de & BARBOSA, João Morais. *Ibid*. pp. 191-199.

[81] ZUMTHOR, Paul. *A letra e a voz*: a "literatura" medieval. São Paulo: Companhia das Letras, 1993. p. 09.

[82] ZUMTHOR, Paul. *Ibid*. p. 75.

considerando quais os elementos simbólicos, faziam com que o último tivesse, de fato, "o monopólio da palavra verídica".[83]

A *Lettre des consuls de Cahors au roi Philippe le Bel*[84], escrita originalmente em francês, datada de 1309, promoveu comunicação estritamente local e carregada de valores sentimentais ao lugar de nascimento. Escrever um documento usando a língua materna significava, acima de tudo, reforçar sentimento de afeto a tudo que estivesse relacionado ao lugar de nascimento, à língua aprendida quando criança ou, ainda, um sentimento de amor à língua "que nos é natural e que mamamos nos seios de nossas mães"[85], sem, no entanto, desconsiderar a facilidade. A busca pela identificação da língua, das relações primárias vividas na comunidade de nascimento, e uma série de outros elementos, contribuíram para a condução das intenções dos súditos no caminho da centralização monárquica.

De Abreviatione[86] é um documento consultado que foi escrito por Pierre Dubois no início do século XIV. Ele também transmite o sentimento de disputa entre a monarquia e o papado. Dubois foi um dos juristas de Filipe, o Belo, preparando a defesa dos direitos de hereditariedade inerentes ao poder real, contrariando, de modo direto, as pretensões papais ao comando das esferas temporal e espiritual. Esta fonte, apesar de passar apenas por uma consulta, permitiu uma melhor compreensão das ideias voltadas ao "sentimento nacional", se assim se pode dizer, por exaltar o povo francês na defesa da monarquia francesa contra os inimigos externos. Dentre os inimigos poderiam ser citados os ingleses, o

---

[83] ZUMTHOR, Paul. *Ibid*. p. 76. Conforme Zumthor, o bispo era mais experimentado do que o rei no manejo da retórica. Mas o discurso político e a poesia sempre contestaram as pretensões dos bispos, mesmo que indiretamente não tivessem essa intenção. A justificativa mais usada para demonstrar a supremacia da palavra clerical concentra-se no questionamento de Tomás de Aquino: "Por que Jesus não escreveu?", "Porque a palavra permanece mais perto do coração".

[84] "Lettre des consuls de Cahors au roi Philippe le Bel". In: PACAUT, Marcel. *Lês structures politiques de l'occident Medieval*. Paris: Librairie Armand Colin, 1969. p. 285.

[85] MARAVALL, José Antônio. *Estado Moderno y Mentalidad Social*. Madrid: Revista de Occidente, 1972. p. 469.

[86] "De Abreviatione". In: PACAUT, Marcel. *Op. cit*. p. 284.

domínio papal e imperial. Considerados distantes, muitas vezes não atendiam aos anseios de um poder monárquico mais presente em aparições, em ritos de cura, em atos triunfantes decorrentes da guerra etc. Nas palavras de Pierre Dubois:

> C'est bien ce qui arriva, dans les temps écoulés, en la personne des princes qui passèrent du royaume de France dans les pays étrangers. Les Français, certes, jouissent d'une raison au jugement plus sûr que n'importe quelle autre nation, et ils ne se laissent pas mouvoir par des arguments contraires à la logique; ils ne combattent guère ou jamais la véritable chez les autres.[87]

Os termos apareceram num contexto favorável a apologias em relação à monarquia francesa. O poder supremo do rei em seu território aparecia como uma das principais contribuições para formalizar o sentimento herdado das antigas formações germânicas no Ocidente. Era a identificação do "príncipe", aparentemente sempre próximo, a compreensão de que são súditos do rei e não pertencentes a uma nação constituída por limites geográficos. De modo diverso, o conceito de soberania régia partilhava da noção de submissão a Deus, a quem tudo pertence, e não somente a um território demarcado e com fronteiras fixadas. A consulta dessa fonte, portanto, serviu para ampliar o entendimento dos conceitos inerentes à defesa monárquica.

[87] "De Abreviatione". In: PACAUT, Marcel. *Ibid*. p. 284.

1.3 – JOHANNES QUIDORT: VIDA E OBRA

O autor[88] do manuscrito *De Regia Potestate et Papali* "é o francês Johannes de Paris (também chamado de Johannes Quidort)"[89]. "Jean de Paris n'est pas un théologien célèbre. Son nom est peu connu"[90]. Estudos confirmam que ele foi monge dominicano, filósofo, teólogo e que teria nascido em Paris no ano de 1270, mas nenhum dado pode confirmar exatamente o local e a data em que veio ao mundo Johannes Quidort. O que se sabe é que

---

[88] LECLERCQ, Dom Jean. *Jean de Paris*: l'ecclésiologie du XIIIe siècle. Paris: Librairie Philosophique J. Vrin, 1942. p. 01. Esta obra de Jean Leclercq, contém uma versão do manuscrito *De Regia Potestate et Papali*, que também será utilizada para redimir qualquer dúvida sobre a tradução. Contudo, conforme o Leclercq, a comprovada autoria de Johannes Quidort permaneceu em dúvida por algum tempo, pois existiu, na mesma época, um outro Jean de Paris. Na verdade, essas dúvidas só foram redimidas no momento em que encontraram o nome Johannes nos manuscritos, que certamente se refere ao Johannes Quidort dominicano. Desde então, e depois de comparações com outros escritos de Quidort, chegou-se a conclusão de que o documento foi escrito, de fato, pelo dominicano.

[89] BLEIENSTEIN, Fritz. *Op. cit.* p. 10. De acordo com este autor, em informações de nota de rodapé, "Além de Quidort, encontram-se outros nomes como *Monoculus Dormiens, Surdus, De Soardis*. Quidort, em todo o caso, deve ter sido um nome de família, o que pode ser indicado, no ano de 1292, por um tal Jakob Quidort, que morava na Rue de la Péléterie. Cf. Hercule Géraud, Paris sous Philippe-leBel, Paris 1837, pg. 103, Anm. 20 – Martin Grabmann, Studien zu Johannes Quidort von Paris, in: Sitzungsberichte der Bayerischen Akademie der Wissenschaften (Phil.-Hist.Klasse), H3, Munique 1922, pg. 6, Anm. 4".

[90] LECLERCQ, Dom Jean. *Op. cit.* p. 01.

foi membro da Comunidade Dominicana de São Jacques, em Paris, momento em que se acrescenta ao nome o *Parisiensis*, permanecendo, até os dias atuais, conhecido como Johannes Quidort Parisiensis.

O tradutor da obra analisada no presente trabalho afirma que "pouco sabemos sobre a vida de João Quidort, também conhecido como João de Paris, e, devido a este segundo nome, confundido por vezes com um seu homônimo"[91]. Dos pensadores que apareceram da metade do século XIII à metade do século XIV, Johannes Quidort é um dos que emergem pela contribuição que oferece para o entendimento do debate político da época. Sabe-se da importância das ideias políticas descritas por ele, principalmente por ter ele vivido intensamente a grande polêmica entre Bonifácio VIII e Filipe, o Belo, da França. O primeiro, defensor da hierocracia eclesiástica, o segundo, da teocracia régia, ambos ciosos em defender os interesses políticos e preocupados em ampliar suas áreas de atuação. Em meio às controvérsias políticas, Johannes Quidort aparece, através do documento *De Regia Potestate et Papali,* como um pensador equilibrado, que não menciona, em nenhum momento, a disputa entre o Papa e o Rei, mas que faz uma análise profunda do que anima e sustém a rivalidade entre os dois, ou seja, das controvérsias entre os hierocratas e os regalistas.

A análise de Johannes Quidort revela duas posições bem definidas, pois em meio ao conflito político, ele propõe uma via original e que almeja a conciliação. Certamente é o escrito mais conhecido do pensador, que contém uma análise preliminar, muito próxima de uma "Introdução", mais voltada a destacar a visão extremista dos defensores da *plenitudo potestatis in temporalibus* e dos radicais defensores do poder régio. Realmente, ele propõe uma visão conciliadora, voltada ao equilíbrio entre os poderes e com vistas à paz. O seu tratado político mais importante não deve ter sido escrito antes de março de 1302 e não deve ter passado de agosto do mesmo ano.

---

[91] DE BONI, Luis Alberto. "Introdução". In: QUIDORT, Johannes. *Op. cit.* p. 11.

Na divisão da obra, a primeira parte é teórica, o que compreende os capítulos I a V, momento em que apresenta os principais argumentos sobre a origem e a natureza do sacerdócio e do reino. Apresenta os principais termos e a tradição que confere a autoridade para cada uma das esferas e quais os compromissos ligam uma a outra. Na outra parte, do capítulo VI ao XX, ele expõe com clareza os principais pontos que afirmam o domínio e a jurisdição em que o Papa atua com plenos poderes, elencando todos os argumentos hierocratas para, em seguida, refutar a todos eles com a mesma energia. Na outra parte, do capítulo XXI ao XXV, são analisados diferentes documentos históricos que comprovam as possibilidades do detentor do poder espiritual ter liberdade e capacidade para renunciar ao cargo, de ser deposto por autoridade temporal e de como o povo pode agir e atuar para isso. Os principais documentos considerados para construir os argumentos são a *Doação de Constatino*, a *Ética a Nicômaco* e a *Política de Aristóteles*. Aparecem nas argumentações citações e referências às *Sagradas Escrituras*, ao *Direito Canônico* e outros documentos que fazem parte das leituras de pensadores da época e dos Doutores da Igreja. É certo que os principais pensadores de seu tempo também aparecem, mesmo que de maneira indireta e muito sutilmente. A cautela em mencionar nomes reflete o receio em refutar ideias e grupos muito poderosos, principalmente indivíduos que possuíam prestígio na corte papal. Nesse sentido, hierocratas[92] como Egídio Romano, Henrique de Cremona e Tiago de Viterbo têm as ideias descritas e questionadas no texto de Johannes Quidort, mas sequer são mencionados e citados como os responsáveis pelos erros e equívocos na interpretação da tradição das Sagradas Escrituras e dos Doutores da Igreja. Ao contrário de Santo Tomás de Aquino que, considerado um mestre para Johannes Quidort, aparece invariavelmente nas argumentações, principalmente porque entra em conformidade com o pensamento de Quidort e com as demonstrações sobre a forma do poder temporal e espiritual. Em

[92] Johannes Quidort faz apenas duas menções a Tiago de Viterbo e duas a Henrique de Cremona. O nome de Egídio Romano, desafeto antigo, nem sequer aparece nos textos de Johannes Quidort.

se tratando da análise dos documentos utilizados por Johannes Quidort:

> As ideias de Tiago de Viterbo são utilizadas e criticadas principalmente no capítulo XIII do tratado. Da obra de Egídio Romano, *Sobre o Poder Eclesiástico*, são tirados os argumentos de número 10 ao 14, do 17 ao 18, do 20 ao 24, o 27 e o 36, bem como ainda, não diretamente, na parte suplementar é utilizado o *De Renuntiatione Papae* do mesmo autor. Dos textos de Santo Tomás é que se compõe a maior parte do Tratado, mesmo algumas passagens de Aristóteles são tiradas da *Catena Áurea*, ou dos *Comentários às Sentenças de Pedro Lombardo*, porém mais utilizado é o *Do Governo dos Príncipes*, no qual João de Paris chega a copiar em seu capítulo I e o início do capítulo II, partes inteiras do livro I, como também no final do seu capítulo V o texto é, à letra, do livro I, nº. 14 do *De Regimine*; outros trechos do seu Tratado correspondem a textos da *Suma Teológica*, como é o caso do seu capítulo XX, resposta 35 que corresponde ao texto I-II, q. 105, a. 1, ad 2.[93]

De fato as informações sobre Johannes Quidort são escassas. Acredita-se na possibilidade de ter ingressado na Ordem dos Frades de São Domingos de Gusmão, os Dominicanos ou Pregadores quando tinha 33 anos de idade. Mas as dúvidas sobre o ingresso preciso ainda continuam. Graças a um documento produzido e posteriormente assinado por 132 frades do convento de Saint Jacques em Paris, que defendiam as ações de Filipe, o Belo, da França, exigindo um Concílio Geral para julgar o papa Bonifácio VIII é que se têm informações mais precisas sobre o ingresso de Quidort na Ordem.

Chega-se ao ano de 1270 como a data de nascimento de Johannes Quidort[94] através dos dados relativos à vida acadêmica. Em 1290, obteve a licença na Faculdade de Artes. Entre 1292 e 1296, iniciou as atividades docentes na Universidade de Paris.

---

[93] LIMA, José Jivaldo. *Op. cit.* p. 14.

[94] Por questões de uniformização, usaremos doravante apenas Johannes Quidort.

Por haver poucas informações sobre a vida do pensador, sua trajetória é delineada praticamente apenas pelas atividades acadêmicas que realizou. Conhecendo-se o que ele escreveu, é possível entender certos detalhes das intrigas e dos grupos a que pertenceu e cujas ideias defendeu. Foi durante o período de docência na Universidade de Paris que surgiram os escritos sobre o "princípio da individualidade" (*De principio indiduationis*), tratado sobre o problema das formas (*Tractatus de formis – de unitate formarum*) e um trabalho bastante vasto sobre sentenças (*Commentarius in libros sententiarum*), quando recebeu inúmeros ataques e se viu forçado a se defender de acusações de heresia, que lhe causaram sérios problemas, já que teve que enfrentar processos inquisitoriais.

Em outro trabalho, na apologia *Correctarium Circa*, passou a intervir a favor da doutrina de Tomás de Aquino. Acredita-se que Johannes Quidort só tenha entrado para a Ordem dos Dominicanos nos anos de 1300, e que somente em 1303 tenha se tornado membro do conhecido convento dominicano de Saint Jacques, em Paris[95]. Em 1304 foi promovido a teólogo, tendo publicado o escrito *De confessionibus audientis*, obra na qual defendeu a luta pela mendicância, sendo que inúmeras passagens integram o *De Regia Potestate et Papali*[96].

Por volta de 1304/5, escreveu o tratado sobre a transubstanciação na doutrina da eucaristia, provocando sérios debates na Faculdade de Teologia de Paris, sofrendo recriminações que lhe renderam a supressão do direito de lecionar. Ao apelar para o Papa, sequer chegou a se defender, pois morreu em Bordeaux, na Gascônia, hoje França, em 1306, antes do julgamento.

A maior e mais importante obra de Johannes Quidort certamente é o tratado *De Regia Potestate et Papali*, e acredita-se que

[95] DE BONI, Luis Alberto. "Introdução". In: QUIDORT, Johannes. *Op. cit.* p. 12. Conforme este autor, "em 1303 pertence à Ordem dos Dominicanos - não se sabe a data certa do ingresso, supondo-se que seja pouco anterior a 1300 - pois faz parte do número dos 132 frades de seu convento que subscrevem o documento em favor do rei, pedindo a convocação de um Concílio Geral contra Bonifácio VIII".

[96] BLEIENSTEIN, Fritz. *Op. cit.* p. 11.

a última impressão tenha ocorrido no século XVII[97]. Sua classificação como tratado político está relacionada ao isolamento de fatos de seu tempo para a formulação de hipóteses sobre a "comunidade política". É sabido que teve como pano de fundo as intrigas políticas entre o Papa Bonifácio VIII e o rei francês, Filipe, o Belo. O conflito foi deflagrado em 25 de fevereiro de 1296 com a bula *Clerices laicos*, que marcou a primeira etapa da luta política entre os dois. Johannes Quidort escreveu o *De Regia Potestate et Papali* provavelmente no final de 1302[98], quando o calor dos debates sobre os poderes temporais e espirituais já estavam em níveis de conflito armado. A definição exata da data permanece desconhecida, pois, ao falar de Bonifácio VIII, o documento causava a impressão de que o papa já havia falecido (Bonifácio VIII morreu em 11 de outubro de 1303). As impressões podem, sim, ser verdadeiras, pois nada impedia a Johannes Quidort de datar o *De Regia Potestate et Papali* como sendo do ano anterior[99]. Embora se pressuponha que Johannes Quidort tenha tido acesso à bula *Unam Sanctam* – escrita em 18 de novembro de 1302 –, ele não a menciona em seu tratado, provavelmente com o intuito de não nomear diretamente aqueles que desejava atacar.

Outro detalhe importante é o fato de que Johannes Quidort não menciona os acontecimentos e a violência cometida contra o papa Bonifácio VIII em junho de 1303, o que, talvez, demonstre que a data mais adequada do manuscrito seja realmente de fins de 1302 e início de 1303. Os questionamentos são válidos, já que se trata "de um livro polêmico, escrito num momento em que a convulsão política atingiria até o relativo isolamento da vida acadêmica, e nele percebe-se o propósito de tomar posição ante outras obras da época, cujas teses pretende combater".[100]

Sabe-se que Filipe, o Belo, nutria interesse especial pelo Convento de Saint Jacques, pois toda a família real tinha os

---

[97] LECLERCQ, Dom Jean. *Op. cit*. p. 01. Conforme o autor, "Son traité De potestate regia et papali n'a pas été réimprimé depuis le XVIIe siècle".

[98] PRÉLOT, M. *Op. cit*. p. 19. "No entanto, a sua obra De Regia Potestate et Papali (1302) é a obra de um fiel discípulo de S. Tomás"

[99] LECLERCQ, Dom Jean. *Op. cit*. p. 10.

[100] DE BONI, Luis Alberto. "Introdução". In: QUIDORT, Johannes. *Op. cit*. p. 13.

dominicanos como confessores, sem contar que a Igreja do convento abrigava a sepultura de muitos membros da família real francesa. Isto influenciou em muito o pensamento de Johannes Quidort, pois a família real sempre ajudou a fortalecer a Igreja e o convento. Historicamente, São Luís também teria sido um dos grandes modelos de caridade e bondade para com os clérigos da província tomada pelo Convento de Saint Jacques. Antes de ser deflagrado o conflito entre o papa e o rei, ambos tratavam dos interesses da ordem com zelo e respeito, principalmente porque a França sempre foi aliada do papado em inúmeras empreitadas expansionistas. É o caso, por exemplo, do fato de que São Luís foi canonizado pelo papa Bonifácio VIII.

Johannes Quidort vivenciou todos os problemas do período. Os Capetos, desde Hugo Capeto, iniciaram processo muito lento de controle dos poderes locais. A nobreza, detentora do poder das armas, precisava ser controlada e manipulada pelos interesses da coroa. O rei, até então sagrado, passou a incorporar ao ritual a coroação, instrumento utilizado para catalisar as forças centrífugas. Invariavelmente, via-se o rei determinando como as alianças militares e políticas deveriam acontecer. Impaciente diante dos frouxos laços da fidelidade feudo-vassálica, o rei impôs a autoridade militar e política. Conforme Georges Duby:

> Ele ordenava aos escreventes de sua casa que estabelecessem a lista dos cavaleiros de que dependia a defesa de tal burgo ou tal castelo; as "escritas a respeito dos feudos" enumeravam cuidadosamente em seus arquivos aqueles que, de cada região, deviam vir juntar-se às hostes, a elas integrando-se durante quarenta dias e a seus próprios custos, ou então resgatar as prestações militares a que estavam obrigados pela *tenure*.[101]

A aliança histórica entre a Igreja e o reino francês foi desfeita mediante a tentativa de manter a plenitude do poder papal. Desde

[101] DUBY, Gorges. *A Idade Média na França*: de Hugo Capeto a Joana D'Arc. Rio de Janeiro: Jorge Zahar Ed., 1992. p. 211.

os merovíngios – dos quais os Capetos alegavam ser descendentes diretos – havia aliança entre a Igreja e os reis. Em fins do século XIII, a primogênita da Igreja superou, definitivamente, a infância, e os problemas da adolescência atingiram a maturidade política. Passou, então, a se destacar como a maior potência ocidental[102]. Dessa visão histórica, Johannes Quidort descreve e teoriza uma defesa inflamada dos valores e conceitos mais utilizados no auge do conflito entre o Rei e o Papa. Depreende-se disso a imagem nítida de ideias novas e voltadas à exaltação da monarquia como um dos possíveis caminhos para a manutenção da paz e da ordem. O debate político da época acabou por tragar a todos que nele tiveram participação durante a vida acadêmica, e Johannes Quidort tomou posição nítida ao combater as teses que defendiam as ideias hierocráticas e declaradamente defensoras do poder universal da Igreja e do Império.

Johannes Quidort foi um dominicano bastante ativo em seu tempo. Envolveu-se, também, na querela entre os frades Mendicantes e o clero secular, momento em que tomou partido ao escrever 10 questões sobre o assunto, tendo sido censurado pelas ideias que apresentou sobre a transubstanciação. Devido a essas ideias, sua cátedra foi cassada e, dentre os clérigos que participaram de seu julgamento, esteve o agostiniano Egídio Romano, um curialista que Johannes Quidort havia criticado e censurado em sua principal obra, *De regia Potestate et papali.* A resistência foi dura, mas Quidort resolveu apelar ao Papa Bento XI (1303-1304) para que fizesse uma nova avaliação e julgasse a querela novamente. Todavia, o Papa faleceu antes de fazer a apreciação do caso de Quidort. Logo após a eleição de Clemente V, Quidort buscou mais uma vez recursos para apelação, com o intuito de explicar ao novo Papa as questões discutidas em sua obra, mas veio a falecer em 1306, a caminho de Avignon, antes mesmo de poder se explicar.

---

[102] LIMA, José Jivaldo. *Op. cit.* p. 21.

CAPÍTULO 2 - A FRANÇA E O PAPADO À ÉPOCA DE FILIPE, O BELO, E BONIFÁCIO VIII

Filipe, o Belo, rei da França, "colosse blond au beau visage"[1], sentia constantemente a falta de recursos financeiros para levar adiante os projetos de expansão do reino francês. Invariavelmente, utilizava os recursos provenientes do clero para satisfazer às necessidades do reino. O problema começou a ser desnudado no momento em que as requisições financeiras dirigidas ao clero aumentaram significativamente. Era costume que os reis buscassem auxílio às portas das igrejas, desde que não ultrapassassem os limites impostos pelos bispos e pelo papado. As requisições deflagraram a crise da autoridade do poderio papal. O fato mais evidente foi revelado através do conflito explícito entre o rei francês e o papa Bonifácio VIII.

Além das permissões papais em relação à utilização das riquezas da Igreja por parte dos reis, estes faziam valer a autoridade local para cobrar imposto, muitas vezes coletando dinheiro e objetos preciosos das igrejas. As reclamações de parte das autoridades das Igrejas locais não cessavam, principalmente quando atentavam contra o costume e obras de caridade praticadas por ela. Os sintomas revelaram todo o imaginário de uma época em que, lentamente, foi creditada maior autoridade ao monarca, que passou a ter respaldo e legitimidade para responder e tomar as decisões no

[1] Duc de Levis Mirepoix. "L´attentat d´Anagni". In: PASSOS, José Afonso de Morais Bueno. *Bonifácio VIII e Felipe IV de França*. São Paulo. Tese de Doutoramento em História Social, USP, 1973. p. 51.

interior do reino.

O movimento passou a impor sérias restrições às intervenções papais nas decisões relacionadas ao mundo. O consentimento dos senhores feudais de decidirem sobre tudo o que dizia respeito à sua localidade foi, na verdade, uma forma de a Igreja tentar controlar o avanço e os investimentos da Cristandade ocidental. O controle, aos poucos, foi cada vez mais regionalizado, escapando dos interesses universais, passando a atender a interesses econômicos, sociais e culturais da região. São sensatas e justas, para a época, as queixas feitas pelo papa Bonifácio VIII: "antigamente a Igreja, aleitando-se junto aos reis, crescia [...] hoje é exprimida pelos oficiais reais".[2]

O poder universal da Igreja esbarrou nos interesses bélicos e expansionistas do rei francês, que passou a utilizar termos da hierocracia para fazer valer sua autoridade sobre os súditos da coroa. Foram várias as intervenções do rei Francês nas questões referentes ao poder clerical no interior da França. A mais conhecida de todas foi a deposição e cassação dos Templários no Reino da França, principalmente porque estavam submetidos à autoridade papal e porque haviam sido acusados de inúmeras heresias.

Ao observar alterações na estrutura mental e material do pensamento predominante na Baixa Idade Média, descobre-se que textos de Johannes Quidort demonstram o caminho de uma ruptura inevitável, mesmo por parte de um erudito e muito competente papa, como o foi Bonifácio VIII. As circunstâncias contextuais e mentais não favoreciam o uso de uma autoridade que não possuísse mais razão e condições para conduzir os destinos da Cristandade. Percebia-se a existência de poder soberano inoculado há séculos e que passou a exigir do rei presença mais efetiva para que se tornasse cada vez mais soberano em seu reino.

Foram os elementos contextuais, imaginários, políticos e econômicos que permitiram à monarquia as condições para fortalecer o poder dos reis. Não obstante as intervenções nas

---

[2] Carta: "*Recordare* a Filipe IV". In: PASSOS, José Afonso de Morais Bueno. *Ibid.* p. 73.

províncias, o poder soberano do rei iniciou um processo de adequação da cobrança de impostos nas localidades mais distantes de Paris, o que tornou a atuação monárquica mais efetiva e próxima dos interesses dos súditos. A Igreja passava a responder cada vez mais pela salvação das almas e pelo destino espiritual dos homens, mas perdia a capacidade de aglutinar os interesses regionais, o que não significa uma completa laicização das atividades da monarquia.

2.1 – A IGREJA DOS TEMPOS DE BONIFÁCIO VIII

A Igreja dos tempos de Bonifácio VIII apresentava-se carregada de arcaísmo e fundamentava-se na tradição para legitimar as determinações papais. Antes mesmo de traçar aspectos do contexto da Igreja dos séculos XIII e XIV, foi necessário conhecer as pistas deixadas pela instituição Igreja ao longo da história e percorrê-las.

Ao mesmo tempo em que a Igreja fundamentava o poder e as regras para o projeto de sociedade cristã, surgiam tentativas, muitas vezes efetuadas um pouco distantes dos olhos do papado e que, devidamente organizadas, respaldavam as intenções de se separarem os poderes laicos e seculares[3]. A produção, por volta de 1140, de um sumário de direito canônico conhecido como *Decretum*,

[3] LEMERLE, Paul. *História de Bizâncio*. São Paulo: Martins Fontes, 1991. pp. 13-14. Para Paul Lemerl, Constantino teria interferido nas questões da Igreja, uma religião que vivia e crescia por sua própria energia. A intervenção revelou-se em relação a uma doutrina desenvolvida, provavelmente no século III e IV, por Ário, padre de Alexandria. "Ário não admitia que as três pessoas da Trindade fossem iguais. Sustentava que o Pai ou Deus é sempiterno e não gerado, o Filho é a criação do Pai; negava, portanto, a consubstancialidade e, indiretamente, a divindade do Cristo". Teria sido excomungado pelo bispo de Alexandria, mas a polêmica teria dividido o Oriente e Constantino teria atuado para conseguir a paz. Não conseguindo unir as partes em litígio, organizou o primeiro concílio ecumênico em Nicéia, em 325, onde foi definido que o filho é consubstancial ao Pai. O importante disso tudo é que, pela primeira vez, foram lançados os dogmas da religião Cristã, bem como, "pela primeira vez, o poder imperial interferiu numa questão de dogma: todas as relações futuras entre o temporal e o espiritual decorrem daí". Nesse sentido, é importante salientar que se tratava de poder temporal porque Constantino cumpria "poder de polícia".

organizado por Graciano, promoveu uma revisão abrangente das leis canônicas, procurando solucionar as contradições no corpo de leis. Ao fomentar a organização de leis consideradas universais, fornecia os elementos para que todas as propostas legalistas posteriores seguissem os mesmos preceitos papistas. Significava dizer que o poder da autoridade legislativa iniciava a tarefa de expandir os decretos e normatizações para as demais esferas da sociedade. Houve mudança significativa na mentalidade, pois o modelo legalista e escrito, exemplo claro das bulas papais, dialogava com a tradição para impor normas para reis, fiéis e súditos, estabelecendo instrumentos e vias de acesso ao corpo social. Até então, o costume ditava inúmeras normas de conduta, adaptáveis e facilmente negligenciáveis, mas, à medida que a lei adquiriu o seu próprio *status,* os reinos e bispados incorporaram um novo saber: o da lei escrita. Sabendo ou não dos regimentos, o indivíduo passou a responder, pessoalmente, pelos atos cometidos no corpo social.

As dificuldades de um modelo rudimentar de jurisdição clerical atingiram o ápice ao tentar normatizar os problemas sociais e morais. A abrangência das normas clericais impossibilitava a agilidade dos processos, o que resultou em críticas dos próprios partidários do papa, que o censuravam por ele se tornar justiniano demais e por abandonar a função de pescador de almas[4]. Para além das querelas jurisdicionais, e como complemento, a Europa assistiu ao retorno do modelo romano de encarar as leis e, ao mesmo tempo, ao retorno do pensamento dos primeiros cristãos. As ideias não poderiam causar maiores transtornos, já que a Igreja institucional não admitia, em seu conjunto, a idéia da pobreza absoluta de Cristo. Impasse difícil: como pregar a pobreza e o martírio de Cristo mantendo pompa absoluta? Ao pobre camponês, a beleza das palavras e as magníficas construções talvez poderiam

[4] Palavras que aparecem na Bíblia. No referido trecho bíblico, Jesus Cristo é levado ao encontro do apóstolo Pedro, que se encontrava em trabalho de pesca. Ao se deparar com Jesus, a Bíblia destaca a dúvida de Pedro com relação ao homem de Nazaré que se dizia o filho de Deus, o Messias. Nesse caso, Jesus teria enchido as redes com peixes e, em seguida, disse a Pedro que se o seguisse como um apóstolo o tornaria um pescador de homens. Ou, como informa a Bíblia, "Jesus disse a Simão Pedro: apascenta minhas ovelhas" (Jo. 21,17).

satisfazê-lo. Contudo, aos novos leitores de Aristóteles e Platão, principalmente monges, em grande escala, os argumentos revelaram pensamento e atitudes mais aparentes do que essenciais. É fácil imaginar a reviravolta ocasionada pela interpretação das novas leituras e sua próspera adaptação ao modelo cristão. Esta é a roupagem nova tecida a partir de fios antigos, momento em que a essência grega se transforma em essência do verdadeiro cristão e a aparência institucional e a suntuosidade da Igreja se revelam enganadoras dos preceitos e da essência pura e pobre dos primeiros cristãos.

O fortalecimento do discurso sobre o passado contribuiu para aumentar as cisões e o aparecimento de inúmeras ordens religiosas no seio da Igreja - certamente incorporadas à própria Igreja - pois, paradoxalmente, os Franciscanos, por exemplo, dependiam da autoridade pontifícia, devido à existência de seus privilégios, provenientes de bulas papais.

A querela entre o clero secular e os mendicantes arrastou-se até aproximadamente 1320, quando o debate foi minimizado em vista do descrédito da Igreja e do surgimento de uma nova força política: a monarquia.

Em vista destas transformações, a facção "espiritual" buscava nos exemplos e na essência dos antigos os modelos a serem reproduzidos, repudiando toda e qualquer forma de ambição de propriedade da Igreja institucional. A questão era muito mais ampla, pois, em tese, os papas eram os donos de todas as propriedades existentes sem a obrigação de deixar tributos aos príncipes locais. O problema foi agravado quando as duas correntes deixaram o intuito de imitar Cristo à perfeição, transformando a pobreza de Cristo em modelo a ser seguido, rompendo com todas as credenciais da Igreja instituição[5].

---

[5] MOLLAT, Michel. *Os pobres na Idade Média*. Rio de Janeiro: Campus, 1989. Para o Autor, "a pobreza é uma noção, também se compõe de realidades sociais complexas e dinâmicas, dificilmente apreensíves". No entanto, é fundamental destacar a alteração na percepção da pobreza, que no século XIII é associada a uma nova noção de pobreza, a "pobreza laboriosa". Por sua vez, exclui todos os marginalizados e vagabundos, pois a "verdadeira pobreza", à qual os homens aderem

Os séculos XIII e princípios do XIV representaram mais do que demarcações cronológicas. O acesso a leituras, o averroísmo, o projeto de vulgarização das leis, o reconhecimento da paternidade monárquica e as ideias dos mendicantes rejuvenesceram o pensamento ocidental cristão. Outras possibilidades de pensar e produzir o mundo apontavam para novas e criativas experiências sociais. Por mais que a rigidez dos dias consagrados aos santos, das festas religiosas e do calendário cristão demonstrassem o predomínio sobre as demais formas de regrar o mundo ocidental, os cidadãos, os camponeses, os artesãos, os burgueses acessavam, com maior facilidade, as caixas de diálogos disponíveis em seu tempo. Desse modo, da leitura de Aristóteles, os letrados medievais:

> [...] não retiravam apenas as técnicas de exposição e de raciocínio. Eles retiravam também esquemas explicativos e hábitos classificatórios aplicáveis a toda espécie de fenômenos. O princípio da não-contradição, a procura por causas (materiais, formais, eficientes, finais), a distinção da matéria e da forma, da substância e dos acidentes, da potência e do ato, a identificação dos gêneros e das espécies, eram todos meios racionais que tanto definiam o objeto do saber quanto pensavam a transformação.[6]

As controvérsias políticas, para além das disputas ideológicas, precisavam ser integradas aos símbolos predominantes no período. Certamente, apesar das ligações de parentesco, de interesses e de ideologia, os recursos disponíveis apresentavam a que recorriam os homens para garantir os privilégios preferidos da época - como é o caso de um cura das montanhas da Borgonha que, em 1377, possuía muito dinheiro líquido, uma corrente de ouro e "arrendara

---

voluntariamente, espelha pureza, santidade e dedicação plena ao projeto cristão. São Luís, por exemplo, aparece como o protetor dos pobres e doentes, uma associação ao rei como aquele que curará os males do mundo cristão e do reino, principalmente pela relação de proximidade que estabelece, ou parece estabelecer, com os súditos.

[6] VERGER, Jacques. *Homens e saber na Idade Média*. São Paulo: EDUSC, 1999. p. 36.

setecentas e catorze cabeças de gado, distribuídas por cerca de cinqüenta agricultores da sua paróquia e das paróquias vizinhas"[7]. Um privilégio significativo para alguém com a obrigação legal e moral de conduzir os fiéis à salvação eterna, atuações muitas vezes questionadas, mas cuja função jamais fora condenada. Na verdade, o sentimento de erro humano transpõe qualquer possibilidade de que o homem rompa com dada situação, pois as gerações seguintes não enxergam, à distância, os abusos que a função provoca no homem que a representa e acabavam por observar tão somente o caso particular e provinciano do abuso, o que impedia a correlação do abuso na longa duração. Como afirmavam os clérigos, o corpo humano, portanto, era passível de erro, enquanto a função - fosse ela papal, episcopal, ou régia - passava a ser dotada de perfeição eterna. Nas estruturas dependentes e ligadas por laços de fidelidade, forjavam-se os elementos para a sensível alteração nos costumes e na concepção de mundo, mudanças incorporadas apenas por número diminuto de cabeças privilegiadas da época, não sendo cabível generalizar o movimento.

A sucessão de inúmeros herdeiros da coroa de Pedro, desde o falecimento de Gregório X, a 10 de janeiro de 1276, revelou aspectos fundamentais das disputas e dos interesses na eleição do pontífice. De Dominicanos a Franciscanos, o trono de Pedro viu passar papas preocupados em garantir virtude espiritual ao corpo clerical e, em igual medida, tendenciosos em decidir os rumos da política monárquica e imperial. Quando Gregório X foi a óbito, sucedeu-lhe o dominicano Pedro de Tarantásia, com o nome de Inocêncio V, conhecido também como *Doctor Famosissimis*, por ter ocupado cátedra na Universidade de Paris ao lado de Tomás de Aquino. Poucos meses depois, teve a vida ceifada naturalmente,

---

[7] DUBY, Georges. *Economia rural e vida no campo no Ocidente Medieval*. Vol. II. Lisboa: Edições 70, 1962. pp. 221-222. De fato, Duby demonstra como as relações sociais e o controle dos meios de produção se davam na Idade Média, local e momento em que "a comunidade da aldeia, contraída pela dificuldade dos tempos, pela necessidade de fazer face às exigências do senhor, aos cobradores de impostos, às exacções das companhias militares, tentou geralmente criar obstáculos ao desenvolvimento destas grandes explorações camponesas. Raramente conseguiu, ou sequer travar o seu crescimento".

tendo sido escolhido para sucedê-lo Adriano V, que sequer chegou a ser coroado, já que veio a falecer algumas semanas depois. Sabe-se, portanto, que a sucessão papal foi finalmente ocupada por um doutor famoso, nascido em Lisboa, Pedro Julião, mais conhecido como Pedro Hispano, autor de inúmeros trabalhos que influenciaram os pensadores do século XIII até o XVI, principalmente oferecendo rica possibilidade de material metodológico aos leitores. Dentre os textos que escreveu, estão as *Summulae Logicales*, que serviram de manual dialético aos universitários de seu tempo. Além da experiência como catedrático, Hispano era um erudito versado nas artes médicas, o que lhe valeu a proximidade ao centro da cúria papal, pois queriam tê-lo por perto em casos de doença. Após passar por todas as etapas – arcebispo de Braga em 1273, cardeal e bispo de Túsculo – o Sacro Colégio acabou por elegê-lo Papa, com o título de João XXI. A contribuição do Papa erudito serviu para que os estudos de Aristóteles, principalmente da obra *De Anima*, viessem à luz, influenciando grande parte dos pensadores posteriores a ele.

A sucessão e a ascensão de alguns papas que defenderam os saberes voltados à hierocracia reforçaram a idéia de que os elementos imaginários faziam com que os povos exigissem a figura de um pontífice erudito, bem ao gosto dos governantes sábios descritos pelos pensadores gregos[8]. Ao poder papal cabia,

[8] PLUTARCO. *Alexandre*. Tradução de Hélio Veiga. Rio de Janeiro: Ediouro, 2004. p. 74. Vale lembrar de uma imagem muito destacada na Idade Média, a idéia do sábio conquistador Alexandre, O Grande, deixada, principalmente por Plutarco: "Vê-se bem, pelos diversos rasgos que acabamos de relatar, que Alexandre estava longe de enganar-se sobre si mesmo e de envaidecer-se por sua pretendida divindade: limitava-se a utilizar a opinião que os outros tinham a respeito, para dominá-los". Conta-se que Plutarco nasceu em Queronéia, na Grécia, no ano de 46, e morreu depois do ano 119. Certamente, a idéia de um governante sábio e vencedor dos inimigos foi muito utilizada durante a Idade Média, além do mais perpetuaram a idéia de grandes batalhas e vitórias esplendorosas ao longo dos vários séculos do período moderno. Um autor que demonstra bem a influência de Plutarco no pensamento político da Europa é Peter Burke, em seu livro *A fabricação do rei*, local em que revela as imagens construídas a partir de supostas vitórias de Alexandre e que serviam aos propósitos de monarcas interessados em se dizerem parentes e herdeiros da linhagem de Alexandre. Inúmeras pinturas e manuscritos medievais demonstram Alexandre combatendo, por exemplo, um monstro de três cornos,

sobretudo, a defesa da justiça divina e a imposição dos valores em relação à guerra. A idéia da guerra justa impunha-se aos cristãos, e era tarefa dos sacerdotes elaborarem as regras definidoras das querelas entre os principados[9]. A imagem do grande conquistador Alexandre, reformulada, passou a ser usada com freqüência na construção da imagem do poder pontifício. Para confirmar os argumentos apresentados, Johannes Quidort demonstra com riqueza de detalhes as similitudes entre os homens do passado e do presente. A idéia de um poder papal desvinculado da esfera temporal ainda se mantinha:

> Se não pode haver prescrição contra o império romano, como querem tais doutores, não deixa de ser admirável que antes do império romano tenham existido outros reinos e impérios, como o dos babilônios, que começou com Nino, nos tempos de Abraão; o dos cartagineses, no tempo dos Juízes, tendo Cola como chefe; o dos macedônios, ou dos gregos, sob Alexandre, na época dos Macabeus. Cada um destes impérios provinha de Deus do mesmo modo que o dos romanos! [10].

Os concílios obtiveram êxito ao influenciar o ordenamento institucional da Igreja e impor limites às intervenções do plano

---

apresentado em um manuscrito do século XIII. Johannes Quidort cita os exemplos de Alexandre com o intuito de demonstrar o fim de um grande império, que acaba por ser substituído por outro de igual ou superior em prestígio. Na verdade, para Quidort, o Império Romano usou a lei para suplantar os gregos, e afirma que outros impérios também poderão fazer o mesmo com o Império Romano. As influências de Plutarco, portanto, são imensas, principalmente quando se trata da construção do modelo de governante herói.

[9] Para boa parte dos pensadores dos séculos XIII e XIV, vale citar Johannes Quidort, a guerra justa representa um dos valores éticos e morais imprescindíveis para a paz.

[10] QUIDORT, Johannes. *Sobre o poder régio e papal.* Tradução e introdução de Luis A. de Boni - Petrópolis, RJ: Vozes, 1989. p. 134. Quidort satiriza os argumentos dos adversários, como se estivesse realmente brincando com fogo. Na verdade, Quidort quer desmantelar os argumentos contrários, mostrando as falhas e as variações que podem ser realizadas na interpretação bíblica e canônica. De fato, Quidort revela aos oponentes que o argumento selecionado pode ser bom, variando-se as circunstâncias. Contudo, Quidort reconhece que todo poder vem de Deus.

secular. O concílio de Latrão, talvez o mais representativo, reforçou, em princípio, a percepção eclesiástica sobre o Papa com insígnias imperiais. Preocupavam-se em fortalecer as pregações dos sacerdotes no seio da comunidade cristã. As medidas atenderam ao sentimento comum entre os fiéis, pois:

> [...] la vie collective médiévale est dominée par des préoccupations religieuses. Les fêtes et les temps liturgiques de pénitence ou de joie, fixent le rythme de la vie socieale et les status diocésains établissent la liste des jours fériés. Les cérémonies liturgiques, les processions, les pèlerinages offrent les principales occasions de réunions des masses. Les représentations des mystères son d'inspirations religieuse. Les édifices religieux servent eux-mêmes aux grandes réunions.[11]

Não existia Igreja constituída e que pudesse ser distinguida do mundo laico. A imensa maioria da população durante a Idade Média certamente era cristã e seguia preceitos básicos que a inseria no interior de um corpo em que os laços de fidelidade predominavam sobre qualquer tentativa de impessoalidade.

A implicação social dos aspectos religiosos ultrapassava os limites do plano litúrgico. A integração social, os rituais, a visão de mundo, o plano intelectual, o controle econômico e a vida familiar eram esferas sociais que integravam e ao mesmo tempo reproduziam a ideologia cristã. Ressaltavam-se nelas as atividades sacras introjetadas socialmente e os argumentos dos clérigos, de que a Igreja era a única detentora da verdadeira expressão religiosa. É visível a crença na vida em outro plano, sobrenatural, enquanto o predomínio do mundo natural cabia aos homens que possuíam os meios de produção. Almejar a justiça, em outro mundo, pelas dificuldades que passam por conta dos excessos dos ricos, não é

[11] LOT, Ferdinand & FAWTIER, Robert. *Histoire des institutions française au Moyen Age*. Tome III - Institutions ecclésiastique. Paris: Presses Universitaires de France, 1962. pp. 287-288.

mera fantasia; é, de fato, sentida, experimentada e transpirada[12].

Devido à inter-relação entre as noções de política e religião, os mecanismos de intervenção social eram facilmente identificáveis. Quando o Papa João XXI interveio na eleição do imperador do Sacro Império Romano Germânico, eram claras as intenções de expandir os domínios papais. Ele procurou criar um ambiente propício ao desenvolvimento do pensamento religioso, atendendo aos anseios dos antigos cristãos, pois acreditava que a dialética deveria ser aplicada única e exclusivamente aos homens que ambicionavam pregar a palavra de Deus aos homens impuros. A dialética, aceita como tal, era o embate entre os fiéis cristãos contra o corpo dos infiéis. Para isto, ela propiciava ou ampliava as discussões averroístas através da bula papal de 18 de janeiro de 1277. Do conflito ideológico, muitas vezes sangrento[13], o que a Igreja desejava era fortalecer a imagem da vitória final do Cristo ressuscitado. O exemplo da Igreja perpetuava e atravessava os limites da construção ideológica, pois instaurava vitória eterna, muito mais gloriosa.

No contexto em que foram geradas as condições para o embate entre as ideias espirituais e temporais, cabem mais detalhes sobre a herança de São Pedro aos papas de fins do século XIII. Apenas depois de seis meses da morte do Papa João XXI, conhecido como o papa português, é que outro clérigo recebeu a tiara, a saber, João Orsini, com o título de Papa Nicolau III. A eleição papal traduziu as rivalidades entre as duas maiores e mais ricas famílias italianas da época, os Orsini e os Colonna. Esse pano de fundo ainda provocaria inúmeras transformações políticas, conforme poderá ser visto posteriormente. Nicolau III dá continuidade à política efetuada por Gregório IX e Inocêncio III e mantém, assim, uma conflituosa relação com a Igreja de Bizâncio. Seu sucessor, Martinho IV (1280), que introduziu vários cardeais

[12] O argumento bíblico mais usado diz que "é mais fácil um camelo passar pelo buraco de uma agulha do que um rico entrar no reino dos céus". Exemplo claro e presente no dia-a-dia, o que facilita uma interação cujas expressões e manifestações se mantém até os dias atuais.

[13] O papa João XXI incitou a organização de uma nova Cruzada.

franceses no Sacro Colégio, excomungou, a 18 de novembro de 1281, o Imperador bizantino. De 1285 a 1287, dirigiu a Igreja o cardeal Jacob Savelli (com o título de Honório IV). De 1288 a 1292, período em que continuavam as disputas entre as famílias rivais, o cardeal Jerônimo de Ascoli (Nicolau IV), permaneceu à frente da Igreja, propondo o equilíbrio entre as forças políticas romanas locais. Na verdade, o sentimento de que o universo estava sob os pés do Pontífice permaneceu, ainda, como uma pretensão futurista, já que as dificuldades provincianas ocuparam todos os papas citados com picuinhas que impediam projetos mais ousados por parte da Igreja. O sentimento local já era fato concreto nas próprias decisões consideradas "universais", que a Igreja tanto almejava para seu colegiado.

Um movimento no interior da Igreja começou a exigir dos próprios cardeais a busca pela espiritualidade universal do comandante supremo da Cristandade, na verdade, a exigir alguém desvinculado das controvérsias políticas locais. A tentativa surgiu da ramificação franciscana denominada "Espirituais", que derivou das teorias do monge-profeta Joaquim de Flora, que influenciava bastante o setor da ordem franciscana. Eles condenavam a riqueza excessiva da corte pontifícia e as intervenções exageradas do Santo Padre nas questões políticas, diplomáticas e/ou militares. Condenavam, além disso, a atividade dos meios universitários, pois, conforme o próprio Tomás de Aquino, o único prazer permitido ao homem era a busca da verdade divina, sendo que o orgulho intelectual jamais deveria prevalecer sobre a humildade, a caridade e a fraternidade dos que se envolvessem nos estudos teológicos. Não se sabe ao certo se por interesse do filho e do neto de Carlos de Anjou (Carlos II-o-coxo e Carlos Roberto), ou para satisfazer a novos interesses do Sacro Colégio, que o novo eleito foi um monge da Congregação dos Celestinos, com 80 anos de idade, que vivia isolado numa pequena capela serrana de Santo Onofre. O momento de sua coroação – sob a designação de Celestino V –, ocorrida em 29 de agosto de 1294, serviu como testemunho, para os contemporâneos, da existência do forte sentimento de espiritualidade, já que a população pedia benção em vez de benefícios. A falta de habilidade para os jogos de corte, todavia, tornava-o fraco diante das pressões políticas. É conhecido na História como o primeiro papa a anular o matrimônio indissolúvel do Santo Padre e da Igreja Romana. Aconselhado a renunciar, no Consistório, lê e assina a bula papal que autoriza os papas à renúncia. Em 13 de dezembro de 1294, Celestino V renunciou. Alguns autores afirmam que Bonifácio foi eleito antes da renúncia de Celestino V[14]. Outros afirmam que, poucos dias depois da renúncia, apareceu eleito o cardeal Benedito Gaetani, com a designação de Bonifácio VIII. Inúmeros conflitos decorreram da renúncia e da ascensão de Bonifácio, que acabaram por influenciar grande parte das decisões políticas dos fins do século XIII e do início do século XIV.

As disputas tratadas neste trabalho têm como pano de fundo este panorama, construído a partir de interesses em restituir a autoridade da Igreja e do vigário de Cristo.

Com o declarado desejo de estabelecer ofensiva contra os interesses e as influências dos príncipes nas pretensões universais da Igreja Romana, o novo Papa organizou rituais e promoveu um retorno ao sentimento hierocrático. Bonifácio VIII, herdeiro de tradição em que serviam de exemplo os papas Gregório IX, Inocêncio III e IV, rodeou a coroação de insígnias e esplendor dignos da coroação de um grande imperador. A suntuosidade da coroação papal chamou a atenção de príncipes e imperadores. Ordenou aos ourives que aumentassem a altura da tiara e incluíssem um diadema, que reproduzia os símbolos em que o Papa aparece como dignitário portador das duas espadas: símbolo que procurou acumular no pontífice os poderes temporal e espiritual[15]. As

---

[14] Nenhum documento referente à eleição de Bonifácio VIII confirma a ocupação do cargo antes da renúncia de Celestino V. Contudo, fica evidenciada a influência de Bonifácio VIII sobre o Papa-monge, que supõe que Bonifácio VIII exercia um "pontificado informal".

[15] AMEAL, João. *História da Europa*. Portugal: Livraria Tavares Martins, 1964. pp. 406-407. Sabe-se, contudo, conforme DEL ROYO, José Luiz. *As relações na história*: Igreja medieval; a Cristandade latina. São Paulo: Ática, 1997., que o termo *Pontifex Maximus* era atribuído, até o ano de 527, à função de Imperador Romano. Contudo, somente com Pio II (1458-1464) é que passou a designar o papado. Tais insígnias

atitudes de Bonifácio causaram espanto e geraram revoltas entre os príncipes. O problema é que a "insolência" repetiu ideias hierocráticas que, declaradas 40 anos antes, não causariam nenhum problema, mas que, nos fins do século XIII, já não eram plenamente aceitas pelos reis e cortes monárquicas. Nem mesmo o Imperador do Sacro Império dava valor às pretensões universais das ideologias da Igreja. A idéia da supremacia da teocracia via-se ameaçada pelos poderes locais dos príncipes. Em fins do século XIII, o papel fosse talvez apenas o de atravessar o imaginário das populações e servir de alento aos novos poderes que, fundamentalmente, se desenvolvessem carregados de atributos místicos e religiosos. Raquel Kritsch salienta de forma oportuna que:

> [...] quando Filipe, O Belo, rei da França, se opôs ao papa Bonifácio VIII por uma questão tributária, o que se discutia era, claramente, o seu direito de cobrar impostos num dado território, com base em lei de seu reino, com uso de sua força e com a exclusão de qualquer outra autoridade.[16]

Na nova ordem política, a falsa idéia da supremacia unitária e universal da Igreja incitou os papas a utilizarem meios plenamente incoerentes com a nova realidade da época. Os vigários de Cristo prazerosamente pensavam na tradição da autoridade passada e sentiam o gosto amargo de sua inaplicabilidade no tempo presente. Eram dois mundos em desacordo: os clérigos pregando o exemplo dos antigos cristãos e os fiéis presenciando o poder local da autoridade monárquica. Na verdade, a instituição Igreja restringia-se cada vez mais ao mundo da liturgia no interior das inúmeras casas de Deus espalhadas pela Europa, enquanto que as demais esferas iam se imunizando das intervenções dos homens ligados e especializados no sagrado. Pela exigência histórica do monopólio

---

imperiais já poderiam ser observadas, sobretudo, na coroação de papas como Bonifácio VIII, ainda no século XIII.

[16] KRITSCH, Raquel. *Soberania: a construção de um conceito*. São Paulo: Humanitas FFLCH/USP: Imprensa Oficial do Estado, 2002. p. 47.

do sagrado, a Igreja acabava tendo que ceder ao novo monopólio ascendente: o **monopólio sobre as coisas vinculadas ao tempo**. Certamente:

> [...] o século XIII fez um excelente uso destes precedentes. Os tribunais reais ampliaram a sua jurisdição e os impostos passaram a recair sobre os bens de todos os habitantes do reino. A partir de 1300, o rei de Inglaterra não só possuía muitos dos atributos da soberania, como tinha, e sabia que tinha, o poder soberano[17].

Não somente no mundo inglês, mas também em grande parte da Cristandade Ocidental, os lentos processos de formalização das instituições locais levaram à dessacralização dos vínculos com os Estados nascentes.

A Igreja medieval procurou estreitar os laços de vida social cada vez mais ampla. Para Ferdinand Lot e Robert Fawtier, "L'Église ne constitue pas, au Moyen Age, une société distincte du monde laïc; l'immense majorité de la population est acquise à la foi chrétienne"[18]. Ao atravessar vários aspectos da vida social, a Igreja almejava tornar realidade os propósitos teológicos e imperiais de uma Igreja soberana. Os interesses da Igreja chocavam-se, principalmente, com as pretensões do Sacro Império. Os imperadores sempre faziam valer os argumentos antigos para reforçar, também, as pretensões universais. Nesse sentido, o argumento básico assegura que:

> [...] ao proclamar o cristianismo religião oficial de Roma, em 380, Teodósio reconhecia sua importância como princípio unificador do Império. Apesar do esfacelamento da parte ocidental [...] o imperador bizantino continuava a proclamar sua missão civilizadora e salvadora. Para o imperador, seus súditos

[17] STRAYER, Joseph R. *As origens medievais do Estado Moderno*. Lisboa: Gradiva, 1969. p. 49.

[18] LOT, Ferdinand & FAWTIER, Robert. *Op. cit.* p. 280.

tinham-se convertido ao cristianismo, passando a ser de sua responsabilidade o governo tanto das questões civis quanto das eclesiásticas.[19]

A partir do século XIII, o rei, principalmente na França, começou a delegar o exercício regular da justiça aos parlamentos, mais detidamente ao parlamento de Paris. Com a ampliação dos domínios da coroa, foram criadas as cortes provinciais, com a missão de aproximar os súditos da justiça real. O problema estava instaurado: a Igreja, a monarquia e o Império incorporaram e modificaram elementos da expansão latina e romana da Antigüidade, que buscava fortalecer o poder nas províncias, paróquias, cortes de justiça, parlamentos e numa infinidade de atribuições do poder, vinculadas, cada qual, a um dos poderes geradores[20]. Alain Boureau acentua que o princípio se fundamenta numa "poli-hierarquia"[21] que, ao mesmo tempo, reproduzia a condição sagrada e laica tanto a dirigentes eclesiásticos quanto a reis e imperadores.

---

[19] BARROS, Alberto Ribeiro de. *A teoria da soberania de Jean Bodin*. São Paulo: Unimarco, 2001. p. 169.

[20] LOT, Ferdinand & FAWTIER, Robert. *Op. cit.* p. 160. Importante observar que havia uma divisão entre províncias, bispados e paróquias. Conforme Ferdinand Lot: "Les 77 évêques de la France du XIIIe se répartissent entre 9 provinces; Reims (II évêchés), Sens (8 évêchés), Lyon (4 évêchés), Bourges (8 évêchés), Narbonne (10 évêchés), Auch (II évêchés), Bordeaux (6 évêchés), Tours (12 évêchés), Rouen (7 évêchés). Ces circonscritions diocésaines sont très inégales, certaines très petites (le diocèse de Dol compte une quarantaine de paroisses), d´autres sont considérables comme le diocèse de Poitiers ou celui de Toulouse, jusqu´au morcellement opéré par le papa Jean XXII au début du XIVe siècle".

[21] BOUREAU, Alain. "Un obstacle à la sacralité royale en occident: le principe hiérarchique". In BOUREAU, Alain & INGERFLON, Claudio Sergio. *La royauté sacrée dans le monde chrétien.* (Colloque de Royaumont, mars 1989). Paris: École des Hauts Études en Sciences Sociales, 1992. p. 35. O termo utilizado por Boureau, *polyhiérarchie*, procura designar as diferentes formalidades produzidas entre os poderes para justificar os títulos atribuídos ao corpo político principesco, imperial e eclesiástico. Na medida em que forem incorporados ao complexo mundo simbólico do Medievo, novos elementos incrementam as insígnias dos respectivos poderes, tornando-os espaços de uma profícua elaboração de rituais e de uma liturgia própria para cada esfera de poder.

Apesar da influência grega e da insistente intervenção, oriunda de contatos externos do mundo ocidental com as culturas diversas, como a muçulmana e judaica, a Igreja de fins do século XIII e princípio do século XIV passou por transformações significativas, ocorrendo, inclusive, a mudança da sede física do papado para Avignon. A relação do papado com a massa de fiéis foi estreitada através de mecanismos de beatificação, excomunhão de hereges, eleição papal e outras atividades que integraram o conjunto da Cristandade numa unidade simbólica vivida cotidianamente em torno da fé. Bonifácio VIII, por exemplo, em 1298, declarou aos fiéis e clérigos que, a partir de então, a Igreja passava a ter, nomeadamente, seus padres e doutores, caso de Santo Ambrósio, São Jerônimo, Santo Agostinho e Gregório Magno. A declaração foi válida somente para o Ocidente. Para o Oriente, as definições só foram validadas no século XVI, com S. Pio V, que declarou como padres e doutores da Igreja Santo Atanásio – não reconhecido pelos orientais –, Basílio, Gregório Nacianceno e Crisóstomo[22]. Além da incipiente preocupação em definir as bases em que solidificava o pensamento cristão, notava-se que a Igreja procurava atuar em diferentes frentes, não elegendo apenas um aspecto da sociedade para esgotar as parcas energias. Numa das frentes mais significativas e que não se manteve restrita somente a algumas poucas cabeças privilegiadas da época – como é o caso das discussões canônicas e teológicas –, os clérigos procuraram atuar na explicação simplificada e de fácil compreensão, até para o mais humilde fiel, das questões sobre o céu, inferno e purgatório[23].

---

[22] CRISÓSTOMO, Juan. *La verdadera conversión*. Madrid: Editorial Ciudad Nueva, 1997. João da Antióquia (344-407), chamado Crisóstomo (boca de ouro) por sua extraordinária eloquência, é uma das personalidades da "antigüidade" cristã. Foi bispo de Constantinopla e revela as distinções sobre o mundo da conversão cristã na parte oriental, contrastando com o modelo Ocidental. Seu livro revela todo o colorido das condições eclesiásticas e políticas das cidades da Síria e Bizâncio. Revela, com severidade, a distância que separa o ideal cristão e a realidade da vida.

[23] RUSSEL, Bertrand. *História do pensamento ocidental*: a aventura das ideias, dos Pré-Socráticos a Wittgenstein. Rio de Janeiro: Ediouro, 2001. Uma das importantes alterações na compreensão humana foi a introdução, reproduzida, em grande medida, pelos monges, de que a carne era pecaminosa. Essa aceitação não foi fácil de ser sentida, entre os monges criou-se a disputa para ver quem conseguia alcançar

A tolerância em relação ao sincretismo cultural dos povos incorporados à Igreja é bastante antiga e data dos séculos VI e VII. A atitude diante dos povos "bárbaros" operou mudança significativa no mundo romano, pois, aos poucos, expandiu as ideias e estruturas políticas da Igreja para além dos limites geográficos do antigo Império Romano: "lugares por onde jamais haviam marchado as legiões romanas são pisados pelas sandálias dos monges, portadores da palavra e das leis da nova Roma"[24]. A nova realidade aumentou a distância e as diferenças entre o Oriente[25] e o Ocidente. Enquanto o Estado dirigia a Igreja Oriental, a Igreja Romana encontrou formidável "escuridão" institucional no Ocidente, o que propiciou, em muito, a entrada da "luz" cristã neste mundo descentralizado, ruralizado e repleto de poderes locais autônomos. A maneira mais eficaz de levar a "luz" aos infiéis foi expandir, de maneira rápida e generalizada, a proteção de todas as esferas da vida cotidiana dos povos. Desta maneira, a Igreja não só auxiliava na proteção militar, como também prestava serviço de proteção espiritual, realizando casamentos, tutelando a fidelidade entre vassalos e senhores, perdoando pecados, ministrando a extrema-unção[26]. Os monges pregavam, a partir do século X, que

---

o estado mais elevado de abandono corporal. Dentre os monges, os beneditinos, da Regra de São Bento, seriam os exemplos de negação do mundo corporal e dos instintos.

[24] DEL ROIO, José Luiz. *As religiões na História*; Igreja Medieval: a Cristandade latina. São Paulo: Ática, 1997.

[25] OLIVEIRA, Waldir Freitas. *A caminho da Idade Média*: cristianismo, Império Romano e a presença germânica no Ocidente. São Paulo: Brasiliense, 1987. É preciso frisar que a Igreja do Oriente exerceu influência considerável no Ocidente, principalmente com relação à veneração aos mártires e santos (São Jorge, Cosme e Damião), romarias aos lugares santos e apreço, cada vez maior, às relíquias (como exemplo, pedaços da cruz de Cristo, os ossos de São Pedro etc.).

[26] BATISTA NETO, Jônatas. *História da Baixa Idade Média (1066-1453)*. São Paulo: Ática, 1989. p. 55. A Igreja possui sete sacramentos e foi "Foi Pedro, o Lombardo, quem definiu o sistema sacramental, estabelecendo o número de sete sacramentos: a missa, o batismo, a confirmação, a extrema-unção, a penitência, a ordenação e o matrimônio. O casamento foi o último sacramento a ser reconhecido, e isso em virtude da tradição ascética do Cristianismo que via no celibato uma condição superior. Só no século XIII é que a Igreja conseguiu impor à sociedade cristã o seu modelo de casamento monogâmico e indissolúvel que deveria durar até o nosso tempo. [...] A partir do século XI a Igreja passa a recomendar confissões freqüentes,

o Deus da paz e da unidade enxergava e ouvia tudo e exigia do seu rebanho retidão e completa submissão.

A presença praticamente diária dos mártires dos primeiros tempos da Cristandade, adaptados às novas circunstâncias, terminou por sepultar, nos séculos IV e V, o que restava do espírito clássico. O mesmo Cristianismo, todavia, foi capaz de criar nova civilização, cheia de vida, de esperança e de confiança em vida sobrenatural[27].

A Igreja Medieval, ao mesmo tempo, criava e modificava a idéia de uma divindade atemporal, de um Deus fora deste mundo, não sujeito à causalidade nem ao desenvolvimento histórico. Santo Agostinho foi quem primeiro adotou a idéia do criador do Antigo Testamento[28]. A Igreja Medieval reproduziu o modelo de perfeição do Deus que criou o mundo em seis dias e descansou no sétimo. Antiga construção envolta em misticismo e que fazia do trabalho do homem, forma de pagar pelos pecados cometidos por Adão e Eva no Paraíso. A maior criação institucional, bastante lembrada por toda a Idade Média, foi o conselho, atribuído a Jesus, de "dar a César o que é de César e a Deus o que é de Deus". Demarcação clara de que a Igreja, através do papado, condenou termos abusivos de que faziam uso os espirituais ao reforçarem a idéia de que a Igreja precisava renunciar ao apego dos bens materiais, sobretudo nos séculos XIII e XIV:

> Un contemporáneo podía reconocer sin dificultad los serios peligros para la cosmología cristiana de aquellos tiempos. Él desconocía, por cierto, las más profundas y también las sutiles diferencias entre el averroísmo radical y la transparente síntesis tomista congruente con la imagen cristiana del mundo, y podía ciertamente experimentar la tendencia de rechazar ambas de la misma manera, precisamente porque en ellas, de un modo

---

para qualquer tipo de pecado. Dessa forma, cresce sua influência sobre os espíritos e, conseqüentemente, sua ascendência sobre a sociedade".

27 MAZZARINO, Santo. *O fim do mundo antigo*. 1a ed. São Paulo: Martins Fontes, 1991.

28 RUSSEL, Bertrand. *Op. cit.* p. 72.

> abiertamente revolucionario se le presentaba un nuevo mundo conceptual. Pues no se trataba aquí de una habitual disputa entre escuelas, sino de serios conflictos ideológicos.[29]

Paralelamente à compreensão da ameaça ocasionada por concepções ideológicas, pensadores medievais as incluíram nas análises, talvez mais como forma de criar e reforçar as distinções da função do que propriamente acatar uma idéia bíblica. A divisão do trabalho introduziu elementos que, segundo Walter Ullmann[30], pertenciam à idéia de *capacitação* e *idoneidade*. O modelo para o princípio, mais uma vez, foi o caminho sinalizado por São Paulo. A Bíblia não transmitia a visão e a separação entre o cargo e a pessoa. O conceito era aplicado à nova realidade política em que o corpo de Cristo, antes entendido como corpo político, simbolizava agora tão somente a hóstia consagrada na transubstanciação[31]. A missa passou a ser ato que renova, realmente, o sacrifício de Cristo: "reafirma-se, assim, a presença real de Jesus no pão e no vinho"[32]. Sob a orientação de cardeais e do papado, houve a tentativa de se criarem regras que englobassem as esferas religiosas – gerando, por exemplo, regras disciplinares à formação dos padres – e, sobretudo, intervindo na vida dos fiéis – através de regras claras para os clérigos administrarem os sacramentos, dentre os quais, o casamento[33].

---

[29] ULLMANN, Walter. *Escritos sobre teoría política medieval*. Buenos Aires: Eudeba, 2003. p. 182.

[30] ULLMANN, Walter. *Ibid*. p. 138.

[31] As questões sobre a transubstanciação, trazidas à tona no fim do século XIII, eram de extrema importância para ampliar e/ou contestar os poderes temporais da Igreja. Dentre os pensadores que escreveram e pensaram sobre a questão, na tentativa de dar vazão a ideias conciliadoras, esteve Johannes Quidort, que escreveu um tratado intitulado *De transubstantione panis et vini en sacramento altaris* (*Da transubstanciação do pão e do vinho no sacramento do altar*). De fato, ocorre a mudança na perspectiva ideológica, em que o Corpo de Cristo fica restringido ao interior da liturgia da Missa, integrando uma parte do ritual.

[32] CORVISIER, André. *História moderna*. São Paulo: editora Bertrand Brasil, 4a ed., 1995. p. 84..

[33] LECLERCQ, Jean. *Consideraciones monásticas sobre Cristo en la Edad Media*. Espanha: Desclée de Brouwer, 1999. p. 143. De acordo com o autor, os títulos

Ao instrumentalizar os rituais na vida dos fiéis, a Igreja legitimou, também, os sustentáculos que separavam a *função* do *corpo*, pois do mesmo modo que o padre, através de sua função, reproduz o **mito do eterno retorno**[34] do corpo e do sangue de Cristo, ou do sagrado casamento, também caracteriza a função de ministro de Deus, e não o próprio Deus. Por meio da análise do aparecimento da especialidade da função sacerdotal, observava-se o aparecimento da idéia da maior especificidade da função régia: a soberania[35]. Os promotores das teorias que defendiam o poder soberano dos reis e imperadores sempre recorriam ao passado para justificarem as ações no presente:

> O **novo testamento** era um recurso utilizado pelos defensores do imperador, que lembravam aos cristãos a necessidade de se submeter à autoridade civil, uma vez que ela tinha sido estabelecida pela vontade divina: "Todo homem se submeta às autoridades constituídas, pois não há autoridade que não venha de Deus, e as que existem foram estabelecidas por Deus. De modo que aquele que se revolta contra a autoridade, opõe-se à ordem estabelecida por Deus. E os que se opõem atrairão sobre

atribuídos à Igreja são muitos: "Ciudad de Dios, Esposa de Cristo, Templo del Espíritu Santo". Contudo, a comunidade dos fiéis, considerada "povo cristão", que representa o conjunto universal dos fiéis, é sempre observada como os membros que precisam ser orientados. Nessa construção, a analogia usada com maior freqüência é a de Corpo de Cristo. Nesse sentido, o corpo místico é utilizado, tendo a Igreja como cabeça do corpo de fiéis em que se conjugam clérigos e fiéis de um modo geral.

[34] ELIADE, Mircea. *História das crenças e das idéias religiosas*. Rio de Janeiro: Zahar Editores, 1983. pp. 110-111. Destaca que o mito do eterno retorno está fundamentado na "renovação da fonte criadora presente ao acontecimento original", pois, pode-se dizer que os ritos, trilhando o caminho das forças demoníacas, têm por finalidade a restauração da perfeição inicial.

[35] KRITSCH, Raquel. *Soberania*: a construção de um conceito. São Paulo: Humanitas FFLCH/USP, 2002. p. 30. O conceito de soberania é apresentado aqui conforme definição de Raquel Kritsch. "Foi apenas num momento posterior, com os acréscimos políticos e conceituais gerados pela recuperação do direito romano e dos escritos dos antigos [...], pela síntese de Tomás de Aquino e pelas transformações em curso no Ocidente latino, sobretudo nos séculos XII e XIII, que se tornou possível pensar a capacidade de *criar* e *impor* a lei [...] como um atributo do conceito que seria sintetizado na idéia de soberania".

si a condenação" (Rom. 13,1-3).[36]

A Igreja dos tempos do papa Bonifácio VIII se apresentava eivada dos valores da tradição antiga. Ao perceber a ameaça da instabilidade da autoridade papal, a Igreja dispôs de corpo teórico e doutrinal bem ordenado, que foi usado com veemência.

Os exemplos delineiam, ainda que vagamente, os inícios de um arsenal que se apresentou insuficiente para sustentar rivalidades com os nascentes reinos europeus. A Igreja soberana de todos os povos passou a ostentar lugar secundário nas decisões políticas da Cristandade. É curioso como Bonifácio VIII, apesar de lutar para defender os princípios de uma Igreja universal, e bastante apegado a velhos princípios, tenha sido considerado "moderno" ao tentar resistir a movimentos que percebeu quando designado papa.

[36] BARROS, Alberto Ribeiro de. *Op. cit.* p. 169.

2.2 – A FRANÇA DE FILIPE, O BELO

A época do rei Filipe, o Belo[37], pode ser considerada uma época de transformações no pensamento, nas estruturas políticas e econômicas[38], principalmente por ter sido um período que reunia forças que abalaram as instituições que insistiam em sustentar a idéia de governo universal[39]. Questões essenciais sobre os rumos da Cristandade ocupavam papas – o exemplo mais notório foi Bonifácio VIII e a bula *Unam sanctam* – e pensadores do nível de Egídio Romano, Johannes Quidort e outros clérigos. Estes pensadores deixaram marcas na trajetória religiosa e delimitaram os terrenos ocupados pelas esferas espiritual e temporal. Dos embates, foi possível perceber que os primeiros sinais do novo esteio estatal, que estava para ser fincado nas terras ocidentais e que seria o pilar

[37] Filipe, o Belo, nasceu em Fontainebleu, em 1268, tendo seu reinado se estendido de 1285 à 1314.

[38] HEERS, Jacques. *O Ocidente nos séculos XIV e XV*: aspectos econômicos e sociais. Tradução de Anne Arnichand da Silva. São Paulo: Pioneira; Ed. da Universidade de São Paulo, 1981. p. 49. O surgimento de novas técnicas de plantio, a utilização de ferramentas mais adequadas à lida do solo, o uso do ferro e demais tecnologias não foram implementadas de igual modo em todas as regiões da Europa Feudal. Na verdade, em várias regiões da França, no início do século XIV, observa-se que até mesmo as Igrejas, em locais, haviam desaparecido. Revela, sobretudo, um encolhimento em vez de expansão generalizada.

[39] BERTOLLONI, Francisco. "La crisis de la monarquía papal mediante un modelo causal ascendente: Juan de París, De Regia Potestate et Papali". In: *Revista Veritas*: Porto Alegre: v. 51. n. 3. Setembro de 2006. p. 52. Conforme o autor, a disputa entre os poderes decorre de uma situação histórica, pois o problema social é revelado com a massiva aparição de textos filosóficos, principalmente na universidade, pois os pensadores passaram a recorrer às explicações filosóficas para formularem verdadeiros tratados políticos.

para equilibrar as forças políticas, era a idéia de poder soberano do rei[40].

Ao longo da Idade Média, o papado manteve relação conturbada com príncipes e imperadores germânicos. O período entre o século X até meados do século XIV, extenso, diverso e difuso, gerou conflitos pela hegemonia política da Cristandade. O equilíbrio político, às vezes, era conquistado com acordos que deixavam o papado à margem das decisões. Foi o caso da aliança com Alberto de Habsburgo, em que Lião e Vivers reconheceram a suserania de Filipe, o Belo. O papa Bonifácio VIII ficou atemorizado com a aliança, mas nada pôde fazer para evitar o avanço do poder monárquico francês.

Durante quatro séculos, as divergências políticas propiciaram colorido todo especial, não permitindo que o historiador recrudescesse em tentativas de congelar o tempo, promovendo análises lineares e factuais, permitindo que 400 anos contextuais coubessem numa análise textual delimitada.

As controvérsias entre Papado, Império e Monarquia podem ser margeadas por instável cronologia que se estende da morte de Gregório VII[41] no exílio, até a ocupação do considerado "antipapa" Clemente III. As reformulações do modelo pontifical foram significativas, com o intuito de erigir uma Igreja na qual as possibilidades burocráticas a aproximassem, em muito, do antigo sonho de um império universal. Assiste-se, neste período, à emergência da chamada "monarquia pontifícia", cuja força maior da Igreja deveria residir na figura do Papa. Em muitos aspectos, a

---

[40] QUIDORT, Johannes. *Op. cit.* p 47. Johannes Quidort várias vezes menciona o poder régio responsável pelo governo dos homens. Desse modo, "pertenceria necessariamente ao ofício do rei terreno orientar os homens para ele, pois chamamos de rei àquele a quem foi confiado o cuidado supremo do governo nas coisas humanas".

[41] DEL ROYO, José Luiz. *Op. cit.*. O termo "Papa", de origem grega, significa pai. Era usado originariamente por todos os clérigos e que, com o correr do tempo, tornou-se uma titulação restrita aos bispos. No final do século V referia-se ao bispo de Roma, somente no âmbito da Igreja Ocidental. Só muito mais tarde, com Gregório VII (1073-1085), que, por decreto, o termo papa passou a ser restrito, somente, ao bispo romano e a ninguém mais.

Igreja incorporava e se modificava conforme os obstáculos que encontrava, fossem elementos arcaizantes ou modernos. A institucionalização da Igreja garantia a ela menos mobilidade, entravada pela crescente legalização e burocratização, mas, em contrapartida, ampliava os meios para externar e exportar leis universalizantes para as demais esferas de poder circundantes.

Sabe-se dos esforços de Filipe, o Belo, para ordenar as finanças, a justiça e a administração do reino francês[42]. Ele herdou uma tradição, cujo sentimento de linhagem o compelia a ampliar os domínios recebidos do pai. Buscou aliar-se aos novos donos do poder na época, os burgueses, que já ocupavam espaços decisivos na organização social e política das paróquias, uma vez que interferiam até mesmo nas questões de segurança[43].

Uma das principais medidas de Filipe, o Belo, foi a de ampliar as áreas de atuação da burguesia e de impedir os abusos da nobreza, já que, para sustentar um exército regular e controlar as fronteiras, era necessário subjugar a nobreza. Para fortalecer as estruturas burocráticas, ele se baseou no direito romano, mas o fez convocando para o conselho real doutores e homens conhecedores das leis e defensores dos valores da justiça romana. Pierre Flot e Guilherme de Noagaret teriam sido os principais legistas a ocuparem o cargo, com o claro objetivo de encontrar meios para legitimar a autoridade e o poder na figura central do rei francês. Enquanto setores sociais da burguesia e responsáveis pela circulação de mercadorias ansiavam por regulamentos mais diretos para as transações comerciais, o príncipe francês forneceu os meios para regular as taxas, cobranças de impostos e os limites da

[42] BARBEY, Jean. *Être roi*: le roi et son gouvernement en France de Clovis à Louis XVI. Paris: Fayard, 1992. p. 266. "Non sans paradoxe peut-être, car, depuis la fin du XIIIe siècle, l'appareil administratif a largement intégré dans ses membres, les élites urbaines ou du moins certaines d'entre elles. En effet, les affaires publiques exigent du personnel de plus en plus spécialisé; clergé et petite ou moyenne noblesse y suffisent un temps. [...] Ces éléments bourgeois, dont l'importance sociale vient de l'étude et de la pratique du droit, s'éloignet ainsi du traditionnel champ d'action économique et urbain en se rangeant pour de longs siècles au service du roi où ils vont constituer la 'robe' ".

[43] HEERS, Jacques. *Op. cit.*

fronteira, mas impôs, ao mesmo tempo, a centralização política em torno da pessoa do rei.

A relação de proximidade parece ter sido um aspecto importante que definiu a relação da realeza com a imensa maioria dos súditos. A "proximidade" era demonstrada, primeiramente, pelo clérigo, sempre pronto a conduzir os fiéis como um pastor que guia e vive em função das ovelhas. Marc Bloch relaciona este conceito ao rei, ao caracterizar os reis taumaturgos. No reino francês, o rei era apresentado por meio de atributos mágicos, o que Marc Bloch chamou de "***Royauté merveilleuse***". Imperava um sentimento que unia os interesses populares em torno da construção da imagem de um rei próximo e voltado às questões de seus fiéis súditos. Obviamente, não se pode descartar a intensa propaganda empreendida por escritores políticos e empresas militares que levavam o símbolo da realeza. Houve esforços para que clérigos fornecessem elementos para transformar a monarquia em conceito místico. O objetivo era tornar os que se sentavam no trono em objeto de reverência mística, principalmente na França, já que entre os ingleses o rei era visto como a cabeça em função do corpo.

No fim do século XIII, as monarquias se apossaram dos mesmos recursos institucionais e ideológicos utilizados pela Igreja durante grande parte da Idade Média para instalar novo modelo de governante, cada vez menos dependente das intervenções universais. A hierocracia promovia a idéia de uma Igreja soberana e universal. Assemelhavam-se os argumentos, porém aqueles que teoricamente defendiam o poder monárquico impuseram uma concepção de poder régio menos ecumênica e mais preocupada com problemas concretos.

Havia, no tempo do rei Filipe, O Belo, grande número de súditos, que viviam e dependiam do trabalho com a terra. Do século XI até o final do século XIII, período de renascimento de cidades e do sentimento de urbanidade, aproximadamente 95% da população européia permanecia nos campos. Tais números, todavia, precisam ser mais detalhados, pois mascaram uma dura realidade em que há um movimento de expansão da monarquia[44] e um encolhimento da institucionalidade da Igreja e do Império. O maior exemplo identificado vem de Frederico Barbarruiva[45] (1150-1200), que tentou atribuir caráter de santidade ao seu Estado, chamando-o de Sacro Império[46]. Essa demonstração de força

[44] CHAUNNU, Pierre. *Expansão européia do século XIII ao XV*. São Paulo: Pioneira: 1978. pp. 42-43. Conforme Chaunnu, exagerou-se, desde as famosas teses de Henri Pirenne, ao separar, em demasia, os contatos entre muçulmanos e cristãos. "A ruptura não foi total, mas foi profunda", dizia Chaunnu. Sobretudo, o autor considera o século XIII um período em que ocorre uma mudança no pensamento Ocidental que levará à expansão européia, um processo lento que promove a ruptura do isolamento, que Chaunnu denomina de "processo irreversível e auto-alimentado" (p.36). "O crescimento humano espacial, os progressos técnicos, a alteração quantitativa populacional, que resume e condiciona tudo, foram maiores do século X ao século XIII que em nenhuma outra ocasião. Ora, o que conta é menos o nível atingido que a orientação e o ritmo de crescimento" (p. 44). "[...] assistimos, no decorrer do longo e frutuoso século XIII, à criação dos instrumentos da exploração e da conquista: em resumo, o navio, para exploração do mundo, a bússola e a maneira de servir-se dela, os instrumentos vacilantes de um capitalismo nascente. Não obstante, fora do largo e fecundo remontar das costas atlânticas da Espanha, de Portugal, da França e dos Países-Baixos pela navegação mediterrânea das cidades italianas, esta primeira época é de fracassos. Fracasso dos irmãos Vivaldi (1291), fracasso em Gênova, fracasso na Catalunha, de Jaume Ferrer (1346 que transpôs, sem jamais retornar, o Cabo Bojador" (p. 48). Quando o autor focaliza a questão puramente econômica, indaga se, de fato, a pergunta realizada sobre a suposta recessão econômica visualizada no século XIII é pertinente: "A economia européia do século XIII teve dificuldades em satisfazer suas necessidades incessantemente crescentes de metal monetário. Mas foi no século XIV que se produziu a ruptura. Queda da produção, ou aumento das necessidades" (p. 87). Boa pergunta, cuja resposta, em muitos casos, dependerá do fim a que se destina a informação.

[45] BATISTA NETO, Jônatas. *Op. cit.*. p. 160.

[46] PACAUT, Marcel. *Les structures politiques de l'occident Medieval*. Paris: Librairie Armand Colin, 1969. p. 258. O documento, escrito em 1231, por Henrique, imperador do Sacro Império Romano Germânico, demonstra bem a preocupação do imperador em vista dos privilégios crescentes dos reis, escrevendo, portanto, para restringir o poder de atuação dos reis de um modo geral. Um documento importante e que demonstra como o poder monárquico estava ocupando um espaço destacado em relação ao decadente poder universalizante do Império e da Igreja, e por isso o Imperador decreta a inviolabilidade da sua autoridade. Confrontado com demais documentos produzidos no século XIII, torna-se possível identificar o encolhimento das ideias hierocráticas - universalizantes - e expansão

apenas traduziu a progressiva afirmação das monarquias frente às já abaladas pretensões universalizantes da Igreja e do Sacro Império.

Os súditos e fiéis, apesar da expansão das cidades, continuavam na dependência da terra em grau muito maior do que os antigos *domínios* de fins da Antigüidade Romana. O caráter missionário dos antigos cristãos foi retomado nestes territórios por homens vinculados à Igreja, que possuíam o claro interesse de exaltar o cristão dos primeiros tempos: fiel ao seu senhor e desprendido dos bens materiais. Para o camponês, isolado de qualquer explicação teológica e/ou filosófica, o mundo era percebido e sentido através das imagens apreendidas da pregação do pároco ou de uma festa religiosa. O conhecimento e as explicações sobre o mundo em que viviam partiam de visão eminentemente religiosa, munida por experiências do dia-a-dia. Como a escrita era um luxo, tinha-se boa memória, pois o homem medieval ocupava a mente somente com o que podia armazenar na memória, o que não significava uma bagagem intelectual reduzida, pois ele era capaz de se orientar pelas estrelas, possuía calendário que ia de festa em festa, de santo em santo, criando imagem do mundo repleta de símbolos que, ao mesmo tempo, o confortavam e o faziam curvar os ombros pelo fardo do pecado original.

Durante o século XIII, as relações se estreitaram ainda mais. As mudanças foram sentidas pelo crescimento de inúmeras possibilidades de exploração: "por volta de 1300, o próprio patrão dirigia a exploração da maior parte destes domínios, pelo menos enquanto residia na terra e podia vigiá-la constantemente, mantinha a criadagem debaixo de olho, ou contava com mandatários fiéis"[47]. Essas pequenas alterações no mundo do vivido exigiam que a forma de governo também as sentisse e atendesse às novas necessidades. Seguindo-se este raciocínio, pode-se afirmar que a monarquia se encontrava mais próxima dos problemas vivenciados pela comunidade.

---

do sentimento local das monarquias, que passam a incorporar os argumentos hierocráticos para a idealização da imagem do rei soberano em seu reino.

[47] DUBY, Georges. *Op. cit.* p. 131.

Construir a imagem de um mundo mítico significava desfiar a costura social e ambicionar, através dos mesmos fios, tecer nova roupagem. Os monges e clérigos, respeitando as devidas proporções, desfiaram a "roupa velha" e "costuraram" os trapos dos pobres camponeses descalços. Vestimenta simples, grosseira, mas sempre de rigorosa decência.

O espaço em que eram construídos os símbolos era delimitado pela família, nascente ainda, mas contemplativa e isolada. Em época de calor, crianças corriam nuas e o deitar do sol fazia aparecer a luz de velas de sebo ao solitário mundo do camponês.

Quando se trata do fortalecimento ideológico e institucional da Igreja, a leitura de documentos das chancelarias papais e régias representam a parte dos produtores de sentido, mas a recepção também espreita uma lógica de mundo que intenciona despertar para a "verdade". São os segredos da natureza, explicados por alguém dotado de qualidades inigualáveis para o mundo que o cerca. Resistências, contestações, subversões, mas sempre muito honrosas. A seriedade do camponês é considerada por quem almeja edificar os pilares da *cidade terrena*, sabendo que apenas a *cidade eterna* – nas palavras de Santo Agostinho – justifica a busca infinita da vida finita. De mais a mais, a "rusticidade", se é que se pode qualificar a designação da cidade[48] em relação ao campo, atravessa, sobretudo, o nível de vida dos príncipes ocidentais, principalmente ao se comparar o estilo de vida dos nobres ocidentais às casas dos nobres bizantinos, egípcios e persas do mesmo período. A terra de onde vinham as especiarias, a seda e os tapetes, propiciavam uma imagem tomada por fábulas e, principalmente, um quê de admiração e de inveja por parte dos homens ocidentais[49].

---

[48] LE GOFF, Jacques. *Por amor às cidades*. São Paulo: Editora da UNESP, 1998. p. 34. Para o autor, "a Idade Média opõe a cidade, lugar de civilização, ao campo, lugar de rusticidade. E, num mesmo movimento, afirma sua altivez num desejo de construir em direção ao céu, uma verticalidade expressa pelas torres medievais". O orgulho urbano, lugar dos especialistas em comerciar, dos intelectuais e dos artistas, é feito da cidade imaginada e sonhada e da cidade real em que viviam.

[49] LEMERLE, Paul. *Op. cit.* p. 42.

Ao homem comum, que vivia no tempo do rei Filipe, o Belo, as controvérsias que alimentavam os debates entre a Igreja, o império e a monarquia chegavam por meio de lições práticas: aumento das taxas pela venda de vinhos, cereais e queijos; aumento na execução das cobranças do dízimo; diminuição da distribuição das rações aos pobres[50]; enfim, os súditos e fiéis sentiam na pele as rixas por mais espaço de atuação política. É certo que estas controvérsias enriqueceram a Igreja de material humano e experiências para comportar variações diversas. Mesmo usando o poder da palavra – pelo fato de a espada ser reservada aos nobres ligados ao tempo e porque os clérigos guerreavam de outra forma – o modelo de intervenção cristã transformou o aparelho ideológico da Igreja em exemplo bem sucedido de propagação da fé cristã[51]. Através de um veículo eficaz de propagação ideológica – as pregações – a Igreja construiu as bases para reforçar e institucionalizar a fé cristã. Jacques Le Goff já apontava para o uso dos *exempla* como breve recurso à narrativa[52], momento em que havia a produção de uma norma para a pregação, incrementada, sempre, de realidades da própria localidade. Do geral ao particular, a Igreja imperava através da elaboração de ideais comuns à Cristandade, mesmo que eles precisassem de adaptação, de gestos e da entonação da voz de alguém próximo à comunidade de fiéis – no caso, o clérigo que vivia na paróquia. Foram eles que iniciaram a busca pela representação do poder local na figura do príncipe, sempre próximo e pronto a trazer benefícios aos clérigos lotados na Universidade de Paris. As formas de leitura e a aplicação do direito e a vinculação que tiveram com o cristão da época muitas vezes passavam a falsa idéia de que havia imposição pura e simples

---

[50] MOLLAT, Michel. *Os pobres na Idade Média*. Rio de Janeiro: Campus, 1989.

[51] OLDENBOURG, Zoé. *As cruzadas*. Rio de Janeiro: Civilização Brasileira, 1968. Vale lembrar dos exemplos citados, manipulados e estimulados na pregação realizada por Urbano II, momento em que proclamava, a todos os cristãos, a "peregrinação armada", no Concílio de Clermont, em novembro de 1095. É certo, entretanto, que as "peregrinações" já integravam a realidade dos fiéis, contudo o inimigo da Cristandade ainda não possuía uma identidade específica, pois variava de situação para situação - por exemplo, em casos extremos os judeus, em dada localidade, poderiam ser acusados dos males sofridos pela população etc.

[52] GOFF, Jacques Le. *A bolsa e a vida*. São Paulo: Brasiliense, 1995. p. 13.

de uma ideologia e de que os povos apenas aceitavam as determinações. O predomínio da Igreja sobre o discurso da Criação, do pensamento e até mesmo sobre as diversões dos fiéis, atendeu aos anseios sociais e culturais dos povos que buscavam na festa, a adoração dos santos e do Deus uno e indivisível. O rei também participava dos festins, pois reunia atributos de sacerdote e de guerreiro, ministrando o ofício régio de modo semelhante ao que fazia o clérigo, que ministrava os ofícios da celebração da eucaristia.

As ideias da separação das esferas espiritual e temporal estavam respaldadas em bases materiais relacionadas à política externa. A força da realeza francesa foi demonstrada inúmeras vezes[53], o que permitiu ao exército iniciativas vitoriosas, propiciando à realeza a liderança da política européia mesmo antes de Filipe, o Belo. Em razão das vantagens políticas e militares, os reis franceses chegaram muito perto de se tornarem reis da Inglaterra. O fato ocorreu à época de João Sem Terra, que sofria a rejeição dos barões ingleses, que recorreram ao filho de Filipe Augusto[54], da França, para oferecer a coroa inglesa. A euforia, contudo, tem fim com a morte de João Sem Terra, em 1216, fato que fez renascer o sentimento de união dinástica entre os ingleses e que pôs fim às pretensões francesas. Disto é possível perceber um movimento de união[55] local em praticamente todas as monarquias européias, sensivelmente conduzidas, por certo, pelo exemplo francês.

Os Estados mais poderosos, França e Inglaterra, teciam as redes legais em que se apoiavam as políticas de expansão de ambas as monarquias. A política internacional, mais especificamente a

---

[53] A realeza francesa derrota, por exemplo, a coalisão formada em Bouvines, assegurando a coroa a Frederico II.

[54] Luís VIII, o Leão, que reinou a França de 1223 a 1226. Na verdade este rei entrou em conflito com João Sem Terra e o venceu em 1214, acabando por persegui-lo nos territórios ingleses. Quando foi sagrado rei, tomou dos ingleses os territórios do Poitou, Saintonge, Limousin e parte do Bordelais. Participou, também, da cruzada contra os albigenses, subjugando o Languedoc.

[55] PACAUT, Marcel. *Op. cit.* p. 258. " l'idée d'unité aboutit à renforcer le pouvoir royal. Au dogme de l'Église, ils opposent le droit du roi".

francesa, foi impiedosa com monarquias mais fragilizadas, como o caso da Escócia e de Flandres. Um germe da diplomacia nascia das investidas políticas e econômicas: uma diplomacia que tinha como objetivo causar o recuo do inimigo antes mesmo de enfrentá-lo no campo de batalha, ação que significava economia para os cofres franceses[56].

Os enfrentamentos entre Filipe, o Belo, e os demais reinos da Europa, foram respostas aos interesses universais do império e do papado. A busca pela expansão dos limites territoriais e o intuito de aumentar as rendas reais fizeram com que o rei francês buscasse as alianças senhoriais e montasse exército regular, determinado a seguir suas ordens.

São sabidas as pretensões do papa Bonifácio VIII em manter a autoridade sobre todas as esferas de poder. Seu pontificado foi marcado por inúmeros enfrentamentos com o poder temporal. As intenções expansionistas dele entravam em conflito com os interesses dos nascentes poderes centralizadores das monarquias. Filipe, o Belo, ainda que um bom cristão que lutara contra a heresia e chegara até mesmo a usar cilício, jamais admitiu intervenções pontificiais em seu reinado.

Foi por causa da realidade política e imaginária da época que o poder espiritual e o temporal entraram em disputa. Antigos aliados, o papa Bonifácio VIII e o rei Filipe, o Belo, passaram a se desentender em 1296, quando o rei francês começou a impor e a expandir o poder e a autoridade régia para além dos limites do antigo reino franco. O desentendimento se inicia quando o papa se recusa a aceitar a taxação do clero francês, imposta por Filipe, o Belo. De acordo com os interesses do rei, o clero francês deveria ajudar nas pesadas despesas de guerra que o reino vinha tendo na guerra contra os ingleses. Ao contrário do que era imaginado, o Papa também tinha interesses de expansão, pois almejava tornar-se

[56] LECLERCQ, Dom Jean. *Jean de Paris*: l'ecclésiologie du XIIIe siècle. Paris: Librairie Philosophique J. Vrin, 1942. p. 17. Mesmo que Filipe, o Belo, tenha sofrido influência de seus conselheiros, mesmo assim privilegia juristas que fazem da diplomacia um instrumento para impor a autoridade do reino francês. Na verdade, seus conselheiros são legistas, diplomatas, financistas e juristas.

o único e verdadeiro soberano dos dois gládios. Por esta razão, os interesses de expansão do reino francês entraram em conflito com os interesses do Papa que, naquele momento, queria reconquistar a Sicília para o domínio papal. A disputa provocou a excomunhão do rei francês e, por extensão, gerou uma série de disputas políticas que levaram à supressão, mais tarde, dos Templários e da mudança física da sede do papado para Avignon, na França.

A assimilação de conteúdo secular aos interesses da Igreja ocorreu, principalmente, em fins do século XIII e princípio do século XIV. Ao defender a idéia do corpo místico assumido pela Igreja, Ernst Kantorowicz[57] observou um aspecto que facilitava a compreensão da incorporação de conteúdo secular, indicando que a Igreja propunha uma "entrada no mundo". Mais destacadamente, a bula *Unam sanctam*, de 1302, representa este desejo, já que revela a doutrina corporativista da Igreja, razão pela qual o rei francês se demonstrava cada vez mais auto-suficiente em relação à Igreja. A reação do papado advém, justamente, da crescente ameaça vinda das autoridades políticas seculares. A monarquia francesa decidiu atuar em atividades políticas, econômicas e militares para gerar maior credibilidade na aplicação de leis e impostos. A partir destas medidas, a Igreja seguiu o mesmo caminho, principalmente ao incorporar o mesmo caráter funcional dos poderes seculares. A grande novidade apareceu com a denominação "comunidade mundial", amplamente vulgarizada por Bonifácio VIII.

Para demonstrar a maneira como o reinado de Filipe, o Belo, atuou em diferentes setores da sociedade, é preciso identificar a política interna adotada, principalmente com relação ao avanço econômico das finanças. A moeda mais forte da Europa, neste contexto, era, seguramente, a francesa, mesmo que o rei tivesse alterado inúmeras vezes o seu valor. O setor financeiro foi considerado o mais fraco, já que as possibilidades de intervenção econômica ainda dependiam da diminuição do poder da nobreza das províncias. Uma das medidas tomadas pelo rei para causar impacto à nobreza ociosa e pouco rentável aos cofres reais foi

---

[57] KANTOROWICZ, Ernst H. *Os dois corpos do rei:* Um estudo sobre teologia política medieval. São Paulo: Companhia das Letras, 1998.

acabar com a servidão nos domínios reais, servindo de exemplo para as pouco rentáveis propriedades da época. Surge o lento processo de ascensão do capitalismo, mudando-se a relação servil do camponês para o contrato de trabalho. Conforme o historiador José Afonso de Moraes Bueno Passos:

> Usa de qualquer meio para atingir seus fins, manejando também o apoio de seus súditos em seu favor. Mas, é homem de oração, sente interesse pelos pobres. Faz desaparecer a servidão no domínio real – "attendu que toute créature humaine qui est formée à l'image de Notre Seigneur doit généralement être franche par droit naturel". Inspirava aos que o cercavam respeito reverencial e usava de duplo meio de intimidação, silêncio e a fixidez do olhar.[58]

Sempre às portas do colapso econômico, o rei francês fez valer o pouco poder soberano de que dispunha para limitar o uso de jóias em ouro por parte da nobreza. Tentou controlar a cunhagem de moedas que, até então, era comandada por nobres, prelados, cidades e até mesmo por mosteiros. Algumas revoltas populares ocorreram, principalmente quando o soberano autorizava a cunhagem de novas moedas, antes mesmo de retirar de circulação as existentes[59]. A desvalorização empobrecia as classes mais baixas da sociedade, o que, em muitos casos, favorecia a alta nobreza. A cunhagem de moedas nas mãos só do poder real centralizava aspecto fundamental para revigorar setores da sociedade que ofereciam maior rentabilidade aos cofres da realeza. Estas medidas teriam corroborado para gerar maior centralismo político.

Os interesses franceses ultrapassavam os limites de um pequeno e frágil soberano. Na verdade, ao fomentar apoio à expansão marítima, impediu o avanço do comércio, via mar, dos ingleses, provocando zonas de ocupação francesa, que mais

---

[58] PASSOS, José Afonso de Moraes Bueno. *Op. cit.* pp. 53-54.

[59] PASSOS, José Afonso de Moraes Bueno. *Ibid.* p. 55.

renderiam grandes ganhos à coroa francesa. O rei incentivou a prática e o aperfeiçoamento das artes e das letras, principalmente com o intuito de propagar a imagem de uma herança dinástica que descendia de Clóvis.

A escrita jurídica revelou homens que se tornaram protegidos de Filipe, o Belo, como, por exemplo, Pierre Dubois, que escreveu *De recuperatione terrae sanctae.* Obras produzidas na época receberam o apoio direto do rei, criando um universo de intenso debate e exportador de opiniões políticas e jurídicas. A França deste período almejava construir uma "república cristã"[60], espécie de tribunal universal que seria presidido pelo rei francês, em pessoa. A intenção era unir todas as monarquias européias em torno do soberano francês. Jacques de Viterbo, por exemplo, a mando de Filipe, o Belo, escreveu o *De regimine christiano,* propondo uma análise do poder civil, fazendo um estudo especulativo sobre as possibilidades de intervenção do rei francês em questões até então da esfera clerical[61]. A discussão abrangeria as principais questões relativas à secularização dos bens da Igreja, o que permitiria, em casos extremos, ao soberano, fazer uso das riquezas da Igreja.

---

[60] PASSOS, José Afonso de Moraes Bueno. *Ibid*. p. 56.

[61] PACAUT, Marcel. *Op. cit*. p. 318.

2.3 – CONFRONTO DE IDEIAS E PODERES: BONIFÁCIO VIII E FILIPE, O BELO

Todo poder político obtém finalmente a subordinação por meio da teatralidade, mais aparente em certas sociedades do que em outras, pois que suas diferenças de civilização as tornam desigualmente "espetaculares".
Georges Balandier

Textos políticos dos fins do século XIII e do início do século XIV revelam-se repletos de imagens representativas da construção de um modelo de sociedade. Na esteira do pensamento político que fomentou as discussões dos nascentes Estados monárquicos, é possível notar o esforço teórico para se compreender e fomentar a construção de modelo de sociedade pautado em princípios éticos e morais cristãos. O manuscrito *De Regia Potestate et Papali*[62] (Sobre o Poder Régio e Papal) revela, sobretudo, um projeto de sociedade cujas diferenças culturais atravessavam o complicado e sofrido ato da escrita, além de insistir na adaptação da Cristandade à nova realidade política: os Estados monárquicos, pano de fundo para criar instabilidade política entre o papado e o reino francês.

As duas maiores forças de representação política dos

[62] QUIDORT, Johannes. *Sobre o poder régio e papal*. Tradução e introdução de Luis A. de Boni - Petrópolis, RJ: Vozes, 1989.

séculos XIII e XIV continuavam sendo o Império e o Papado. Por maior que tenha sido a distância entre estas forças políticas de aptidões regionais, elas ainda apareciam como modelos e possuíam certa representatividade.

A monarquia adquire importância significativa e merece atenção mais pelas disputas por espaço do que por mudanças que tenha gerado. A proeminência do poderio monárquico começou a se revelar mais legítima e respaldada em esperanças palpáveis regionais, diferentemente do que se viu por volta do ano 1000, quando:

> O império não abolira a realeza, anterior a ele e igualmente sagrada. Os reis também se consideravam Cristos. Como os bispos, pastores do povo e sucessores dos apóstolos eram eleitos por intervenção do Espírito Santo, aclamados numa catedral pela multidão reunida dos clérigos e dos guerreiros. No mesmo dia e na mesma igreja, o bispo eleito de Münster foi consagrado pelos mesmos prelados que tinham ungido o rei, a fim de que a presença do rei e do padre supremo nesta solenidade pudesse ser considerada como um presságio feliz para o futuro, pois que a mesma igreja e o mesmo dia viram a unção de duas pessoas que, segundo a instituição do Antigo e do Novo Testamento, são as únicas que são ungidas sacramentalmente e chamadas, uma e outra, Cristo do Senhor.[63]

A construção de um modelo teórico, que comportasse os diferentes poderes existentes no mundo cristão, precisava, em grande medida, de esforço monumental para não romper com a suposta ordem, já que a sociedade humana se concebia como "imagem, reflexo da cidade de Deus, que é uma realeza"[64]. Esta definição passou a causar certo constrangimento entre o papado e monarquia, pois não houve um só papa que acreditasse piamente na superioridade do poder espiritual,

---

[63] DUBY, Georges. *O tempo das catedrais*: a arte e a sociedade 980-1420. Lisboa: Editorial Estampa, 1993. p. 26.

[64] DUBY, Georges. *Ibid*. p. 21.

principalmente porque havia limites claros às intervenções papais em todas as épocas.

A ordem política precisava reinar, mesmo que somente em forma de escrita latina. O que Johannes Quidort revela, neste sentido, é a preocupação latente em grande parte dos pensadores da época: evitar o confronto direto, visto que a leitura limitada a um número pequeno e restrito de leitores provocaria a fúria de poucos apaixonados, mesmo que tenha afirmado não ter a intenção de contestar a fé, como revela:

> Protesto aqui que nada pretendo afirmar, de maneira alguma, contra a fé, os bons costumes, a sã doutrina e a reverência devida à pessoa e à posição do sumo pontífice. E se algo disto ocorrer entre o que já disse ou haverei de dizer - tanto em questões fundamentais como acidentalmente -, quero que seja tido por não dito, e quero que este protesto esteja sempre presente, como se eu o repetisse antes de qualquer assunto tratado.[65]

A escrita em latim revela o imaginário do dominicano que, apesar de tratar de assunto polêmico, indicava e reforçava a fé, "os bons costumes, a sã doutrina" e os termos que revelavam, no interior do debate, um projeto de Cristandade universal. Além de demonstrar estética e preocupação com a verdade dos antigos, restringia igualmente o número dos que iriam contra-atacar. Afirmações contundentes, escritas em língua "vulgar", acessível a número maior de leitores, poderiam representar perigo desnecessário, já que a polêmica cabia, na visão dele, apenas ao seleto grupo dos clérigos, que, de fato, compreendiam-se como os únicos capazes de discernir a verdade da inverdade.

A documentação, produzida na época das disputas políticas entre Filipe, o Belo, e o papa Bonifácio VIII, indica diferentes acepções de um mundo que se desejava ordenado.

[65] QUIDORT, Johannes. *Op. cit.* p. 44.

Georges Duby salienta que "a França desse tempo é imensa. De uma região a outra, por vezes de um cantão a outro [...] nem a densidade da população, nem o estado das técnicas de produção são semelhantes".[66]

É no tocante à percepção da diversidade que a proposta de ação se pauta. A análise da obra *De Regia Potestate et Papali* propicia novos questionamentos em relação ao que se pretendia como modelo de sociedade. Para Marcel Prélot, a preocupação revelada na obra de Johannes Quidort indica que "o direito divino e a ordem social não exigem a unidade política do gênero humano. A diversidade dos interesses temporais pode mesmo ser melhor assegurada pela multiplicidade dos Estados e dos chefes"[67], multiplicidade esta que garante a abertura a novas forças políticas e diferentes concepções sobre o ordenamento social.

A presença da realeza não era fato novo no Ocidente, como bem demonstrou Georges Duby. A realeza permanecia entrelaçada aos conflitos e disputas pela predominância de determinadas casas dinásticas, fato que, muitas vezes, passa despercebido. O que incomoda os mais intrépidos observadores é o senso de legitimidade monárquica. O discurso, que até então incluía a monarquia entre as forças do mundo que deveria apoiar a religião, agora reformula e aplica preceitos para emancipar a hereditariedade dos monarcas e, por conseqüência, dos territórios adjacentes. Neste nível de abordagem, a proposta recai em devassada controvérsia, pois abre o precedente para elucubrações teóricas diversas das fomentadas até então. Por exemplo, "o reino, em sentido próprio, pode ser definido assim: reino é o governo de uma multidão perfeita, ordenado ao bem comum e exercido por um só indivíduo"[68]. Nota-se que há a preocupação em demarcar um limite, mesmo que simples, entre os conceitos de bem

[66] DUBY, Georges. *Senhores e Camponeses*. São Paulo: Martins Fontes, 1990. pp. 1-2.

[67] PRÉLOT, M. *As doutrinas políticas*. Lisboa: Presença, 1974. vol. 2. p. 20.

[68] QUIDORT, Johannes. *Op. cit.* p. 44.

comum e a figura real, fato que, até então, permanecia como instância discursiva monopolizada pela Igreja. Pouco perceptíveis, os diferentes posicionamentos políticos perdem-se em discursos antagônicos, preocupados mais com a legitimidade local e regional, aspectos que inviabilizam ideias universalizantes e que se referem a objetos distantes destas novas realidades políticas.

Afirmações relacionadas à imagem do rei, feitas durante a declarada disputa entre Bonifácio VIII e o rei francês Filipe, o Belo, procuram polemizar a discussão da natureza e a origem do poder real. O conflito já havia resultado em ataques e ameaça de excomunhão, o que instigou Johannes Quidort a definir mais claramente os meios para o equilíbrio entre as forças. Para Quidort, "'multidão perfeita' significa o mesmo que 'comunidade perfeita' nos escritos políticos do Angélico. Para Santo Tomás, a 'comunidade perfeita' é a cidade ou o reino que, para o frade parisiense, é a 'multidão perfeita' ".[69] Em vista das discussões produzidas até o momento, principalmente a que se refere a Santo Tomás de Aquino, os argumentos enfatizam, em menor grau, a fortaleza real dominando a "multidão perfeita" sem a intervenção do poderio papal ou imperial.

Para Luis A. De Boni, fica claro que o pensamento político da época de Johannes Quidort começou a trilhar caminhos que trouxeram questionamentos à base teológica:

> No dia, porém, em que os príncipes e o povo não mais se deixarem amedrontar pela excomunhão, a suspensão e o interdito, no dia em que os ladrões não mais procurarem o confessionário, o poder de intervenção eclesiástica na vida política, sob o ângulo de vista da constituição sacramental da Igreja, tornar-se-á nulo.[70]

---

[69] LIMA, José Jivaldo. "O poder temporal em João de Paris". In: *Revista Ágora Filosófica*. Pernambuco: Universidade Católica de Pernambuco, ano 5, n. 2., 2005. p. 79.

[70] DE BONI, Luis A. "Introdução". In: QUIDORT, Johannes. *Op. cit.* p. 30.

A dependência moral e imaginária dos caminhos de salvação oferecidos pelo discurso religioso levou muito tempo para perder a credibilidade e a legitimidade. Bonifácio VIII usou a prerrogativa da excomunhão com certa insistência para forçar Filipe, o Belo, a aceitar as determinações da Igreja, amplamente arraigadas no imaginário popular da época.

É no interior do discurso religioso que aparecem os prenúncios de um Estado laico e de um Ocidente tal como se conhecem hoje. Neste sentido, pode parecer que "João de Paris admite o mesmo fundamento da sociedade civil que Santo Tomás, qual seja, a natural inclinação humana para a vida social, diferindo em que o primeiro postula um 'estágio' necessário – o pacto – para realizá-la e o segundo, não"[71]. Observa-se como a monarquia e os argumentos em defesa dela rompem com um misticismo aceito desde longa data. O homem do tempo de Filipe, o Belo, - mais precisamente os pensadores –, parecia ansiar por algo novo.

A descentralização político-cultural européia, notadamente francesa, provocou reação imediata entre os clérigos envolvidos nas disputas. Obviamente, atrelados à Igreja da época, seus pensadores deveriam solucionar, à frente de todos os problemas que afligiam seus contemporâneos. É nesta simples atitude que aparecem, de modo flagrante, projetos que visavam a transformar as monarquias em apanágios das monarquias cristãs, até então pensadas pela Cristandade. Não é possível cair na tentação de um maniqueísmo ou numa simples camarilha de sicofantas isolada. No caso de *De Regia Potestate et Papali*, pensa-se numa manipulação coerente da Bíblia, dos escritos de Tomás de Aquino e da jurisprudência[72].

A produção de sentido requer melhor compreensão das

[71] LIMA, José Jivaldo. "O poder temporal em João de Paris". In: Revista *Ágora Filosófica*. Pernambuco: Universidade Católica de Pernambuco, ano 5, n. 2., 2005. p. 78.

[72] DE BONI, Luis. "Introdução". In. QUIDORT, Johannes. *Op. cit.* p. 15.

estruturas da sociedade e da reciprocidade da elaboração teórica. Refinada, usa e abusa dos recursos disponíveis, com citações de autores antigos e exemplos bíblicos sem, é claro, as devidas referências aos respectivos formuladores.

A resposta às diferenças vem do desejo de hierarquizar as funções, pregar e levar a palavra aos que resistem ao seu comando. Apesar de Johannes Quidort debater sobre tema polêmico, acaba por difundir e reforçar o ideário de uma sociedade perfeita, cujo centro ordenador continua sendo o Deus dos cristãos.

Na base da construção do modelo implícito de sociedade, Marcel Prélot afirma que Johannes Quidort "considera Deus como centro, o que tem como conseqüência a igualdade do papado e da realeza"[73]. Apesar da separação entre as duas esferas e de tentar equilibrar a força de atuação, certamente havia o sentimento predominante de que o plano espiritual é sempre maior e dotado de qualidades especiais.

Para o filósofo José Antônio de Souza, as ideias de Johannes Quidort "não pendem para o lado da hierocracia, nem para o do regalismo teocrático"[74]. Existem, para ele, princípios que afastam o legalismo religioso da natureza social em que os indivíduos se organizam. Por isto:

> A comunidade política e o poder secular têm origem na própria natureza social do homem. Ambos são independentes do poder pontifício, bem como da nobreza e do clero [...] tal autonomia do poder régio não lhe assegura, como conseqüência, um caráter absoluto e ilimitado, pois foi o povo quem delegou parte dos seus direitos ao monarca. Portanto, se este passar a agir contra o povo e não se corrigir desse abuso, o remédio inicial será

---

[73] PRÉLOT, Marcel. *Op. cit.* p. 21.

[74] SOUZA, José Antônio de C. R. de. *O reino de Deus e o reino dos Homens*: as relações entre os poderes espiritual e temporal na Baixa Idade Média (da Reforma Gregoriana a João Quidort). Porto Alegre: EDIPUCRS, 1997. p. 173.

a ameaça de excomunhão da parte da Igreja.[75]

A idéia de realeza, pautada na hereditariedade, firmou-se como designação fundamental para a monarquia. A liberdade diante do corpo doutrinal da Igreja para o exercício das funções reais só pôde ser conquistada ao longo de um processo conflituoso, em que a preferência da "eleição" sempre teve como alvo maior a via de mão dupla: o bispo, ao delegar poderes ao rei e ao imperador que, através da sagração, criava os meios para intervir nas questões temporais. O sucessor, portanto, devia estar intimamente ligado ao corpo da Igreja para que obtivesse o direito à sagração. Certamente, apenas os fiéis batizados e que mantivessem em conta os rituais cristãos poderiam obter tamanha honraria.

Os séculos XIII e XIV assistiram a uma lenta transformação. Para Jean Barbey, "théologiens, canonistes et civilistes soulignent au Moyen Âge que le choix du roi dépend de Dieu et du peuple. Ainsi, pour Jean de Paris, 'le pouvoir royal vient de Dieu et du peuple qui élit le roi en sa personne ou en sa maison'".[76] Visão dicotômica bastante falha, mas que oportunamente foi lembrada por inúmeros pensadores durante os séculos posteriores, e que contribuirá, em muito, para reformulações relacionadas ao lugar do rei na sociedade e à concepção de bem comum que lhe conferirá a legitimidade perante os súditos. Por mais que os pensadores formulassem as teorias e confirmassem o apego de todos aos preceitos e valores cristãos, a ruptura parecia inevitável, já que a excomunhão, por exemplo, não poderia mais afetar por completo o poder e a estabilidade das realezas.

O lugar do governante somente começa a surgir parcialmente, mas sua função na ordem política da época já exibia atribuições relacionadas, particularmente, à relação do rei como instrumento de ligação entre a ordem divina e os

[75] SOUZA, José Antônio de C. R. de. *Ibid.* 175.

[76] BARBEY, Jean. *Op. cit.* pp. 87-88.

súditos. Esta constatação pode ser percebida nas afirmações de Johannes Quidort, que adaptou a relação entre a Igreja e a realeza a partir de uma visão conciliadora, mas nominalmente preocupada em indicar virtudes para o príncipe:

> É de maior utilidade o governo da multidão por um só, que preside segundo a virtude, do que por muitos e pouco virtuosos. Isto se prova tanto pelo poder – pois em um só governante a virtude está mais unida, e conseqüentemente mais forte, do que quando dispersa entre muitos –, quanto pela unidade e a paz que devem ser procuradas no governo da multidão – pois muitos dirigentes só preservam a paz da multidão se estiverem unidos e concordes.[77]

As pretensões papais perante os problemas que afetavam os governantes, tanto imperiais quanto reais, mantiveram-se firmes até o fortalecimento político das monarquias absolutistas. A maior contribuição de Johannes Quidort para a formulação de um governo voltado somente ao plano temporal – que será bastante utilizada por teóricos dos séculos seguintes –, refere-se à separação entre os referidos castigos destinados aos súditos e ao rei.

A quem caberia julgar e quais os supostos crimes que estariam relegados ao rei e/ou ao papa? Consoante o que se afirmava na tradição medieval, a querela entre os poderes passou a reavivar um debate que se fez esquecer durante o predomínio da Igreja na produção intelectual da época.

No findar do século XIII, estas questões são retomadas e Johannes Quidort isola a questão da heresia como um pecado mortal, em que tanto reis como súditos podem ser excomungados pelo papa. No entanto, os castigos corporais só ficariam restritos ao rei, como o executor das transgressões estabelecidas pela comunidade política. Sendo assim, caberia ao papa punir os fiéis que desobedecessem aos mandamentos

[77] QUIDORT, Johannes. *Op. cit.* p. 45.

e às leis de Cristo e da Igreja, restringindo-se a castigos espirituais, como penitências, jejuns e, por fim, à excomunhão. São alusivas as palavras de Johannes Quidort:

> Todos os fiéis professam uma só fé católica, sem a qual não há salvação. Seguido, porém, surgem questões sobre coisas pertinentes à fé nas diversas regiões e reinos. Então, para que a unidade da fé não seja destruída pela diversidade das controvérsias, é necessário, como ficou dito, que nas coisas espirituais haja uma só autoridade superior, por cuja sentença estas controvérsias sejam dirimidas. Não acontece o mesmo, porém, com a vida política. Os fiéis não precisam conviver todos em uma única comunidade política comum. Devido à diversidade de climas, de línguas e de condições dos homens, pode haver diversos modos de viver e diversas comunidades políticas, e o que é virtuoso em um povo não o é noutro, como o Filósofo diz das pessoas singulares, ao anotar que algo pode ser demasiado para um e pouco para outro.[78]

Para a submissão do rei ao papa, o fator determinante estaria na heresia, termo que unificava o discurso religioso e, ao mesmo tempo, permitia certa mobilidade social ao monarca. A religião permaneceria como o cimento social, elemento maior de identificação, mas sensível a alterações e a mudanças na lógica do jogo político, permitindo entrever relação favorável ao surgimento de reagrupamentos políticos em torno de preocupações identificáveis somente em nível regional/local.

A função real, entreaberta pela análise da obra de Johannes Quidort, serviria como catalisadora das pulsões e diferenças existentes no corpo da Cristandade. O final único, objetivo mais libertário expresso no documento analisado, mantém-se ligado à construção hegemônica e universalizante da Cristandade, mesmo que o rei mantivesse, no início, lugar

---

[78] QUIDORT, Johannes. *Ibid*. p. 50.

definido no interior das pretensões pontificais e dela firmasse as bases de sustentação do poder pessoal e intransferível do rei.

CAPÍTULO 3 – AS PRINCIPAIS IDEIAS POLÍTICAS À ÉPOCA DE FILIPE, O BELO, E BONIFÁCIO VIII

O conhecimento de si, o embate entre filosofia e teologia e a repartição dos poderes políticos reforçam os pilares do governo dos reis. Reconstruído a partir do modelo greco-romano, o pensamento político ocidental criou novas formas de conceber o político e as estruturas que o compunham. Compreender os arranjos simbólicos e as ideias que sustentaram o ideário cristão requer o entendimento da política e do político integrados em sistema que englobe e substitua noções de Estado, sociedade, monarquia e Império.

As ideias políticas instauradas e legitimadas (re) formulam as interações sociais e seus sistemas de crenças e valores, implementando e alocando valores dotados de autoridade numa escala de importância que pode ser sentida gradativamente[1]. Do mesmo modo que o rei aparece no centro da Cristandade, o movimento procura concentrar as forças na razão humana. Por exemplo, primeiramente, a força do costume reproduz a identificação do homem em relação ao corpo da Cristandade e; somente em seguida, informa a identidade com o lugar de nascimento. Nota-se, sensivelmente, a projeção do homem como

[1] EASTON, David. "[...] aquele sistema de interações mediante o qual são feitas e implementadas as alocações de valores dotadas de autoridade em qualquer sociedade". Notas de aula do dia 02/09/2004 do curso ministrado pelo professor Doutor Ciro Flamarion Cardoso

sujeito da história cristã.

Sobre o pensamento político da Baixa Idade Média, podem ser destacadas três características essenciais: inexiste no pensamento político medieval uma concepção tipicamente moderna dos direitos do indivíduo[2], pois eles se definem em relação à participação em entidades coletivas. A corporação é perigosa para quem deseja mudar alguma coisa, pois resistem a alterações que vêm de fora, principalmente porque a corporação acaba convencendo o indivíduo para que seja leal à mesma e para que não aceite intervenções de amigos, familiares e de outras corporações (como é o caso, por exemplo, do Exército, da Igreja etc.). Neste caso, em particular, dificilmente se verá um sapateiro oferecendo seus serviços a preços menores para, supostamente, "eliminar a concorrência[3]", pois o mesmo acabaria expulso de sua atividade. Em segundo lugar, existe uma tensão entre duas concepções opostas: uma com preocupação universal e outra que tem consciência dos inúmeros grupos e subgrupos que constituem a rede da existência humana e como as instituições civis e religiosas

[2] PACAUT, Marcel. *Les structures politiques de l'occident Medieval*. Paris: Librairie Armand Colin, 1969. Para este autor, a pesquisa precisa reconhecer os vínculos entre as estruturas denominadas superiores (Estado, príncipes, grandes oficiais, parlamentos etc.) e os principais grupos decompostos em uma identidade própria. Nesse caso, divide a nobreza em três grupos: a de função, a que surge da oportunidade das armas e a de nascimento. Utiliza o conceito de comunidade política para referenciar as uniões que ocorrem em torno das *villé*.

[3] PIRENNE, Henri. *História Econômica e Social da Idade Média*. São Paulo: Editora Mestre Jaú, 1982. p. 184-185. "Se do ponto de vista da autonomia interna e da influência política, as corporações diferem consideravelmente, conforme as regiões e as cidades, a sua organização econômica, entretanto, é semelhante em toda Europa. Em todos os lugares, nos seus traços fundamentais, a dita organização é a mesma. Nela se manifesta com maior vigor o espírito de protecionismo inerente à economia urbana da Idade Média. O seu objetivo essencial é proteger o artesão, não só contra a concorrência do estrangeiro, mas também contra a dos colegas. Reserva-lhes exclusivamente o mercado da cidade e fecha-os aos produtores do estrangeiro; cuida, ao mesmo tempo, de que nenhum membro da profissão possa enriquecer-se em detrimento dos outros. [...] Ninguém pode permitir-se prejudicar os outros por processos que o capacitaram a produzir mais depressa e mais barato. O progresso técnico é considerado como uma deslealdade. O ideal baseia-se na estabilidade das condições dentro da estabilidade da indústria".

só assumem existência a partir da relação com a multidão[4]. Em terceiro lugar, as reflexões acerca da política estiveram voltadas à releitura de Aristóteles, em especial *A política* e a *Ética a Nicômaco*. Isto, contudo, não significa que a partir do século XIII e XIV não tenham prefigurado a idéia de pacto social, principalmente porque os escritos de Johannes Quidort e João Duns Scotus, por exemplo, já discutiam, ainda que de modo superficial, a monarquia nacional, algo que podia demonstrar a complexidade do Estado e que fugia das relações de parentesco.

A controvérsia entre os pensadores revela a crise do projeto de Cristandade guiado pela Igreja. O aparecimento das correntes do pensamento impõe ao homem medieval, a condição de guia da civilização como se a garantia da ordem natural das coisas dependesse de cada indivíduo junto à comunidade. O desgaste da ideologia cristã fornece os subsídios para o aparecimento de um modelo alternativo, mas que também se revela estreitamente ligado à tradição. Isto pode ser notado na organização de cada ordem religiosa, cada estamento e cada monarquia, cada qual produzindo os próprios argumentos para resistir ao esfacelamento, às diferentes combinações existentes no interior de ordem religiosa, às políticas defendidas nas diferentes monarquias européias, à divergência entre os bispados e paróquias, enfim, ao conjunto diverso, propenso à ruptura, caso não houvesse um sentimento comum aspirando ao equilíbrio.

Desta lógica imaginária, os homens que viveram na Baixa Idade Média se depararam com dois problemas fundamentais, que aparecem como complicadores na construção de um modelo de sociedade: em primeiro lugar, a Igreja, que mirava o passado civilizado e procurava conservar a tradição da cultura latina e a ordem romana; em segundo, o Estado medieval nascente – apresentado pelas monarquias – que era herdeiro dos antigos povos "bárbaros"/germânicos que invadiram e conquistaram o Império Romano, civilizado, e puseram fim ao modelo de sociedade

---

[4] CARDOSO, Ciro Flamarion. *Baixa Idade Média* (ênfase nos séculos XIII e XIV). Notas de aula.

ordenada em torno das instituições impessoais[5]. Na contramão das correntes ideológicas existentes no Ocidente durante os séculos XIII e XIV, a unidade ideal pregada pelo projeto de Cristandade almejava unir a todos em vã construção que começa a demonstrar os primeiros sinais de insustentabilidade: criar um ambiente para povos bárbaros/pagãos do Norte, muçulmanos e judeus.

A tendência centrífuga, sobretudo, tratou de atuar junto às tentativas de unificação e construção de uma única base política, momento em que entram em cena inúmeros principados guerreiros com tendências difusas, formando uma mescla entre diferentes príncipes e principados locais. A Europa, a Cristandade, antes tecida com uma costura teórica fina, teve de incorporar novos matizes em seu tecido social, que a tornaram uma colcha de retalhos que, ainda assim, aspirava à unidade política, econômica, religiosa e cultural, sobretudo às mudanças ocorridas no século XIV, reforçadoras dos movimentos "messiânicos", numerosos principalmente na França e na Alemanha. Um dos exemplos mais notórios foram os sermões de Vicente Férrer, que anunciavam o apocalipse e o fim dos tempos, apresentando que o reino de um messias estava próximo[6]. Certamente, as populações almejavam a ordenação dos tempos antigos: uma ordenação cujo equilíbrio de forças reforçava os quadros tradicionais da sociedade, dando continuidade ao estilo de vida camponês, senhorial, papal, imperial e monárquico.

A diversidade regional/rural[7] e a busca pelo equilíbrio, em grande medida, parecem ter sido a tônica dos escritos que restaram, mas ao mesmo tempo parecem acelerar o esgotamento de um sistema feudal já caduco[8].

---

[5] DAWSON, Christopher. *Ensayos acerca de la Edad Media*. Traducción del inglés por JUSTO FERNANDEZ BUJAN. Madrid: Aguilar, 1960. p. 100.

[6] HEERS, Jacques. *O Ocidente nos séculos XIV e XV*: aspectos econômicos e sociais. Tradução de Anne Arnichand da Silva. São Paulo: Pioneira; Ed. da Universidade de São Paulo, 1981. p. 94.

[7] HEERS, Jacques. *Ibid*. p. 49.

[8] HEERS, Jacques. *Ibid*. p. 94.

3.1 – A REDE DE IDEIAS POLÍTICAS NA CRISTANDADE LATINA

Existem olhos tão saudáveis e vigorosos que depois de abrir-se, podem vislumbrar alvo por alvo mesmo sob as dificuldades do brilho da luz do sol. Para eles, a luz é uma qualidade sem que para esse entendimento necessitem de um ensino, mas apenas alguma orientação. A eles basta crer, esperar e amar. Outros, ao contrário, se ofuscam e desvanecem com a luz que vão contemplar, e sem conseguir o que querem, muitas vezes voltam ao prazer da sombra. A estes, mesmo que melhorem até podermos considerá-los saudáveis, é perigoso mostrar-lhes o que não podem ver ainda.

Santo Agostinho

Os embates e ideias apresentados por grande parte dos pensadores dos séculos XIII e XIV formalizaram a ruptura do discurso cristão vigente até aquele período. O predomínio do ensino religioso sempre cercou os lugares sagrados da auréola de sabedoria, o que parece ser rompido pelos novos pensadores gestados no interior da própria Igreja. O diagnóstico da ruptura revelou as pegadas dos homens que deixaram os registros e ações das instituições da época que tentaram se adaptar aos novos tempos. Luís Farré destacou que, neste período, "la filosofia se convierte en un instrumento necesario, del que se debe usar en todo momento, pues es nada menos que la razón humana; pero no goza de plena independencia. Los que intentaron filosofar sin compromisos, tuvieron que servirse de recaudos que velaran sus propósitos"[9]. Os pensadores da época iniciaram o movimento de ruptura dos modelos hierocráticos, principalmente depois que romperam com as pretensões universais da Igreja e do Império. Propuseram, sem intencionalidade direta, que a razão humana se colocasse acima das determinações divinas. Era o homem tentando definir, racionalmente, o seu próprio destino.

Para Walter Ullmann, entretanto, "en la evaluación de la situación del hombre en la sociedad medieval, se há puesto quizás muy poco énfasis en el cambio provocado en el siglo XIII por la adaptación de temas aristotélicos y, por consiguiente, naturalistas".[10] O natural deixa de sofrer as interferências diretas do Criador e passa a objeto da razão, mesmo que ainda estivesse carregado de preceitos de ordem sobrenatural. Isto pode ser constatado porque os primeiros pensadores cristãos, no início do cristianismo, procuraram explicar as razões para a sua fé. Elementos novos foram aparecendo, já que, nos primeiros padres da Igreja, predominava a "atitude da fé em busca da razão, atitude que caracterizava os apologetas. Na escolástica, ao contrário, a razão sai em busca da fé".[11] Nas perspectivas defendidas pelos homens dos séculos XIII e XIV, identificava-se uma atitude distinta da encontrada entre os pensadores antigos, caso de Santo Agostinho, Boécio, Santo Anselmo e o próprio Tomás de Aquino. Ao utilizar a razão para alcançar a fé, o homem encontrou a dúvida, a incerteza, e construiu novos caminhos.

Ao se analisarem as fontes produzidas nos séculos XIII e XIV, nota-se a preocupação dos pensadores em distinguir o pensamento filosófico do pensamento teológico. Apesar de apontamentos sobre os aspectos que deveriam integrar a humanidade e as que se ocupariam da teologia, grande parte dos homens não negava a existência da unidade política e cultural,

---

[9] FARRÉ, Luis. *Filosofia cristiana, patrística y medieval*. Buenos Aires: Editorial Nova, 1960. p. 75.

[10] ULLMANN, Walter. *Escritos sobre teoría política medieval*. 1a Edição. Buenos Aires: Eudeba, 2003. p. 57.

[11] ZILLES, Urbano. *Fé e razão no pensamento medieval*. Porto Alegre: EDIPUCRS, 1993. p. 09.

sempre necessária à manutenção da ordem e da paz, pois:

> [...] o motivo formal do cristianismo é a evidência extrínseca, baseada na autoridade de Deus que se revela. Não cremos por intuição, nem por demonstração, mas porque Deus se revelou. Na filosofia, buscamos uma evidência intrínseca, seja imediata (intuição) seja mediata (demonstração). O filósofo sabe; o cristão crê.[12]

Pensadores como Johannes Quidort e João Duns Scotus, por exemplo, já teorizaram, mesmo que de maneira superficial, sobre a monarquia nacional, algo próximo a uma explicação sobre o fim das relações de parentesco sobre a complexidade das relações no "governo da multidão"[13]. No *Prólogo da Ordinatio*[14], João Duns Scotus apresenta uma leitura sobre a divisão entre os pensadores que se preocupavam com as explicações filosóficas – analisadas como naturais – e os que se detinham sobre as explicações teológicas – vistas como sobrenaturais. As interpretações aparecem carregadas de valores e sentimentos relativos à separação entre os poderes existentes. Ao separar o natural do sobrenatural, o pensador passa a justificar a existência de uma razão humana que tem a natureza e a sobrenatureza como objetos de estudo, e tornando essa mesma razão independente e livre das interferências externas ao homem.

O pensamento ocidental cristão é alimentado por ideias que descendem de Aristóteles e Platão, além de argumentos provenientes de Santo Agostinho e dos demais doutores da Igreja. A fusão entre as diferentes leituras de mundo pode ser identificada

---

[12] ZILLES, Urbano. *Ibid.* p. 48.

[13] QUIDORT, Johannes. *Sobre o poder régio e papal.* Tradução e introdução Luís A. de Boni - Petrópolis, RJ: Vozes, 1989. p. 45. A denominação é proposta por ambos os pensadores. Mas, conforme Johannes Quidort, "Agora, é de maior utilidade o governo da multidão por um só, que preside segundo a virtude, do que por muitos e pouco virtuosos".

[14] SCOTUS, João Duns. *Prólogo da Ordinatio.* Tradução, introdução e notas de Roberto Hofmeister Pich. Porto Alegre: EDIPUCRS, 2003.

à medida que os conceitos de natureza, sentidos e sobrenatureza vêm à tona nos documentos analisados[15]. Uma parte considerável do pensamento produzido antes da época de Tomás de Aquino segue estes preceitos, em que se acredita que a sabedoria só pode ser alcançada partindo de dados concretos e perceptíveis aos sentidos. A verdadeira sabedoria, entretanto, só poderia ser alcançada compreendendo-se o fim proposto ao gênero humano, sempre sobrenatural e eterno. Nas afirmações de Santo Tomás de Aquino, ocorre significativa alteração do homem puramente voltado ao sentido e o identificado ao intelecto:

> Já que o ser intelectual está acima do ser meramente sensível, assim como a inteligência está acima dos sentidos, e já que as coisas inferiores imitam na medida do possível as superiores, assim como os corpos geráveis e corruptíveis imitam de algum modo as rotações dos corpos celestes, é necessário também que os seres sensíveis se assemelhem a seu modo aos intelectuais. Destarte, partindo da semelhança dos seres sensíveis, podemos de algum modo alcançar o conhecimento dos seres intelectuais. Ora, existe nas coisas sensíveis algo que é o mais alto, o ato, ou seja, a forma, e algo que é o mais baixo, a potência, isto é, a matéria, bem como existe algo de intermediário, ou seja, o composto de matéria e forma.[16]

Na busca pela sabedoria dos antigos para se produzir efeito

---

[15] AGOSTINHO, Santo. *Confissões*. São Paulo: nova Cultura Ltda, 2004. p. 413. Na descrição sobre *A matéria e a forma do universo*, Santo Agostinho afirma que: "'certo que a matéria do céu é diferente da terra e a beleza de um difere da beleza do outro, pois a matéria do mundo a tirastes do nada, e a beleza do mundo, da matéria informe. Vós as criastes, contudo, ao mesmo tempo, a matéria e a forma, porque entre a criação da matéria e a da forma não mediou nenhum espaço de tempo". Transmite a compreensão de evolução do universo, que caminha no sentido da eternidade. Ao homem cabe, sobretudo, amar ao próximo e respeitar o criador. Imagens como essas são amplamente utilizadas nos séculos XIII e XIV, pois recriam a idéia de que o homem é dotado de uma natureza boa e má, e por possuir a razão para discernir o bem do mal e governar os demais animais.

[16] AQUINO, Sto. Tomás de. "Compêndio de Teologia". In: *Os Pensadores*. São Paulo: Editora Nova Cultura Ltda., 2004. pp. 178-179.

nos homens de seu tempo, pensadores como Tomás de Aquino mesclaram ideias retomadas de Aristóteles e de Platão, vinculadas ao pensamento teológico e bíblico. Difícil é não reconhecer o pensamento cristão convertendo a *idéia* aristotélica à *alma* cristã. Inclusive, o estudo e a dedicação implicavam a abnegação dos valores sensíveis aos sentimentos humanos, já que tudo se voltava à imitação da perfeição divina. De certo, "dentre todos os estudos aos quais se dedicam os homens, o estudo da sabedoria supera a todos em perfeição, em sublimidade, em utilidade e em alegria que proporciona"[17]. Ao homem de razão cabia expulsar de si os pensamentos corruptíveis, os abusos da língua, o exagero nos banquetes e demais estripulias. A concupiscência do homem precisava ceder perante a razão e ao autocontrole moral e ético. São Tomás de Aquino busca as ideias nas Sagradas Escrituras, principalmente no capítulo 8, versículo 16, do *Livro da Sabedoria*, trecho que destaca a idéia de que o prazer só é permitido quando se trata da busca da sabedoria, pois somente "o contato e a comunhão com a sabedoria não comportam nem amargura nem tristeza, mas só prazer e alegria".[18] O pensamento dos "pagãos" inverte o prazer corporal para prazer intelectual. Certamente, o corpo padece diante da incerteza de uma vida mundana, passageira e sem razão própria.

O medo do mundo das trevas, que foi rompido pelo martírio de Cristo, recria a ordem política e cultural pautada na moral, na virtude e na negação do corpo como meio para a ascensão à sabedoria. O denominado "erro" – reconhecido como pecado – é retraído e não se faculta a ele o sentido de aprendizado, já que se presta a propósitos "educativos" mais drásticos ao grande público de fiéis[19]. O próprio exemplo ocupa o espaço do ensino. Ele

[17] AQUINO, Sto. Tomás de. *Ibid*. p. 131.

[18] AQUINO, Sto. Tomás de. *Ibid*. p. 132.

[19] Vários exemplos em que a crucificação, caso notório do próprio Cristo, servia como demonstração de recusa a tudo que estivesse vinculado ao plano natural, inclusive a vida, proporcionando um prazer na esperança de alcançar o plano sobrenatural. Os castigos dos pecadores – sempre vinculados ao erro – também permitiam ampla audiência e educação prática aos ouvintes e presentes aos castigos corpóreos. Na mesma linha de pensamento, Michel Foucault, em *Vigiar e punir*,

caracteriza experiências diversas, ao passo que o ensinar e o pensar cedem diante da convulsão social e da efervescência religiosa. Diante disto, o pensador descobre a possibilidade de separar os planos natural e sobrenatural, cabendo à razão humana captar os diferentes níveis da percepção e a existência de outras formas de governo dos homens.

Para a compreensão do pensamento ocidental, torna-se indispensável reconhecer as influências da tradição, percebendo quais as principais fontes antigas a que se ativeram os pensadores dos séculos XIII e XIV. Além dos escritos bíblicos, como os de São Paulo, observa-se a onipresença dos pensadores e doutores da Igreja como se estivessem a guiar os passos no caminho da sabedoria. Textos como o de Anicio Manlio Severino Boécio (de 475-524), *La consolación de la filosofia*, apesar de divergirem em relação à ordem institucional da Igreja, foram somados ao número de argumentos teológicos e políticos. Neste, em especial, Boécio sintetiza o pensamento de Cícero, Sêneca, Aristóteles e dos neoplatônicos, Platão e Santo Agostinho. Não formula teorias pautadas em doutores da Igreja, pois "en ninguna página se hace mención o alusión a autores cristianos, ni siquiera a la Biblia. Para nada aparecen el nombre y el ejemplo de Jesús".[20] Destarte, é o postulado de uma obra-limite, na qual se encontra a intenção de preservar para o futuro, o que ameaçava cair em ruína e destruição. Escrito no silêncio da prisão, serviu de conforto e estímulo para muitos pensadores que o citam e o colocam em lugar de destaque em seus escritos. Johannes Quidort, por exemplo, aplica as teorias de Boécio na construção de um modelo racional de sociedade voltado ao poder ascendente do Estado, que deveria comportar respeitosamente as vicissitudes de cada principado. Tomás de Aquino redefine os argumentos de Boécio, justapondo-os diretamente à compreensão da eternidade do mundo cristão, pois "é o que ensina Boécio ao dizer que 'a eternidade consiste na posse

propõe uma leitura fundamental para a compreensão da construção de um discurso e legitimidade de um corpo doutrinal.

[20] SANTIDRIÁN, Pedro Rodríguez. "Introdução". In: BOÉCIO, Anicio Manlio Severino. *La consolación de la filosofia*. Madrid: Alianza Editorial, 2004. p. 17.

total, simultânea e perfeita da vida sem fim"'.[21]

Escreve para exercitar a razão, usando a filosofia como meio, pois acredita que esta seja a única aliada que poderia prepará-lo para o fim mais digno a que todo homem estava fadado. Contudo, a *consolação,* remodelada a partir de pressupostos cristãos, incorporou e modificou o sentido da ordem religiosa do Medievo. Ao propor a mortificação como meio para atingir níveis mais sublimes, favoreceu os argumentos que afirmavam a existência da razão como guia do homem. Afirmava que a sabedoria fornecia as respostas para distinguir o que pode e o que não pode ser mudado. Entre os séculos XI e XIII, a sabedoria deixa de vigorar como entidade isolada e o discurso é totalmente invertido. Para o "bom cristão", portanto, a frase se altera para "Deus, dai-me a sabedoria para distinguir o que pode e o que não pode ser mudado". A condenação de Boécio, por exemplo, (ou até mesmo a de Sêneca), representa a consolação do homem diante das fatalidades imutáveis. A sabedoria permitiria distinguir, com o uso da razão, o que pode e o que não pode ser mudado, permitindo a elaboração de estratégias para tentar coibir o inevitável. Fornece, ainda, os discernimentos necessários para se compreender e aceitar aquilo de que dificilmente se pode escapar.

Para se compreender o contexto em que foram produzidos os tratados políticos da Baixa Idade Média, é preciso observar, além da busca pela razão, a devoção dos fiéis e súditos para se construírem os projetos mais adequados à governança da multidão. Tendo como base o exemplo de Boécio, os pensadores vinculados à Igreja e ao Império utilizaram os preceitos de *La consolación de la filosofía* para assentar as ideias de resignação perante a superioridade e sabedoria do poder sempiterno da figura do Papa e do Imperador. A razão do pensador do Medievo aplicava coerentemente a sabedoria como algo transcendente e universal, destino que todos os homens deveriam aceitar, visto já ter sido identificada a sabedoria dos defensores das respectivas instituições. O saber ocupa o espaço do intocável, do imutável e do eterno no interior da cena política. O papa e o imperador eram simbolicamente

[21] AQUINO, Sto. Tomás de. *Op. cit.* p. 158.

representados como os sábios, cujas funções de guias da comunidade de fiéis demonstravam a visão hierárquica do Medievo, a de que poucos homens reuniriam atributos e dons para manter a ordem societária de maneira exigida por Deus.

Quando os pensadores defensores das monarquias utilizaram os textos de Boécio, particularizaram os dons humanos, desvinculando-os de qualquer associação ao plano universal. Até mesmo as teorias hierocráticas foram incorporadas pela argumentação das monarquias, pois a fidelidade aos preceitos do Deus uno e indivisível passou a reger as relações de parentesco e dinásticas. À época de Boécio, por exemplo, a impessoalidade no trato das questões públicas do Estado perdia a credibilidade no dia-a-dia, uma vez que foi gestado, ao longo de toda a Idade Média, o valor das relações pessoais no trato da coisa pública. Perpetuou-se, portanto, a idéia de confiança, o valor da linhagem familiar, os juramentos de homem para homem e a aversão à impessoalidade da burocracia romana. Os defensores da universalidade pregavam a distância do Cristo em relação ao homem, enquanto a proximidade do rei propiciava a percepção das estruturas mais fundamentais das relações de fidelidade entre os homens. Os pensadores da Baixa Idade Média usaram a razão para fazer o homem enxergar as coisas mais próximas, sem dispersar o intelecto, tentando visualizar as coisas universais e distantes. Como demonstra Boécio:

> Yo, que, en otro tiempo, con juvenil ardor compus inspirados versos, me veo ahora, ¡ ay de mí!, obligado a entonar tristes canciones. Aquí están para dictarme lo que he de escribir mis musas desgarradas, mientras el llanto baña mi rostro, al son de sus tonos elegíacos, pues ni siquiera el miedo pudo desanimarlas para dejar de acompañarme en mi camino. Ellas, fueron antaño la gloria de mi feliz y verde juventud, se acercan ahora a endulzar los tristes destinos de este abatido anciano. Precipitadamente y cargada de males, se echó encima la no esperada ancianidad y el dolor se apoderó de mis días. Canas prematuras cubren mi cabez y el cuerpo herido se estremece

con la piel rugosa.[22]

A escrita é datada e exprime ideias e exemplos reconhecidos em dado tempo histórico. O mesmo se processa com a teologia e a filosofia. Apesar de operarem uma leitura atemporal dos exemplos e textos antigos, partilham das mesmas angústias e ambições do tempo em que vivem. Ao buscar na sabedoria dos antigos as respostas para os problemas do homem, demonstram toda carga de confiança depositada na razão humana. Observa-se, sobretudo, o descrédito das explicações universais no interior do uso da razão. A salvação humana migra para ações individuais e localizadas. Enquanto Boécio compara a própria morte com o fim de Roma, pensadores como Johannes Quidort aproveitavam imagens como estas para reforçar a distância do homem em relação à Nova Roma. As ideias de Gregório Magno servem igualmente para compreender como os homens, até os séculos XIII e XIV, concebiam a própria vida vinculada às questões universais. A sabedoria e a razão serviam para o homem alcançar a plenitude em harmonia com o universo. Para Gregório Magno, o homem devia negar os prazeres, pois o sacrifício era universal. Determinava, também, a completa submissão dele aos poderes universais, principalmente porque eram maiores e inatingíveis pela compreensão do homem. Só a palavra revelada era dotada de verdade; ao homem cabia apenas saber o suficiente para segui-la, sem a intenção de compreender todas as verdades de Deus:

> Cuando se narra que los siete hermanos celebraban banquetes cada día y que Job ofrecía siete sacrificios, por cada uno de los días del banquete, claramente está indicando el relato que el santo Job, ofreciendo un sacrificio el octavo día, honraba el misterio de la Ressurrección. El día que ahora llamamos domingo corresponde al tercero tras la muerte del Redentor, pero en el orden de la creación es el octavo, al ser también el primero de la semana, ya que se puede contar correctamente

[22] BOÉCIO, Anicio Manlio Severino. *Op. cit.* p. 33.

como octavo una vez completado el ciclo de siete días.[23]

Para enfrentar as grandes controvérsias dos séculos XIII e XIV, as teorias de Gregório Magno e demais pensadores antigos são retomadas, principalmente porque os escritores políticos da Baixa Idade Média precisavam dispor de um arsenal de ideias amplamente renovado. De um lado, estavam os desenvolvimentos filosóficos de São Tomás de Aquino; de outro, as formulações jurídicas, os estudos do direito romano e as tentativas de introjetá-lo na legislação e na idéia de uma jurisdição nacional. A ênfase na legalidade, em grande proporção, fez surgir um novo interesse pelo uso da filosofia, cada vez mais aplicada às novas circunstâncias, momento em que o pavor da autoridade negligente refazia o gosto pela discussão do bem comum, bom governo, mau governo etc. Perseguindo os rastros deixados pelo pensamento político medieval, observa-se a presença viva dos doutores da Igreja e dos filósofos pagãos que, deste modo, serviram ao novo alento de conduzir o homem através do pálido reflexo do espelho da moral e das virtudes.

Era a palavra, transformada em ato, como queria São Tomás de Aquino, pois Deus, por ser imóvel e elemento simples, gerou o movimento inicial que propiciava o girar dos astros e demais elementos compostos, dentre eles, o homem[24].

---

[23] MAGNO, Gregorio. *Libros Morales/1*. Madrid: Editorial Ciudad Nueva, 1998. p. 96.

[24] AQUINO, Sto. Tomás de. *Op. cit*. p. 174. Sto. Tomás de Aquino contesta toda e qualquer opinião que não concorde com a idéia de unidade da trindade: "De tudo quanto foi exposto até aqui, coligimos que Deus é uno, simples, perfeito, infinito, dotado de inteligência e vontade". Sto Tomás de Aquino está se referindo ao dizer bíblico de Zacarias, o Profeta: "Naquele dia o Senhor será um só, o seu nome será único" (Zac, 14, 9), citado por Tomás de Aquino na página 168. Na verdade, Tomás de Aquino acredita piamente que o homem é um ser composto, pelas inúmeras variações que podem existir e pela composição de seu corpo, composto por inúmeros elementos que o antecedem. Ao contrário de Deus, que nada antecede a Ele, portanto é um ser não composto, mas simples, como o afirmam as palavras de Tomás de Aquino: "Ora, em Deus não há diferença entre o seu ser e a sua existência, visto não ser Ele um ser composto, mas simples. N´Ele, portanto, coincidem totalmente a essência e o existir" (p. 159), pois "todo ser composto tem

A filosofia passou a integrar o conjunto de argumentos teológicos. A natureza e o sobrenatural se unem em propósitos universalizantes, cujos objetivos messiânicos introjetam novas perspectivas para o cristão, principalmente através da busca pela felicidade em outro plano que não seja o terreno. A vida, portanto, padece diante das revelações de um mundo celeste que se encontra em estreito contato com o plano da matéria. Correspondente direto, o filósofo precisava alcançar novos instrumentos teóricos para compor frases cada vez mais vinculadas ao mundo e às experiências do vivido. O pátio da construção filosófica passou a ser tomado pelo modelo teológico e cristão, sofrendo indiscriminadas relações entre o pensar e a alma humana, fazendo com que ocorresse uma firme junção do mundo espiritual com o mundo terreno. A alma, portanto, dotada de razão, integrava o conjunto das indeterminações divinas e, por isso, jamais conseguiria alcançar a compreensão plena das coisas. Deus, por ser o criador, é inteligência pura, ao passo que o homem, criatura, não conseguia, mesmo que o alcance de nível de pureza fosse elevado, compreender a lógica em que estava inserido. O fim proposto é igual para todos, mesmo que seja o único elemento definido pela filosofia, propósito de alcançar o reconhecimento das verdades divinas, inacessíveis à compreensão humana, abrindo possibilidades importantes para divagações e contestações teológicas.

Os conceitos antigos eram retomados e rejuvenescidos à luz de um novo arsenal político e cultural. A compreensão veementemente discutida por Tomás de Aquino, quando se referia à noção de que **Deus é infinito em seu poder**, foi amplamente utilizada para reforçar o sentimento de um poder sempiterno que estava acima de todos. A lógica do homem como animal racional e político, muito empregada pelos gregos quando buscavam afirmar a insistência do homem em vencer as intempéries advindas da natureza, eram realocadas para duas finalidades bem distintas: a primeira, de demonstrar a importância do homem perante o

---

necessariamente um outro que o antecede, uma vez que os elementos de um composto são necessariamente anteriores ao próprio composto" (p. 158).

conjunto da natureza, idéia respaldada nas passagens bíblicas que visam a destacar o homem como o senhor/rei de todos os animais, principalmente porque detinha a capacidade de utilizar a razão[25] – é notável o uso dos argumentos separando o homem como uma espécie racional, produzindo casas e utensílios variados, ao passo que os animais fazem seus ninhos há milênios, não havendo uma transformação na maneira de fazê-lo. A segunda impõe ao homem a sujeição completa do criador, que apenas empresta, em usufruto, o mundo material para que o homem retire o seu sustento durante a rápida passagem pelo mundo terreno.

A crença na diferença entre razão e instintos aumentava quando os pensadores citados se depararam com a triste condição humana, cujo destino traçado por Deus era o de buscar a eternidade. Sabe-se, contudo, que a abelha rainha de uma colméia se origina do mesmo ovo que as demais abelhas[26], que trabalham. Entretanto, um diferencial importante a distingue das demais ao longo do tempo, tornando-a maior e com atributos para gerar e

---

[25] MARX, Karl & ENGELS, Friedrich. "Feuerbach: a oposição entre a concepção materialista e a idealista". In *A ideologia alemã* (Feuerbach). São Paulo: Hucitec, 1987. p. 27. Para Karl Marx, ao contrário, o primeiro pressuposto de toda a história é de que os indivíduos humanos são vivos. Em seguida, Marx reafirma que "o primeiro ato histórico destes indivíduos, pelo qual se distinguem dos animais, não é o fato de pensar, mas o de produzir seus meios de vida" As contribuições teóricas de Karl Marx residem na tentativa de distanciar o homem das influências puramente abstratas ou provenientes do mundo das ideias, sem uma base estrutural que lhe de sustentação. Nesse ínterim, vale lembrar dos argumentos do existencialista Schopenhauer, em seu livro *Dores do mundo*, momento em que distingue todas as imagens criadas pelo ser humano como uma forma de mascarar os instintos animais, próprios do ser humano. Em *Dores do mundo*, faz uma rica desconstrução do que se conhece como amor, coisa que para o autor não passa de uma criação imaginária para reforçar a idéia de que o homem não age tão somente pela força dos instintos animais. É possível identificar, durante o fim da Idade Média, como o recurso às diferentes modalidades de amor para "domesticar" o homem e torná-lo mais apto à sociabilidade. Maquiagens que encobertam os instintos sanguinários e sexuais, principalmente. Com o aparecimento da noção de indivíduo, surge, também, uma carga maior em relação às responsabilidades sociais à mesa, na corte, nos salões, na praça pública, no ambiente familiar, no mundo burguês etc.

[26] QUIDORT, Johannes. *Op. cit.* p.45. Conforme o citado pensador, "também os animais gregários, como as abelhas e os grous, aos quais é **natural** viver em **sociedade**, submetem-se naturalmente a um único rei".

coordenar o trabalho das demais: o alimento, que se torna a única distinção para aquela que, tratada de maneira diferente ainda em seu casulo, será a abelha rainha. Os argumentos são simples, voltados ao sentido compreendido como natural, mas a partir de uma noção que ultrapassa o natural, ou seja, incorpora intenções sobrenaturais, faz justificar o uso da razão para alguns membros da sociedade que passam a receber um tratamento/alimento intelectual diferenciado.

Continuando a desenvolver o argumento ao mesmo tempo em que se anuncia uma visão humanista e redentora do homem perante a condição de animal racional, inculca-se a perspectiva de sua pequenez diante do Criador, elemento simples que antecede a tudo e tudo pode.

A dicotomia entre a criação e o criador aparece como discurso eficaz, principalmente porque induz súditos e fiéis à submissão. Na verdade, a razão humana aparecia apenas para constatar a grandeza do poder infinito de Deus. O homem, mesmo diante da capacidade excepcional de usar a razão, não conseguia chegar ao entendimento do Criador, aquele a quem todos devem reverência e submissão. Por isso nascem sentimentos de abnegação ao corpo, aos sentidos, aos instintos e, sobretudo, ao intelecto. A própria sabedoria passa a se vincular diretamente aos dons[27] e às vocações entregues por

[27] AQUINO, Sto. Tomás de. *Op. cit.* p. 136-137. É possível identificar uma contradição em Tomás de Aquino que, mesmo defendendo a idéia de um Deus que concede o dom da sabedoria a alguns homens especiais, acredita que seja importante classificar os que podem e os que não podem alcançar a sabedoria. Divide em três categorias, certamente para eleger o grupo dos clérigos como os únicos a poderem "deter" o dom da sabedoria e, portanto, usarem esse poder para convencer e orientar os membros dispersos da comunidade cristã. Para Tomás Aquino, portanto, existem grupos de pessoas que, dificilmente, poderão alcançar a sabedoria e o conhecimento de Deus, "pois para chegar a tal conhecimento exige-se uma longa e laboriosa busca, o que é impossível para a maior parte dos homens, por três motivos". "Primeiramente, certas pessoas são afastadas desta busca por más disposições de seu próprio temperamento, que as desviam do saber [...] Para outros o obstáculo é constituído pelos afazeres materiais. É indispensável que haja, entre os homens, quem se ocupe com a administração dos bens temporais. A este falta, evidentemente, o tempo necessário para a busca contemplativa que lhes permitiria atingir o ápice da pesquisa humana, ou seja, o conhecimento de Deus [...] Para outros, enfim, o obstáculo é a preguiça. O conhecimento de tudo o que a razão pode

Deus a alguns homens "especiais"[28].

Da tradição cristã do século XII, pensadores como Johannes Quidort conseguiram aplicar os argumentos que demonstravam que as realizações humanas se encontravam acima da capacidade de usar a razão[29], pois o Criador imperava integrando o homem à ordem cósmica edificada a partir de méritos distintos oferecidos por Deus. O uso e a qualificação dos dons de acordo com a

descobrir acerca de Deus exige preliminarmente numerosos conhecimentos, pois quase toda a reflexão filosófica está orientada para o conhecimento de Deus".

[28] Na visão do homem medieval, mais detidamente dos clérigos, aqueles que dedicam a vida na busca da retidão e contemplação encontram-se em degraus mais elevados que os demais, pois todos que lidam com plano do sagrado encontram-se em estado de pureza que supera a de todos os demais fiéis. Lidar com os sacramentos requer, sobretudo, um corpo e mente tomados pela pureza divina. Poucos, em grande medida, alcançariam tamanha virtude. E, por serem tais, exigem, para si e suas ordens religiosas, o *status* de sacerdotes, porque são considerados homens sagrados – principalmente por lidarem com coisas sagradas. Para outro pensador de inícios do século XIV, Johannes Quidort, por exemplo, justifica que o plano sagrado deve permanecer reservado somente aos clérigos por razões muito simples: "Cristo haveria de subtrair da Igreja sua presença corporal, foi necessário instituir alguns auxiliares, que ministrassem aos homens estes sacramentos, auxiliares estes que são chamados de sacerdotes, porque dão coisas sagradas, ou são guias (duces) sagrados, ou docentes de coisas sagradas, pelas quais são intermediários entre Deus e os homens" citação retirada do livro QUIDORT, Johannes. *Op. cit*. p. 47. Certamente impossível não recordar do contexto em que o desenvolvimento dessas ideias estão inseridas, das disputas pelo poder inerentes ao tempo em que viviam. As ordens religiosas conflitavam entre si pela supremacia, pela autoridade da palavra em locais e/ou instituições como a Inquisição, no colégio de cardeais, nos bispados etc. Outras forças começam a concorrer com o poderio das paróquias da Igreja, agora uma nova construção passa a ocupar o cenário e político e mítico: a Universidade de Paris.

[29] ANSELMO, Santo. "Monológio". In: *Os pensadores*. São Paulo: Nova Cultura Ltda, 2005. p. 112. Para Santo Anselmo (1033-1109), "é possível chegar ao conhecimento da essência suprema máxima pelo conhecimento racional", pois "toda essência enquanto existe, é semelhante à essência suprema". Traduz o sentido do uso da razão, instrumento indispensável ao exercício da fé e da descoberta das aparências maléficas que entorpecem o homem no caminho da verdade. Citado por grande parte dos pensadores dos séculos XIII e XIV, as ideias do pensador são utilizadas para reforçar o sentimento de submissão, pois só a ordem e o respeito aos ditames clericais permitem ao homem identificar e curar os males do mundo. O projeto de Cristandade torna-se evidente: a Igreja perpetua o intuito de exigir, para os clérigos, o monopólio do sagrado.

capacidade do indivíduo gera a justificativa de que Deus não oferece qualidades coletivas, por elas serem dotadas de individualidade, como é o caso dos diferentes dons atribuídos ao homem: encantar o próximo, curar o semelhante, semear a palavra de Deus, além de outros, todos os dons que envolvem o homem de seu tempo numa névoa que o impede de ver além de poucos metros a sua frente, o que não significa qualificá-lo como inferior ao homem contemporâneo[30].

O uso da sabedoria clerical serviu para que os membros da Igreja construíssem uma hierarquia para os dons, criando e definindo lugar para cada indivíduo no interior da comunidade de fiéis.

A construção do modelo societário passa pela construção ideológica dos dons atribuídos aos homens em suas respectivas "funções" sociais. O nascimento da legitimidade da "função social" tem acento nas principais correntes do pensamento cristão, gerando o próprio começo da destruição do projeto de Cristandade ao fazer crer na impessoalidade das funções atribuídas por Deus aos homens, da mesma forma que reside na impessoalidade dos burocratas especializados dos Estados modernos atuais. Os dons dados por Deus eram discutidos como um "saber", pois cabia a cada indivíduo a "sabedoria" para administrar os dons recebidos para não perdê-los por preguiça, má conduta e assim por diante.

A razão humana tentava discernir os comportamentos que mais se adequassem aos juízos divinos, criando divisões e hierarquias sociais, devendo o indivíduo respeitar e se submeter às funções mais honrosas da época: ao papa, ao imperador e ao rei – certamente tidos como os principais exemplos de moral e virtude.

Boa parte dos escritos anteriores a Tomás de Aquino fomentava a construção de um modelo equilibrado e coerente de mundo. A ordem do mundo culminava na unidade cultural, política

[30] Destaca-se, em grande medida, a importância de se valorizar os aspectos próprios do mundo de produção, contudo é impossível não condenar o preconceito moderno em relação aos povos do Medievo e outros tempos históricos, como se o homem contemporâneo estivesse num tempo plenamente racional e, portanto, a salvo das superstições e crenças que encobertam e integram a compreensão do mundo.

e social. Para tal fim, a razão humana, denominada de sabedoria pelos sábios, buscava mascarar as diferenças e discrepâncias sociais entre os fiéis cristãos. Os males coletivos e universais escondiam a raiva, o ódio, a inveja e os impulsos mais individuais. Costuma-se atribuir a Maquiavel a grande ruptura, mas, na verdade, quando se passa a discutir o respeito às determinações locais do grande corpo político, dá-se crédito ao desmembramento. A imoralidade e os vícios apareceram com mais freqüência nos tratados, principalmente porque o caráter individual da função régia, em âmbito geral, adquiria cada vez maior importância. O fiel e o súdito também receberam carga de responsabilidade maior, principalmente porque, mesmo guiados pelos sacerdotes, eram os responsáveis pela própria salvação.

Os tratados políticos do Medievo sempre consideraram a moral e a virtude como os princípios estabilizadores da conduta do indivíduo e da sociedade. Parte considerável deles foi retirada dos escritos de Aristóteles. Os pensadores dos séculos XIII e XIV iniciaram uma sensível ruptura, ao fundamentarem outras bases estabilizadoras da ordem política, uma lógica societária que fosse mais longe do que a justificativa de uma lei geral e universal pautada na moral e na virtude. O "animal político" de Aristóteles forneceu outras chaves para os sábios pensarem o homem na relação com Deus e na relação com o reino, com a comunidade, com a paróquia e com a família, sempre respeitando a escala na ordem existente. Johannes Quidort acreditava que o homem precisava de leis para exaltar a condição humana, pois somente as regras e a obediência permitem distanciar os homens dos animais:

> Do que foi dito fica claro que é necessário e útil ao homem viver em uma multidão, e principalmente em uma multidão que pode ser suficiente para toda a vida, como são a cidade ou o reino, e preferencialmente sob o governo de um só, que se chama rei, por causa do **bem comum**. Fica igualmente claro que tal regime deriva do **direito natural**, pelo fato de que o homem, naturalmente, é um **animal civil**, ou **político**, e social, de tal forma que, antes de Belo e Nino, que foram os primeiros a reinar, os homens não viviam conforme a **natureza**, nem como

> homens, mas como **animais selvagens**, sem guia, segundo narram alguns e refere Orósio [...]. Também Cícero diz algo semelhante, e o Filósofo comenta que tais indivíduos não vivem como homens, mas como deuses ou como bestas.[31]

Entraram em conflito argumentos que provocam a ascensão de termos diretamente vinculados ao poder monárquico – como é o caso do bem comum e do direito natural – e, em outros momentos, foram criados entraves à compreensão do mundo sem a lógica teológica e, mais detidamente, experimental cristã. Várias experiências teóricas comprovaram os dizeres em relação ao mundo da revelação cristã, bastando a equiparação do homem em vista do plano sobrenatural, almejando alcançar a perfeição dos seres reconhecidos em sua proximidade, como se fosse da mesma linhagem e da mesma comunidade. A "proximidade", muito mais discursiva do que efetiva, fazia do homem cristão um homem afeito a tudo que se encontrava em seu redor. Diferentemente do modelo tradicional da herança romana, a experiência de proximidade dos longos séculos, que tornaram o homem fixado à terra, à paróquia e à comunidade em que nasce, crescia e se juntava a Deus; imagem perfeita, cujos semblantes traduziam o mundo idílico da imensa maioria de camponeses, lugar em que a união com o criador se fazia presente no dia-a-dia, numa comunidade muito próxima à encontrada na terra, apenas distando o sofrimento, a fome, a doença e a morte. A morte, ainda desconhecida pela razão humana, preenchia o labor dos dias com a esperança de um dia alcançar o lugar dos justos, uma prefiguração que traduzia os versos bíblicos, principalmente aqueles que recriavam o lugar em que todos os fiéis encontrariam a paz eterna: uma forma convincente de lidar com uma soberania do poder e de fomentá-la, já que, em fins do século XIII, mesmo a morte estava integrada ao discurso de manutenção da ordem política.

Ao morrer, o cristão precisava ter a garantia daqueles que lidavam com o sagrado de que alcançaria a terra cuja dor nunca mais seria sentida. O céu e o paraíso, reconstruídos a partir de novas

---

[31] QUIDORT, Johannes. *Op. cit.* p. 46. Citação com grifo meu.

bases – mais materiais do que nunca – suscitavam revoltas, no século XVI, por parte daqueles que questionavam a validade dos argumentos da Igreja, algo que ocorreria, realmente, apenas mais tarde, já que, naquele momento, os pensadores ainda atribuíam significados ao paraíso. Conforme Johannes Quidort:

> Se, no povo de Deus, alguns da estirpe levítica, sob a Lei, chamavam-se sacerdotes, não eram contudo verdadeiros sacerdotes, mas figura dos verdadeiros, assim como seu sacrifício era figurado, e como também seus sacramentos não eram verdadeiros, mas simbólicos, pois nem purificavam do pecado e nem abriam as portas do céu, mas apenas simbolizavam, através da purificação de certas irregularidades e abrindo o templo construído pela humana, que prefigurava a abertura do templo não construído pelos homens, através de Jesus Cristo, e, enfim, não prometiam bens espirituais a não ser sob a forma de bens temporais, como diz o Apóstolo (Hb 10,1): "A lei é apenas sombra dos bens futuros".[32]

O pensador transmitia visão esclarecedora do **céu** ao configurar o plano terreno hierarquizado em condições diversas dos tempos antigos, em que o sacerdócio realizava função primária, cumprindo com as obrigações sagradas de modo imperfeito. De fato, ele faz alusão à idade da realeza, apregoando-a em relação ao sacerdócio. A purificação dos pecados, das irregularidades, o templo e a figura humana desconheciam a verdadeira justiça, principalmente porque Cristo sequer havia vivido entre os homens. A junção das esferas temporal e espiritual eram vistas com considerável normalidade, já que foram as palavras de Cristo as fomentadoras da significativa mudança na relação entre bens materiais e bens temporais e espirituais.

Na qualificação inerente ao modelo de sacerdócio, podia-se inferir que as influências datadas ocorreram, principalmente, na noção de soberania como elemento catalisador de forças da natureza: a atribuição ao monarca como instrumento de ligação

[32] QUIDORT, Johannes. *Ibid.* p.52.

entre o céu e a terra para que houvesse equilíbrio entre homem e natureza. Um simples deslize na encenação e no ritual podia acarretar catástrofes irreparáveis, o que dependia única e exclusivamente da relação que se estabelecia no exercício pleno do ritual feito pela pessoa do rei, de cuja "eficiência" dependiam exclusivamente. Para Roger Caillois, "na verdade, o soberano e o cadáver, assim como o guerreiro e a mulher ensangüentada pela sua indisposição, encarnavam no supremo grau as forças hostis do puro e do impuro. É a morte que confere a mácula, é o príncipe que liberta dela"[33]. É na medida da intervenção real que o mundo da natureza interage com o plano da vivência dos homens: o rei como elo, mas, sobretudo, inteiramente vinculado aos rituais pagãos, herdados dos antigos direitos consuetudinários dos povos invasores do mundo romano. Na opinião de Walter Ullmann:

> [...] la ideología política inherente a estas disposiciones, aunque extraña para el lector moderno, materializaba, no obstante, muchos conceptos, máximas y tópicos que en épocas posteriores se calificarían de políticos. Desde un ponto de vista histórico, no se puede olvidar que estos conceptos – como el de soberanía, de ley, de súbdito, de obediencia, etc. –, se habían gestado en un contexto exclusivamente eclesiástico y que fue tan sólo más tarde, a partir de finales del siglo XIII cuando lo eclesiástico y lo político se distinguieron como dos ramas distintas del pensamiento.[34]

---

[33] CAILLOIS, Roger. *O homem e o sagrado*. Portugal: Edições 70, 1950. p. 50.

[34] ULLMANN, Walter. *Op. cit.* O autor quer destacar o surgimento dos instrumentos para a nova ciência política. Demonstra como as intervenções papais nas questões temporais continuam a utilizar recursos extemporâneos, que haviam caído em desuso e que na prática não surtiam os efeitos esperados. Um dos exemplos citados pelo autor foi o decreto papal *Unam Sanctam* de Bonifácio VIII, publicado em 1302, que constituía um notável e sucinto resumo da doutrina papal, extraída de fontes diversas e cuidadosamente unificadas. Bonifácio VIII se serviu da Bíblia, dos argumentos de Cipriano, de Hugo de São Vítor, de Tomás de Aquino, etc., o que, segundo Ullmann, foi uma apresentação da teoria papal extremamente inoportuna e tardia, pois grande parte do mundo cristão perseguia tais pressupostos. Em outra obra, também fundamental, ULLMANN, Walter. *Historia del pensamiento político em la Edad Media*. Ba: Ariel, 5ª Edição, 2004, trabalha com os principais conceitos

A preocupação do homem medieval, que também não podia sofrer unificação antropocêntrica exagerada, constituía um elo de ligação entre o plano material e o plano sobrenatural. À medida que enxergava a obra divina, perceptível aos sentidos, conformava-se diante da magnitude da perfeição inicial e reconhecia-se o propósito do homem pecador e possuidor de alma pura e carne fraca. Da sabedoria dos antigos foi considerado o ensinamento como possibilidade de intervir na realidade sentida. O aprender tornou-se promotor do caminho para o bem, ao passo que a ignorância, quanto aos ensinamentos de Cristo era reconhecida como fraqueza.

da teoria política e como as leituras contemporâneas estão sendo realizadas a partir de novos instrumentais.

3.2 – AS BASES DA IDEIA MEDIEVAL DA PLENITUDE DO PODER PAPAL

A tradição cristã medieval incorporava as atribuições e as *funções políticas* ao conjunto dos argumentos que almejavam o bem comum. O conflito entre o papa Bonifácio VIII e o rei francês Filipe, o Belo, representa o confronto de duas correntes do pensamento político que marcaram a Idade Média desde os primórdios.

A partir da análise dos documentos produzidos desde a Alta Idade Média, nota-se a insistente tentativa em criar e aperfeiçoar os rituais que celebram a autoridade do sacerdócio perante o poder do rei. Corresponde, sobretudo, a uma análise da idéia do poder papal ao longo da Idade Média. Da leitura e análise dos aspectos simbólicos introduzidos nos rituais e transmitidos através da escrita, observa-se a tendência majoritária em exaltar os signos que representam o poder místico e imperial do papado. Ao sacerdócio, *pari passu*, caberia a função de regrar os rituais de ascensão mística da monarquia. Para Bernard Guilleume:

> Embora fosse corrente distinguir na organização da sociedade as três "ordens" constituídas pelo clero, pelos guerreiros e pelos trabalhadores, [...] os homens da Igreja e os combatentes encontravam-se tão próximos pela fortuna, pelo poder e pelo modo de vida, que existia na realidade apenas um escol, consagrado às tarefas mais honrosas, e uma massa encarregada

de o manter e que lhe obedecia de alma e coração.[35]

Foi devido ao peso histórico da tradição papal que Bonifácio VIII, representante de uma visão obsoleta para os séculos XIII e XIV, enfrentou a nova visão, bem mais adequada à realidade, representada pelo rei francês Filipe, o Belo. Nesse sentido, "a morte de Bonifácio VIII é considerada um marco que registrou o fim da fase medieval da história da Igreja, que nunca mais recuperou o prestígio perdido. A isto, foi acrescentada, posteriormente, a ocorrência da diminuição da importância do poder papal"[36]. Deste modo, os aspectos simbólicos revelam muito mais do que a simples idéia de uma imposição ideológica. Em fins do século XIII, a sacralidade régia movimentava o campo do imaginário, produzindo a submissão dos súditos, em muitos casos sem o uso da violência física. As inter-relações[37] permitiam a identificação de um problema significativo, pois nos séculos XIII e XIV os interesses comerciais, os objetivos das monarquias e a percepção geral da distribuição dos poderes aparecia totalmente diversa dos modelos hierocráticos defendidos até então. Importante se faz destacar que:

> O processo de moralização e de sistematização que conduz da magia à religião, ou, caso se prefira, do tabu ao pecado, depende não apenas dos interesses dos "dois protagonistas da sistematização e da racionalização que são o profeta e o clero", mas também das transformações da condição econômica e social dos leigos.[38]

---

[35] GUILLEMAIN, Bernard. *O despertar da Europa*: do ano 1000 a 1250. Lisboa: Publicações Dom Quixote, 1980. p. 133.

[36] ARNAUT, Cezar & BERNARDO, Leandro Ferreira. *Virtù e Fortuna no pensamento de Maquiavel*. Revista Acta Scientiarum. Maringá, v. 24, n. 1, 2002. p. 92.

[37] ELIAS, Norbert. *A sociedade dos indivíduos*. Rio de Janeiro: Jorge Zahar Ed., 1994. Inter-relação é o conceito fundamental do trabalho de Norbert Elias, em que propõe a idéia de que a sociedade não corresponde à soma dos indivíduos.

[38] BOURDIEU, Pierre. *A economia das trocas simbólicas*. São Paulo: Perspectiva, 2005. p. 85.

A proposta de analisar as ideias políticas significa observar a circulação das ideias, os termos antigos que mais se aplicam à nova realidade, em que medida representam os interesses dos grupos ligados ao poder e a legitimidade do poder monárquico frente aos demais poderes concorrentes.

Os argumentos dos defensores do poder temporal e espiritual do Papa almejavam fundamentar as ideias na concepção bíblica de que Deus é o autor de todas e de cada uma das coisas existentes sobre a Terra. Para Walter Ullmann[39], Inocêncio IV declarou a pretensão de que todas as coisas e criaturas humanas, e não somente os cristãos, estavam sujeitos à autoridade universal do Papa. A concepção adquire força desde os primeiros movimentos iniciados pelos germânicos no então Império Romano, o que, para uns, é chamado de "invasões bárbaras", para outros, migrações – as *Völkerwanderungen*[40] do século V. Na descentralização política do império, iniciada nos tempos de Diocleciano e Constantino – que se converte ao cristianismo – a Igreja de Roma destaca-se como uma das poucas forças de coesão da época, representando, consideravelmente, sensível unidade e, jamais, uma univocidade do pensamento. Assim,

> A restauração realizada por Diocleciano, então, por cruel que tenha sido, e a adoção do cristianismo por Constantino, misteriosa que pareça, modificaram inteiramente o mundo. Tornaram possível substituir a unidade política romana pela unidade religiosa cristã e deram aos pais cristãos, uma oportunidade muito melhor de se apropriarem do conhecimento clássico e empregá-lo com finalidades cristãs.[41]

Paralelamente à constituição do campo simbólico do poder na Alta Idade Média, os cristãos, de fato, acreditavam que todos

[39] ULLMANN, Walter. *Historia del pensamiento político em la Edad Media*. Ba: Ariel, 5ª Edição, 2004. p. 101.
[40] ANDERSON, Perry. *Passagens da Antigüidade ao feudalismo*. São Paulo: Brasiliense, 1991. p. 106.
[41] BARK, William Carrol. *Origens da Idade Média*. Rio de Janeiro: Zahar, 1957. p. 51.

tinham sido criados por Deus e a Ele deviam servir. Longe de se querer discutir a maior ou menor influência dos germanos na sociedade romana, sabe-se que inúmeros aspectos da tradição cristã indicam os valores dos vínculos de fidelidade, do laço sangüíneo, da comunidade em torno da família e da hereditariedade germânica[42]. O próprio Boécio[43] informa sobre a corrupção romana como forte indício do desmantelamento interno.

As respostas às angústias vividas pelos homens dos séculos IV e V pareciam afluir para um destino incerto, que deveria catalisar todos os esforços humanos para garantir a sobrevivência, não mais neste mundo, mas na cidade eterna. Santo Agostinho exprime o sentido que os homens deveriam seguir para encontrar a paz e a justiça que, em grande proporção, já não eram mais possíveis na cidade terrena. Influenciado pela idéia de alma de Platão, Santo Agostinho, ao ver a Roma eterna desabar diante seus olhos, concorda que a alma é superior ao corpo, do mesmo modo que a cidade eterna se afigurava superior à terrena: "Insiste, ó alma, e redobra esforçadamente de atenção: 'Deus nos ajudará, pois Ele nos criou e não fomos nós que nos criamos'"[44]. Nesta prefiguração do mundo, Cristo-Rei passa a ser visível através de seus dois vigários: o papa e o imperador[45], balizas difíceis de serem demarcadas entre os dois, mas que, pelo menos, alimentam as imagens mentais dos homens da época.

A especialidade das funções parece não preocupar os clérigos e imperadores da época, porém as fontes apontam para a superioridade atribuída à alma, que comanda e governa o corpo. "No plano institucional, portanto, só havia espaço para uma

---

[42] PACAUT, Marcel. *Op. cit.* Marcel Pacaut atesta essa afirmação, porque defende que os agrupamentos humanos se desenvolveram baseados sempre na família, no senhorio e na comunidade camponesa. Ou seja, cada grupo forma um corpo, tendo o corpo maior uma presença indireta na vida do corpo menor.

[43] BOÉCIO, Anicio Manlio Severino. *La consolación de la filosofia*. Madrid: Alianza Editorial, 2004.

[44] AGOSTINHO, Santo. *Op. cit.* p. 334.

[45] DUBY, Georges. *Idade Média na França*: de Hugo Capeto a Joana D'Arc. Rio de Janeiro: Jorge Zahar Ed., 1992. p. 64. A decisão mais evidente da separação entre os poderes espiritual e temporal deu-se no concílio de Reims em 1049.

política inspirada nas necessidades desses povos bárbaros e suas formas de organização social"[46]. Devido à fragilidade em que se encontravam os dois poderes que governavam o mundo, o poder sacerdotal negociava espaços e ações com o plano político imperial. Ambas as forças andavam lado a lado, muito diferente do que acontecia na parte oriental do Império, em que o Estado se sobrepunha aos sacerdotes. A Igreja romana aparecia mais como diretora dos indivíduos e da sociedade e, na verdade, conduzia os primeiros sintomas da libertação técnica e cultural que, até então, era construída sempre sobre a escravidão. Vários são os exemplos que indicam mudanças estruturais e mentais na sociedade cristã, que pode significar o modo como nivelavam, socialmente, escravos e livres, tratando a todos como iguais.

A Igreja romana almejava, desde o início, monopolizar os rituais inerentes ao plano religioso. Dentro deste arcabouço mental, a relação entre a Igreja e o Estado passou a delinear todas as condições para as futuras querelas entre os diferentes gládios. O principal argumento para instaurar uma *plenitudo potestatis* ancorava-se numa falsa *Epistola Clementis*, muito utilizada no século V para justificar o primado de Roma. Na verdade, Leão I (440-461) reclamava para si e a seus sucessores, a herança petrina[47]. O argumento definia que Cristo teria dado a Pedro as chaves para ligar e desligar na Terra, escolhendo Pedro como alicerce da Igreja e da comunidade dos cristãos. "Pedro, tu és pedra e sobre ti edificarei minha Igreja". Textos como este revelam carga semântica que será amplamente utilizada, séculos depois, para respaldar os poderes de cada um dos dois gládios. Sabe-se, também, que os defensores do

[46] KRITSCH, Raquel. *Soberania*: a construção de um conceito. São Paulo: Humanitas FFLCH/USP, 2002. p. 52.

[47] BARROS, Alberto Ribeiro de. *A teoria da soberania de Jean Bodin*. São Paulo: Unimarco, 2001. p. 169. Segundo esse autor, "O argumento sustentava-se na passagem do Evangelho de São Mateus, na qual, depois de professar sua fé de que Jesus era o Cristo, Pedro recebe o poder das chaves, isto é, o poder de ligar e desligar as coisas na terra, como representante de Cristo, e conseqüentemente no reino celeste. Cf. Mateus 16, 18-19". A *Epistola Clementis*, do início do século II, teria sido enviada pelo bispo de Roma, Clemente, a Tiago, então bispo de Jerusalém, sobre a vontade de Pedro de que o primado de Roma deveria sucedê-lo no governo da comunidade dos cristãos.

poder do imperador utilizaram o Novo Testamento, principalmente as passagens que lembravam aos cristãos a necessidade de se submeter à autoridade civil, visto que ela teria sido estabelecida pela vontade divina[48]. Os próprios papas também inculcavam nos fiéis a idéia da obediência às autoridades civis, do mesmo modo que já teria dito Cristo a Pilatos[49].

Os testemunhos sobre a autoridade do pontífice são inegáveis já nos primeiros séculos do Cristianismo, principalmente porque, entre os crentes, a idéia da superioridade das partes que tocam o plano sempiterno é inegável. Na verdade, as rivalidades entre as diferentes forças políticas ainda não estavam demonstradas e/ou delineadas. Havia apenas uma sensível inclinação a "obedecer mais a Deus do que aos homens", conforme teriam ensinado os Apóstolos.

A fragilidade do Império é revelada em afirmações simplórias, demonstrando que "já só por mera ficção se lhe pode chamar um Estado romano"[50]. Permanece implícita a idéia de um poder que governa a todos, mas, ainda, não se está nas teorias que distinguem, nitidamente, as noções de poder temporal e espiritual, como são encontradas nos séculos XIII e XIV. Tem-se, até aí, apenas a compreensão dos dois gládios (o terreno e o espiritual), sem que haja a separação entre as duas esferas.

Da noção dos dois gládios depreende-se a definição de que a oposição entre o Estado e a Igreja permanece na esfera religiosa, e não política. O intuito das intervenções justificava-se pela iniciativa de defender a pureza da fé. Quando um imperador expulsava um bispo, o propósito inicial não era político, mas religioso, pois tinha como finalidade criar um ambiente propício às virtudes cristãs. As

---

[48] "Todo homem se submeta às autoridades constituídas, pois não há autoridade que não venha de Deus, e as que existem foram estabelecidas por Deus. De modo que aquele que se revolta contra a autoridade, opõe-se à ordem estabelecida por Deus. De modo que os que se opõem atrairão sobre si a condenação" (Rom. 13, 1-3). Essas afirmações serão muito usadas e confirmadas por Johannes Quidort no século XIV, principalmente com o intuito de reforçar a autoridade do rei.

[49] Em Jo. 19/11.

[50] LOT, Ferdinand. *O fim do mundo antigo e o princípio da Idade Média*. Lisboa: Edições 70, 1968. p. 277.

disputas ainda não residiam na afirmação de um poder temporal e outro espiritual, ainda que sinalizassem para tais destinos.

As rivalidades políticas podem ser melhor visualizadas em meados do século XIII e princípio do XIV, o papa Bonifácio VIII demonstrou, através de bulas, o refinamento de definições, bem como sua inaplicabilidade. A partir do conflito é que se pode observar com maior nitidez o intuito declarado de demarcar um espaço de atuação política, não somente uma preocupação com o ambiente religioso.

Pensadores como Santo Agostinho admitiam uma concepção substancial das interpretações fomentadas em seu tempo. Por volta do século V, afigurava-se uma repartição moral e ética entre as forças políticas existentes. O referido Santo propunha o pecado original[51] como divisor de águas entre a verdadeira justiça e a justiça dita imperfeita. Ao defender a obediência dos homens à autoridade dos civis, conseqüentemente defendia que o estado pagão possuísse autoridade de justiça, contudo essa autoridade não era portadora da verdadeira justiça e graça, que somente a Igreja poderia garantir. Os argumentos partem de visão de natureza e sobrenatureza, da qual a última se mostrava mais santa, perfeita e simultaneamente superior. À época, os estados pagãos possuíam autoridade de justiça sobre os povos, contudo ela era imperfeita e inferior, passível de sofrer com a corrupção dos homens e com predisposição aos bens terrenos; ao passo que a autoridade da justiça celestial, vinculada à Igreja, aspirava tão somente à paz celestial, do mesmo modo que o espírito era superior à matéria.

Ao fundamentar os primeiros argumentos sobre a idéia de império cristão, Agostinho deixava enganar-se pela experiência do caos que acometia Roma e as sucessivas pilhagens que

[51] AGOSTINHO, Santo. *Op. cit.* p. 218. "Quando eu deliberava servir já o Senhor meu Deus, como há muito tempo tinha proposto, era eu que queria e era eu o que não queria; era eu mesmo. Nem queria, nem deixava de querer inteiramente. Por isso me digladiava, rasgando-me a mim mesmo. Esta destruição operava-se, é certo, contra a minha vontade, porém não indicava natureza de uma alma estranha, mas o castigo da minha própria alma. 'Era o pecado', que habitava em mim e não eu quem mo afligia em castigo de um pecado cometido com mais liberdade por seu filho Adão".

desordenavam o poder da justiça entre os homens. Propunha, com isto, a construção de um mundo melhor e mais justo, sempre sobredeterminado pela superioridade da esfera vinculada ao plano sempiterno. Diante disto, pode-se afirmar que:

> Neste ambiente, cresceu o ideal da unidade na Idade Média. *Res publica* e *ecclesia* evoluíram para *res publica christiana*. Não que se tivesse esquecido a diferença de ambas as forças; elas eram observadas, antes, como os dois lados de uma mesma moeda. Na ordenação teológica de ambas as forças do *Corpus christianum*, a força mundana – por causa da idéia de uma única finalidade sobrenatural do mundo – teve de ser subordinada à clerical. A *civitas Dei* de Agostinho foi equiparada em grande proporção à Igreja, que estava acima do Estado na terra, a *civitas terrena*.[52]

O suposto observatório interior da alma, do qual Agostinho afirmava ser defensor, traduzia as percepções do mundo externo, mostrando-se partidário de uma Igreja intemporal e triunfante[53]. "Agostinho começa por afirmar que é difícil entender a ordem do mundo, mas que deve-se aceitar que há uma concordância (adaptação) de todas as coisas, e que essa ordem é resultado da

---

[52] BLEIENSTEIN, Fritz. *Johannes Quidort von Paris* - Über königliche und päpstliche Gewalt. (De Regia Potestate et Papali)..Stuttgart: Ernst Klett, 1969. p. 23. Traduzido por Stéfano Paschoal. "Auf diesem Grunde ist das mittelalterliche Einheitsideal erwachsen. Res publica und ecclesia wuchsen zu der res publica christiana zusammen. Nicht daβ man die Unterscheidung der beiden Gewalten vergessen hätte, man betrachtete sie vielmehr als die zwei Seiten des einen Leibes. Bei der theologischen Zuordnung der beiden Gewalten des Corpus christianum muβte infolge der Idee einer einzigen übernatürlichen Finalität der Welt die weltliche Gewalt der geistlichen untergeordnet werden. Augustins civitas Dei wurde in zunehmendem Maβe mit der Kirche gleichgesetzt, die erhaben über den Staat auf Erden, die civitas terrena, gebietet".

[53] AGOSTINHO, Santo. *Op. cit.* p. 69. "Por todos esses motivos e outros semelhantes, comete-se o pecado, porque, pela propensão imoderada para os bens inferiores, embora sejam bons, se abandonam outros melhores e mais elevados, ou seja, a Vós, meu Deus, à vossa verdade e à vossa lei. De fato, as coisas ínfimas também deleitam, mas não como o meu Deus, que criou todas as coisas, porque 'Ele é as delícias dos corações retos, e é n'Ele que o justo rejubila' ".

vontade divina".[54] O homem devia se submeter à justiça humana, porém o fazia consciente da existência de outra justiça, maior e mais digna.

É sabido que boa parte das ideias políticas da Baixa Idade Média foram sustentadas nas afirmações e citações de Santo Agostinho. Um certo "agostinianismo político" reforçou os argumentos que sustentavam a ostentação da Igreja. Ao ser atravessada pelas novas forças que tomavam fôlego, recorreu ao passado para reforçar a memória rica de casos que defendiam o poder sobrenatural da Igreja. Contudo, outras definições dos fundadores da Igreja também vieram à tona. É o caso da primeira menção de S. Isidoro Pelusiota[55], no ano de 440, sobre o sacerdócio comparado à alma, e o reino, de maneira inferior, ao corpo, o que valeria o empenho dos papas em estabelecer rituais que subjugavam os príncipes aos preceitos e interesses da Igreja. Na verdade, o juramento de coroação inaugurava o costume da coroação solene, momento em que se jurava defender e proteger a Igreja sempre que necessário. Ambos, portanto, levariam à salvação do homem.

Amplamente citado na Baixa Idade Média, Orósio[56] também propunha uma subserviência aos preceitos de Deus que, de fato, conclui serem maiores e mais perfeitos que a busca pelos prazeres passageiros da carne. Mais uma vez, associações políticas ao corpo definem a passagem rápida e corruptível, enquanto que a alma e Deus permanecem acima, no plano altíssimo, como a prefiguração

---

[54] LUPI, João. "A estética na Ordem de Agostinho de Hipona". In: LUPI, João & JÚNIOR, Arno Dal Rí. *Humanismo Medieval*: caminhos e descaminhos. Ijuí: Ed. Unijuí, 2005. p. 175.

[55] PASSOS, José Afonso de Morais Bueno. *Bonifácio VIII e Felipe IV de França*. São Paulo. Tese de Doutoramento em História Social, USP, 1973.

[56] ORÓSIO. *Histórias*: libros V-VII. Traducción y notas de Eustaquio Sànchez Salor. España: Editorial Gredos, 1982. p. 87. "Esa inteligencia, ilustrada por la guía de la lógica, y puesta en medio de las virtudes, gracias a las cuales, en virtud de una cierta disposición natural, se remonta hacia arriba; aunque vuelva a recaer por culpa de los vicios, mira hacia el conocimiento de Dios cual si de una elevada meta se tratasse. Y es que todos los hombres pueden despreciar temporalmente a Dios, pero no pueden olvidarlo totalmente".

do corpo em suas partes mais baixas e ditas imundas[57]. A alusão, aos poucos, visualizava as autoridades do século sob o manto sagrado da autoridade eclesiástica.

Grande parte dos pensadores concordava com a existência de um Deus criador de todas as coisas. O homem, acima de tudo, integrava a criação como um dos principais agentes transformadores e sempre a governar a natureza e tudo que se integrava a ela. Embora as passagens bíblicas indicassem o homem a governar, na verdade nada lhe pertencia, e tudo se devia ao Criador, o verdadeiro Senhor de todas as coisas. Boécio, por exemplo, apresenta uma passagem em que se justifica, nitidamente, o poder dos céus em relação ao poder das coisas terrenas:

> Te deleita de la belleza del campo? Y por qué no, si es una parte hermosa de la obra bellísima de la creación? De la misma manera nos alegramos con la contemplación del mar, del cielo, de las estrellas, de la luna, del sol. Acaso te pertenece algo de todas estas grandezas? Te puedes jactar del brillo de estos astros? Te puedes ufanar con las galas de las flores de primaver? O es obra tuya la exploración de vida que exhiben los frutos del otoño? Por qué te extasías con alegrías tan vanas y te dejas abrazar por bienes que están fuera de ti y que no son tuyos? [...] De todo esto se deduce claramente que ninguna de las cosas que tú encuentras entre tus bienes es tuya.[58]

[57] Para a interpretação desses valores aparecem em cena argumentos que propõem, sobretudo, uma compreensão medieval do próprio corpo. As partes em que se encontram os genitais, serão sempre associadas à inferioridade humana, ao pecado e à fraqueza. Enquanto a parte superior do corpo, principalmente a cabeça, refere-se à alma, à superioridade, perfeição e à justiça. Nesse ínterim, a idéia de alto fica, sempre, associada ao divino e superior, por isso os altares se encontram nos lugares mais elevados. Disso advém o termo "Altíssimo", associado ao alto e conseqüentemente, ao melhor. Concorda com isso ZUMTHOR, Paul. *La medida del mundo*: representación del espacio en la Edad Media. Madrid: Catedra, 1994. pp. 20-21. Para esse autor, "Lo bajo, sin embargo, se asocia a los demonios, a la muerte ('há caído muy bajo...'), a las actividades solapadas y malsanas emblematizadas por las funciones sexuales y anales, al Mal".

[58] BOÉCIO, Anicio Manlio Severino. *Op. cit.* p. 71.

Disto se depreende a existência de uma definição clara dos espaços políticos que partiam das premissas da criação. Para o homem, depois de expulso do paraíso, o fundamental seria garantir o seu sustento e o de sua família, praticamente em usufruto, já que nada lhe pertencia completamente. Do mesmo modo ocorria com reis e imperadores, porém com uma missão mais honrosa, já que governavam coisas e homens. Estes, também, tinham de se submeter às leis dos homens, porque lidavam com coisas que lhe foram entregues em usufruto pelo Criador. Cabe aos sacerdotes, mais detidamente ao pontífice, que criava esta ponte imaginária entre o Criador e as coisas criadas, definir a medida justa das determinações divinas. Em sentido pleno, era garantir que a justiça do Criador fosse mantida acima da justiça dos homens.

Entre os anos 344 e 407, Juan Crisóstomo, bispo de Constantinopla, escreve *La verdadera conversión,* cujos argumentos conduziam à exaltação das sagradas escrituras e, acima de tudo, do valor das leis divinas em relação à lei dos homens. Mesmo traduzindo os valores políticos da parte oriental do Império, demonstrava com clareza a separação existente entre o ideal cristão e a realidade da vida. O sentido aplicado ao governo dos homens devia representar a busca pela retidão e a manutenção da alma limpa, principalmente ao se eliminarem os desejos, entendidos como fonte do pecado, das atitudes do homem, que deveria permanecer sempre pequeno, inferior e fraco, dependente das vontades do todo poderoso: "Ves qué humilde es que se reconoce a sí mismo el menor?"[59] ao afirmar que São Paulo teria dito que não merecia sequer ser chamado de apóstolo, por se considerar o menor e menos importante deles:

> Los pastores suelen conducir a las ovejas allí donde ven la hierba es más espesa y no se marchan del majadal antes de que el rebaño haya comido todo el pasto. También nosotros, imitando esta práctica, en esta curta jornada vamos a apacentar convenientemente a este rebaño con la conversión; aunque ni

[59] CRISÓSTOMO, Juan. *La verdadera conversión*. Madrid: Editorial Ciudad Nueva, 1997. p. 139.

> siquiera hoy podemos aprestarnos a acabar, pues vemos que se trata de un pasto abundante, sumamente delicioso y, al mismo tiempo, provechoso.[60]

Ao homem, possuidor de alma e imagem semelhante à do Criador, não bastavam os sentidos para discernir os caminhos, por mais que reconhecesse os melhores alimentos para o rebanho. O mesmo acontecia com os sacerdotes, pela superioridade própria do pastor que guiava os animais para o pasto e conduziam as ovelhas no caminho reto e definido pelas leis divinas.

As Sagradas Escrituras, relíquia dos sacerdotes, tornaram-se a principal ferramenta para indicar os caminhos mais adequados àqueles a que a natureza impedia o discernimento fundamental para a existência humilde e santa. Argumentos que fundavam, em princípio, os termos básicos para a superioridade das determinações pontifícias dos séculos seguintes. Determinismo lento, mas inequivocamente centrado na autoridade dos que manuseavam as Sagradas Escrituras.

Antes mesmo de Crisóstomo, Cecilio Cipriano, nascido provavelmente em 201, tendo sido aclamado bispo de Cartago, deixou de perseguir os cristãos e tornou-se um mártir do cristianismo. O pensador também faz inúmeras alusões ao processo que se pode identificar como construção do poder papal ao longo da Idade Média, pois, sensivelmente, pregou a unidade da Igreja e as determinações de seguir os ensinamentos de Cristo. Ele foi lembrado e as suas afirmações foram utilizadas durante toda a Baixa Idade Média para justificar a submissão do homem diante da conversão, o que o tornava um pequeno e pálido reflexo da imagem de Deus:

> El Señor nos enseña como algo necesario también que digamos en la oración: Y no nos dejes caer en la tentación. Con lo cual pone de manifiesto que nada puede contra nosotros el enemigo si Dios antes no se lo permite. Por eso, todo nuestro temor,

[60] CRISÓSTOMO, Juan. *Ibid.* p. 160.

> nuestra devoción y nuestra obediencia deben dirigirse a Dios, ya que en las tentaciones nada puede el maligno si Dios no se lo concede.[61]

A difusão do Cristianismo em diferentes regiões da África e Europa permitiu compreender a extensão dos domínios eclesiásticos nos primeiros anos da Cristandade. Tratava-se de projeto inicial, mas que já deixava entrever um sentido claro e centrado na construção da autoridade das leis divinas sobre as organizações humanas. Os argumentos de Cipriano serviram, inclusive, para que Johannes Quidort, no século XIV, fomentasse a querela entre os poderes temporais e espirituais. Pelo fato de que as ideias de Cipriano em muito serviram aos propósitos de uma Igreja universal, Quidort atentou para a construção de memória fundadora e absoluta no sentido da unidade. Os pilares da argumentação do poder papal pareciam adquirir forma, à medida que a unidade da Trindade passou a servir de argumento para a unidade da Igreja. Unidades locais da Igreja deveriam, sem oferecer resistência, permanecer como extensão da sede episcopal. O argumento justificava-se nas palavras atribuídas a Cristo: "Eu e o Pai somos um". A unidade e a superioridade da Igreja eram definidas pelos mistérios do plano celeste. As verdades da superioridade espiritual do papado estavam fundadas na unidade do corpo e na justificativa das chaves entregues a Pedro, que o fazia ligar e desligar as coisas na Terra[62].

A forma da linguagem das Escrituras é empregada para demonstrar como a comunidade cristã deveria retornar a Deus. O movimento eterno de tentar buscar a remissão dos pecados da carne impunha sérias restrições morais ao homem/natureza, que dependia, em grande parte, de guias espirituais que o orientassem sobre como conseguir a imortalidade da alma, já que se tratava de homens cegos, incapazes de se conduzirem sozinhos ao destino final de todos os mortais. "O homem está destinado a morrer. A

---

[61] CIPRIANO, Cecilio. *La unidad de la Iglesia el padrenuestro a donato*. Madrid: Editorial Ciudad Nueva, 2001. p. 100.

[62] KRITSCH, Raquel. *Op. cit*. p. 70.

imortalidade do homem fazia parte do plano originário da criação"[63]. O homem teria permitido que o pecado encerrasse o plano divino, criando outros meios para atingir a plenitude. É o que pode ser observado em outro pensador muito utilizado pela Igreja ao longo da Idade Média. Gregório Magno, em 597, reproduz os valores de uma humanidade submetida à dor, principalmente pelo pecado. Os exemplos de Cristo, o Verbo Encarnado, traduz todo o sofrimento humano, como o Deus humilhado, torturado e crucificado. A formação de monges e pastores deve ser primorosa pela superioridade natural dos que conduzem a humanidade para fora do naufrágio da vida: "Huyendo com cuidado de todo eso, me dirigí finalmente al puerto del monasterio y abandonadas las cosas de este mundo – como en vano creí entonces –, desnudo escapé del naufragio de esta vida".[64] Na verdade, o pensamento já traduzia a onipotência do Criador como a única vertente possível da salvação, uma vez que o mundo material apenas enganava o homem durante a rápida passagem pelo mundo dos vivos, pois "toda filosofia cristã se norteia pela tradição, pois todo sistema cristão tem consciência de ser parte e parcela de uma empresa coletiva, para a qual deverá contribuir, levando adiante a obra dos predecessores".[65] Um contexto político e social que, portanto, permitia a entrada de preceitos morais cristãos como se fosse a única resposta plausível aos homens do período.

Ao se analisar o lento processo de constituição do poder na figura do bispo de Roma, certamente os elementos contextuais favoreceram o crescimento vertiginoso do poder de interferência da Igreja em aspectos mundanos. Alterações sensíveis que levaram a uma determinação clara das ingerências humanas no que se referia ao destino final das almas. Tomados pelo pecado, certamente, os melhores guias da humanidade precisavam conter os instintos animalescos para alcançar a majestade do poder na pessoa do Papa. "El realismo de Gregório fue el requisito previo indispensable para hacer realidad el gobierno papal en la Edad Media". Principalmente

[63] BOEHNER, Philotheus & GILSON, Etienne. *História da filosofia Cristã*. Petrópolis: Vozes, 2004. p. 102.

[64] MAGNO, Gregorio. *Op. cit.* p. 67.

[65] BOEHNER, Philotheus & GILSON, Etienne. *Op. cit.* p. 11.

porque "Jesucristo había atribuido el deber de 'construir', es decir, de gobernar la Iglesia".[66]

Durante o lento processo de ascensão das forças políticas do papado, inúmeros exemplos podiam ser listados. O mais conhecido dentre os historiadores é materializado na coroação de Carlos Magno no Natal de 800, pelo papa Leão III. Tentativa clara de restauração do Império, mas que apresenta interpretações diversas. Contudo, é importante observar que a Igreja propunha, efetivamente, a idéia de guardiã do mundo, responsabilidade que requeria uma espada empunhada – vinculada ao plano secular – peremptoriamente. Notava-se o aparecimento das duas principais autoridades que governariam os destinos da sociedade medieval até aproximadamente fins do século XIII. Na verdade, era uma aliança entre o gládio espiritual e temporal, ambos identificados com a construção de projeto de Cristandade que englobava religião, política, sociedade e economia. Pode-se falar até mesmo do estabelecimento de um monoteísmo ético que perdura até a atualidade[67].

A autoridade episcopal almejava pairar sobre as cabeças coroadas da época, principalmente no período conturbado das últimas invasões, momento em que o Ocidente foi acometido pelos húngaros e muçulmanos. De certo modo, a tensão social permitiu recriar uma série de mitos e medos, amplamente utilizados pela Igreja para desenvolver o terror e, conseqüentemente, a submissão dos povos a uma das poucas autoridades que se faziam presentes[68]. Isto pode ser notado no documento apresentado por Marc Bloch, que traduzia as falas dos bispos da província de Reims, reunidos em Trosly, no ano de 909:

> Vedes desabar sobre vós a cólera do Senhor [...] Só há cidades despovoadas, mosteiros em ruínas ou incendiados, campos

---

[66] ULLMANN, Walter. *Op. cit.* p. 49.

[67] PINSKY, Jaime. *Primeiras civilizações.* São Paulo: Atual, 1994. Propõe essa discussão no capítulo referente aos Hebreus.

[68] O uso do terror como meio para submeter as populações não parece muito estranho aos países ditos desenvolvidos do mundo contemporâneo.

> reduzidos ao abandono [...] Por toda a parte o poderoso oprime o fraco e os homens são semelhantes aos peixes do mar que indistintamente se devoram uns aos outros.[69]

O ambiente tumultuoso se manteve e transformou as sociedades européias em cidades sitiadas. A Igreja e o Império, mesmo ante toda a fragilidade visível, mantiveram a ordem mínima, oferecendo respostas e soluções políticas que indicavam um ideal de sociedade pautada na observância dos valores cristãos, a fidelidade do servo em relação ao senhor e à não-mobilidade social, pois a casa do Pai é una e hierarquizada. O papado surge como fênix e interpõe a autoridade tutelar no seio da sociedade que, em fins do século X, se encontrava irrequieta, almejando a paz.

A partir do século XI, os exemplos e a aplicação dos textos bíblicos e da tradição patrística pareciam integrar a vida diária dos *eruditos*. As disciplinas ofertadas aos pensadores dos séculos XI ao XIII não questionavam mais a autoridade do saber dos membros da Igreja. O processo era preenchido por falhas que levaram ao surgimento de Estados, mas que ofereciam campo aberto às investidas papais. Como os exemplos são variados, optamos por citar um documento escrito por Hugo de São Vítor, que permite compreender, com riqueza de detalhes, o estabelecimento da ordem cristã no mundo ocidental. Tendo diante dos olhos a obra *Da Doutrina Cristã,* de Santo Agostinho, Hugo de São Vítor, da abadia de São Vítor, revela que qualquer trabalho humano é imitação da natureza, reflexo pálido do arquétipo divino. As informações sobre a natureza e sobre a alma continuavam presentes, separando quem podia ascender ao plano da perfeição divina daqueles de condição rústica (sempre associada ao camponês, considerado como um animal que precisava das orientações dos sábios), impedindo a transformação do trabalho em "bem perfeito". Ao explicitar os elementos fundamentais para os estudantes, Hugo de São Vítor reproduzia os preceitos aceitos na Idade Média, principalmente no que se referia aos números, quase sempre associados ao plano da divindade, demonstrando a

[69] Cf BLOCH, Marc. *A sociedade feudal*. Lisboa: Edições 70, 1998. p. 19.

separação nítida entre a alma e o corpo: "também o número três é atribuído oportunamente à alma em razão da impossibilidade de ser dividido no meio, da mesma forma que o número quatro, por ter duas metades e ser divisível, pertence propriamente ao corpo"[70].

Vários exemplos servem para alongar a discussão sobre o breve histórico da formação do poder papal na Idade Média. Os exemplos elencados, no entanto, já demonstram os testemunhos de um ideal político e societário que culminava nas ações legalistas e hierocráticas de Bonifácio VIII, ao longo do pontificado. Pode-se dizer que a tradição e poderio da Igreja permitiram o uso de documentos e textos que o respaldavam imaginariamente na defesa dos interesses da Igreja frente a qualquer ameaça de reinos menores. Contudo, para os séculos XIII e XIV, tamanha pretensão papal já não se encontrava plenamente adequada às novas demandas sociais e políticas. Um novo mundo, o do burguês, da burocracia das monarquias e expansão dos mercados não comportava interesses universais de uma Igreja guia da Cristandade. Deste período em diante, arranjos políticos regionais tenderiam a minar as bases de sustentação do ideário papal da plenitude do poder em todas as esferas da comunidade que se mantinham com base cristã, mas que não "admitiam a intervenção pontifícia sem ponderáveis razões"[71].

Desde os primórdios, o papado possuía uma autoridade que se projetava socialmente. As intervenções políticas do Papa nas questões locais, todavia, sempre foram vistas com certa restrição. É o que se verá adiante, na construção da idéia medieval da realeza, que se apresenta como longo processo que minará as bases do pensamento medieval do poder papal.

---

[70] DE SÃO VÍTOR, Hugo. *Didascálicon da arte de ler*. Introdução e tradução Antônio Marchionni. Petrópolis, RJ: Vozes, 2001. p. 91. Por exemplo, o número um, indivisível e revelador da unidade, era sempre correspondente a Deus. Até mesmo nos números, que não possuíam uma funcionalidade puramente econômica como a que temos hoje, prefiguravam a superioridade do plano espiritual sobre as coisas materiais e mundanas. Ao tempo de Hugo de São Vítor, essas indicações já faziam parte de toda essência intelectual produzida no passado e reproduzida, de acordo com interesses específicos, em seu tempo.

[71] PASSOS, José Afonso de Moraes Bueno. *Op. cit.* p. 09.

3.3 – PENSAMENTO POLÍTICO, IDEIAS, PENSADORES E GRANDES CENTROS

Todo poder é uma enorme manifestação simbólica, um imenso conjunto de códigos, de condutas, de rituais.

Herman Heller

A operação histórica, fundada na experiência do pesquisador no presente, permite selecionar, recortar e partir de pressupostos teóricos da atualidade. De maneira semelhante ao romance, mas com métodos e teorias que a distanciam da simples narrativa:

> A história seleciona, simplifica, organiza, faz com que um século caiba numa página, e essa síntese da narrativa é tão espontânea quanto a da nossa memória, quando evocamos os dez últimos anos que vivemos. Especular sobre a defasagem que sempre separa a experiência vivida da reflexão sobre a narrativa levaria, simplesmente, à constatação de que [...] para o historiador, são a descoberta de um limite.[72]

A Idade Média, vista deste prisma, deixa de ser um fato para

[72] VEYNE, Paul Marie. *Como se escreve a história*. Brasília: Editora Universidade de Brasília. pp. 11-12.

se tornar um conceito historiográfico. O Medievo é, sobretudo, um lugar/tempo em que, de fato, as pessoas viveram. Observa-se, portanto, que o poder em vista do vivido reproduzia-se pautado num discurso político/ideológico entranhado no mundo simbólico e prático da época.

O simbolismo faz da política e do poder um território da esfera do religioso, permitindo reintegrar ideias do contexto a atitudes e cerimônias. A pregação didática, a integração religiosa e os rituais de confirmação representavam o poder do homem sobre a mulher, do abade sobre o monge e do papa sobre os demais prelados. As cerimônias eram carregadas de símbolos, ensaiados e encenados como meio e fim; encarados com seriedade e propósito de vida, como bem afirma Georges Duby:

> Esse era realmente o voto do pai de família, inserir o conjunto de sua progenitura no tecido social, as filhas pelas bodas - ou, mais exatamente, pela maternidade legítima, já que uma mulher naquele tempo não tinha utilidade nem verdadeira existência social enquanto não era mãe –, os machos pela sagração como cavaleiro, pela entrega das armas.[73]

Reproduzia-se o modelo no qual se nascia e era batizado, ritual simples e local, que podia ser visto apenas como micro manifestação, mas levado a cabo em diferentes províncias, revelando a amplitude de um projeto de sociedade e de civilização cujos mentores integram o corpo especializado da Igreja.

O projeto de civilização ocidental começou a ser forjado no Império Carolíngio. Suas premissas básicas foram instauradas pela junção entre os princípios cristãos e imperiais – herança do legado romano. Georges Duby não chegou a afirmar que havia um retrocesso na evolução, mas que depois

[73] DUBY, Georges. *Damas do século XII*: a lembrança das ancestrais. São Paulo: Companhia das Letras, 1997. p. 42.

do fracasso civilizacional carolíngio, a selvageria começou a impedir a paz entre os grupos e a convivência com a diferença. Somente muito mais tarde, por volta do século XI, a Igreja voltou a se dedicar ao projeto de civilização, havendo iniciativas expansionistas e manipulação mais detalhada da escrita e dos problemas sociais. Pelo fato de os monges deterem o monopólio da escrita (latim), almejavam também monopolizar o discurso que ordenava todas as esferas da comunidade cristã.

O poder ideológico não podia ser desvinculado da esfera do vivido, pois mesmo que houvesse manipulação e que a Igreja tivesse se beneficiado do terror e do medo, é inegável que estes foram severamente sentidos pelas populações da época. De fato, "o feudalismo medieval nasceu no seio de uma época infinitamente perturbada. Em certa medida, nasceu dessas mesmas perturbações".[74] A construção imaginária de um lugar em que as almas seriam punidas pelos pecados cometidos também podia ser pensada como abstração do universo cotidiano a que as populações estavam submetidas, vítimas de pilhagens, ataques repentinos, estupros coletivos etc. Restava, para os homens da Igreja, diante da proximidade com os problemas, buscar a paz por meio de recursos disponíveis à época: leis divinas e sagradas. Administrar a paz e, sobretudo, firmar a autoridade de guia da Cristandade, representava projetar-se perante o corpo social e demonstrar um sentido a que todos deveriam perseguir no caminho da retidão cristã.

A reprodução dos símbolos cristãos representava a continuidade e, ao mesmo tempo, a produção de um sentido histórico aos que se ajoelhavam diante da imagem do Cristo crucificado. Revelavam "atuações" ou produções "teatrais" que visavam a fundar e perpetuar uma memória. O "espetáculo" litúrgico em que na santa ceia se come o corpo e se bebe o sangue de Cristo, elaborado com toda a pompa,

[74] BLOCH, Marc. *Op. cit.* p. 19. Bloch se refere às últimas invasões, ocorridas entre os séculos IX e X, mais detidamente as que envolveram os húngaros e muçulmanos.

inspirava o fiel à plenitude da fé, remetendo-o aos tempos antigos. A "antigüidade" do ato litúrgico era sempre lembrada: manifestação de poder que pertencia e era consagrado pela "nobreza" clerical, inspirada na organização senhorial, mas que pouco a pouco se constituía em poder puramente clerical. Isto pode ser constatado nas palavras de Johannes Quidort, para quem o sacerdócio "é o poder espiritual conferido por Cristo aos ministros da igreja para dispensarem os sacramentos aos fiéis".[75] Mesmo contrário ao argumento da "idade" do poder papal, o dominicano acabava por perpetuar o "espetáculo" litúrgico empreendido pelo corpo clerical, um poder que não desejava a divisão entre a Igreja e o Império, mas que propunha todo poder à Igreja. A idéia revela o sentido do conceito de monopólio do sagrado.[76]

No surgimento do mosteiro de Cluny, nas primeiras décadas do século X, era pregado que o papa é o império e que o mundo era configurado como se fosse um grande mosteiro, verdadeiro controle ideológico de disseminação do medo e do pavor da morte sem a confissão. A reflexão de Georges Duby é elucidativa:

> Mais do que a morte, nossos ancestrais temiam o Juízo Final, a punição do além e os suplícios do inferno [...] Nenhum deles duvida, então, de que haja, no Universo, uma parte invisível, incognoscível, e que entre ela e o mundo aqui embaixo a fronteira não seja intransponível.[77]

---

[75] QUIDORT, Johannes. *Op. cit.* p. 48.

[76] BURNS, James Henderson. *Histoire de la pensée politique Médiévale*. Paris: Presses Universitaires de France, 1993. p. 3. Para James Burns, por exemplo, cabe ao historiador se interessar, em larga medida, pelas ideias implícitas nas instituições políticas e, sobretudo, o que considera mais importante, deve prestar maior atenção "dans les rites et cérémonies", pois revelam as ideias e as atitudes imbricadas nas estruturas governamentais e sociais, conseguindo apreender mais detidamente o pensamento político propriamente dito.

[77] DUBY, Georges. *Ano 1000, ano 2000*: na pista de nossos medos. São Paulo: fundação da UNESP, 1998. p. 123-124.

Tratava-se de mundo desejado como sendo ordenado, com o tempo controlado e os que estivessem fora da ordem, estariam distantes da salvação. Isto significava que, no terreno da reflexão política, havia descompasso entre os pensadores políticos e os cânones da Igreja. Reforçava-se a crença de que um rei excepcional pudesse enfrentar e guiar a bom termo as questões relacionadas à política.

Ao sacerdote cabia mediar a relação entre o mundo dos vivos e o dos mortos. O sacerdócio seria encarado como um meio para se alcançar a salvação. A constante aproximação dos fiéis justificava-se pela manipulação ideológica de aspectos do vivido. Qualquer tempestade, doença crônica, sonho[78] etc. era interpretado como sinais do além, aviso para que os homens não esquecessem da fúria do poder divino, poder no qual se fez acreditar e que estava relegado à Igreja. Tudo havia se tornado sagrado e somente a Igreja sabia lidar com as explicações neste plano. Em suma, tudo havia sido transportado para a esfera das explicações sacerdotais, propiciando poder hegemônico ao discurso religioso dos clérigos.

No momento em que a Igreja tentava reduzir ao corpo clerical a autoridade da pregação, a pretensão não estava distante da lógica dos poderes existentes nas localidades e províncias. O poder hegemônico da Igreja decorria da estrutura e da hierarquia existente na sociedade medieval. O projeto de poder clerical caracterizava-se pelo esforço em estruturar hierarquia interna que pudesse impedir intervenções do plano secular nas decisões e eleições de papas e bispos. Só os pares poderiam eleger o representante da Cristandade. Assemelhava-se muito à estrutura política do antigo Império Romano que, do colégio de iguais, escolhia um que os representava.

O Sacro Império também elegia o Imperador através de seus pares (duques da Baviera, da Borgonha, etc.). O papa, em

[78] Hoje, as diferentes explicações sobre os sonhos e doenças dão vazão à crença contemporânea que se tem na ciência.

vista da relação de disputa pela hegemonia política e religiosa, também passava a ser eleito entre seus pares (os cardeais), que se reuniam para a eleição. Entre os séculos XIII e XIV, o rei, ao contrário, era eleito diretamente através do aspecto dinástico, legitimado por herança hereditária pautada no sangue – sem ser, obviamente, uma regra. A diferença, aliada a tradições imemoriais, acabava por instaurar uma querela entre as diferentes forças, o que, convencionalmente, denominava-se de "gênese do Estado Moderno", sensivelmente mais precoce do que se costumava afirmar, "tendo começado no limar do século XIII" [79].

Os três poderes entravam em choque à medida que o poder da escrita deixava de ser um monopólio restrito aos clérigos. Apesar de muitos deles, como é o caso de Johannes Quidort, construírem teorias legitimando o predomínio temporal nas coisas que diziam respeito ao governo *das gentes*, havia um significativo reforço ao plano simbólico do poder religioso, pois:

> Somente é rei aquele que domina sozinho, como diz o Senhor através de Ez 34,23: "Meu servo Davi será rei sobre todos e seu único pastor". Tal governo é derivado do direito natural e do direito das gentes. Como o homem é um animal político ou civil, segundo diz Aristóteles (Política, l. 1, c. 2; 1235a; cf. Ética Eud.; 1242as) – o que se manifesta, segundo o Filósofo, pela alimentação, vestuário e defesa, nos quais o indivíduo sozinho não é suficiente a si mesmo, e também pela fala, algo que só o homem possui, e que se dirige a um outro – é necessária

---

[79] DUBY, Gorges. *A Idade Média na França*: de Hugo Capeto a Joana D'Arc. Rio de Janeiro: Jorge Zahar Ed., 1992. p. 279. Conforme argumentação de Georges Duby, "situa-se geralmente a gênese do Estado moderno entre 1280 e 1360. Quero crer que essa gestação foi mais precoce, tendo começado no limiar do século XIII. Já à morte de Filipe Augusto, de fato, vejo reunidas todas as peças de um sistema político cuja existência prolongou-se na França até o fim do Antigo Regime, até que os revolucionários se empenhassem em demolir o que designavam por esta palavra que ainda nos persegue: feudalismo".

> ao homem a vida em multidão, e em tal multidão que lhe seja suficiente à existência, o que não é o caso da comunidade doméstica ou da aldeia, mas só da cidade ou do reino [...]. Em vista disto diz Salomão (Pr 11,14): "Onde não há governante, dissipa-se o povo". Esta unidade de governo é, pois, necessária, visto que o próprio não é igual ao comum: segundo o que é próprio, diferenciam-se os homens entre si, segundo o comum, unem-se. As coisas, porém, que são diferentes, possuem também causas diferentes, pelo que é necessário que, além das forças que movem para o bem próprio de cada um, haja também algo que mova ao bem comum de muitos.[80]

A escrita não permanecia restrita à Igreja. O uso e manipulação dos textos antigos também não permaneciam como privilégio dela, visto que o poder real também buscava a legitimidade nos argumentos bíblicos e nos textos selecionados, como é o caso de Aristóteles. Decretos e bulas papais, instrumentos utilizados com freqüência, revelavam a estrutura de poder das diferentes esferas, pois a escrita ainda era tida como um tesouro. Escrever e contar a história da linhagem de um príncipe representava, no todo, riqueza e poder, forma de perpetuar a linhagem. Tanto a Igreja quanto o Império e a monarquia usavam estes recursos. O que estava em jogo era, justamente, o caráter verdadeiro de sua condição, privilégio para ditar e criar valores.

A organização burocrática da Igreja já se encontrava plenamente aperfeiçoada, à medida que as *bulas* e *decretos* papais buscavam sanar problemas de insubmissão de fiéis, tanto monarcas quanto imperadores. Na *Unam sanctam*, de Bonifácio VIII, o sumo pontífice buscava retaliar a ousadia do rei francês em tentar contestar a autoridade papal, revelando o intrigado conflito entre os poderes:

> E aprendemos das palavras do Evangelho que nesta Igreja

[80] QUIDORT, Johannes. *Op. cit.* pp. 44-45.

> e em seu poder estão duas espadas: uma espiritual e a outra temporal. Com efeito, dizendo os Apóstolos, "eis aqui dois gládios" [...], o Senhor não respondeu são demais, mas "bastam". Decerto, aquele que nega que o gládio temporal está em poder de Pedro, entende mal a palavra do Senhor, que diz: "Mete a tua espada na bainha". O gládio espiritual e o material, estão ambos em poder da Igreja, mas aquele deve ser manejado pela Igreja e pelo sacerdote.[81]

O conflito entre a esfera temporal e a espiritual revelava o aparato ideológico a que se dispuseram ambas as partes em atrito. De um lado, príncipes e imperadores recorrendo aos seus ínfimos documentos de chancelaria régia, na tentativa de apregoá-los e torná-los acessíveis aos súditos, informando-os das atrocidades cometidas pelo papa e justificando o poder temporal. São oportunas as palavras do Imperador Frederico II, que não menosprezava e nem tampouco ignorava o papel relevante dos ministros eclesiásticos e, mais detidamente, do papa, mas sim usava de um tom provocador ao se referir, em pé de igualdade, ao Sumo Pontífice:

> No princípio do mundo nascente, a provisora e inefável Providência divina [...] estabeleceu no firmamento duas luminárias, uma maior e a outra menor. A maior para governar os dias, a menor para presidir as noites. Ambas deviam completar-se mutuamente, mas cada uma delas tinha de proceder de tal modo no cumprimento de sua função que não atrapalhasse a outra [...]. Semelhante, a Providência também quis que neste mundo houvesse dois governos, o sacerdotal e o imperial, para que o homem, que tinha sido dividido em dois componentes, fosse

[81] BONIFÁCIO VIII. "Unam Sanctam". In: SOUZA, José Antônio de & BARBOSA, João Morais. *O reino de Deus e o reino dos homens*: as relações entre os poderes espiritual e temporal na Baixa Idade Média (da Reforma Gregoriana a João Quidort). Porto Alegre: EDIPUCRS, 1997. p. 202.

moderado por dois governos.[82]

Do outro lado, para as esferas do político e do poder, as relações sociais demonstravam-se voltadas aos símbolos divulgados pela Igreja. Não havia possibilidade de se imaginar Estados autônomos decidindo as políticas e sendo indiferentes à Igreja. Não se podia pensar numa dicotomia público-espectador e atores. A peça da vida era encenada em conjunto, pois a movimentação no interior do espetáculo do poder só era possível graças à simbiose entre as diferentes esferas de poder, cada qual à sua maneira, legitimando os símbolos emplacados pela Igreja como sagrados. Diante disto, a relação tornava-se mais próxima e menos maniqueísta, ao passo que a crença via-se pertencente à lógica do universo, inseparável das transformações que acometiam os homens e seu mundo.

O ritual e o simbólico perpetuado revelavam traços de quem realmente viveu a experiência do ritual. Receber o sacramento, quase uma sagração, como sacerdote ou padre/bispo, fazia da representação uma crença para os parentes e fiéis, que congregavam e recebiam parte das honrarias pelo feito conquistado. De fato, acreditavam e creditavam importância ao sacramento para o bem comum da humanidade, por isto participavam dele e o legitimavam. É a continuidade, a manutenção da ordem e a confirmação de que o além ainda continuava interagindo com o mundo dos mortais, uma manipulação refinada, mas que, integrada ao jogo ou teia de relações sociais, minimizava a relação simplificada e dicotômica de manipulador e manipulado, pois conjugava, não obstante as diferenças sociais, com a crença comum – apesar das diferenças sociais. A manipulação pura e simples ficava restrita ao uso que se fazia das informações, voltadas a fazer crer ainda mais e a se submeter aos desígnios ditos divinos. Forma de sujeição, mas, também, de negação, que atingia tanto os que requeriam para os pares o argumento e título de

---

[82] FREDERICO II. "Frederico II e os dois poderes". In: SOUZA, José Antônio de & BARBOSA, João Morais. *Op. cit.* p. 139.

sagrado, quanto aqueles para os quais o sagrado podia estar relacionado ao toque do rei e às palavras pronunciadas pelo bispo ou ainda às relíquias de um santo mitificado pelos fiéis. Era nesta teia de relações sociais que se inseria o conjunto ideológico da Cristandade européia, entendida como corpo político, cujo poder se transferia e se reproduzia a partir das esferas temporais e espirituais.

3.4 – OS FUNDAMENTOS DA MONARQUIA FRANCESA

> Multidão, porém, acrescenta-se para diferenciá-lo do regime no qual cada um governa-se a si mesmo, quer pelo instinto natural, como nos brutos, quer pela própria razão, como naqueles que levam vida solitária.
>
> **Johannes Quidort**

A produção do pensamento religioso e político da Idade Média caracterizava-se pela diversidade, pluralidade e pela erudição do conhecimento. Da época do nascimento do cristianismo à Baixa Idade Média, período marcado pela exigência de um novo *status quo*, categorias de ilustres pagãos e padres da Igreja formaram a base do pensamento político da Cristandade. A concepção de mundo que irrompeu com a tradição do pensamento político, instaurando modelos éticos e morais a noções de natureza humana, corpo humano e político, fé e razão, trouxe novo alento à compreensão filosófica e política. Na base de tudo estava o brotar de um sentimento de que o rei devia ser soberano em seu reino.

A "escolástica", que abrange o período do século IX ao século XV, aproximadamente, foi elaborada por pensadores cristãos e cultivada a serviço da fé cristã com a intenção de explicar, racionalmente, os dogmas católicos. Voltava-se, eminentemente, ao exercício racional com vistas à verdade religiosa. A razão era usada como instrumento para esclarecer dúvidas e demonstrar os limites para a verdade, defendendo a religião contra as heresias e a incredulidade. Contudo, cada pensador usava a filosofia da maneira que lhe convinha. A assertiva revela o descaso de boa parte dos historiadores contemporâneos ao unificarem o pensamento escolástico num único formato, contrariando estudos recentes que encontram na vastidão do Medievo a pluralidade, a criação artística[83] e, sobretudo, a originalidade da produção intelectual[84]. É preciso reconhecer que, na Idade Média, não existiram tão somente explicações teológicas. Houve, sobretudo, uma filosofia e um pensamento político com variadas matizes. Apesar de reconhecerem o poder da palavra revelada, os pensadores procediam à explicação de maneira racional, encontrando, inclusive, limites para a revelação divina.

A fim de se compreender o pensamento político que forjou os primeiros alicerces dos nascentes Estados modernos, é indispensável que se conheçam as regras do jogo social, a

---

[83] GUIGNEBERT, Charles. *El Cristianismo medieval y moderno*. México: Fondo de Cultura Económica, 1927. p. 125. É necessário frisar os comentários de Charles Guignebert, pois seus argumentos procuram reforçar a idéia linear e evolutiva, visão essa muito encontrada, respeitando-se as diferenças entre os autores, na tradição historiográfica das décadas de 30 e 40. Estudos dessa natureza precisam ser revisitados principalmente por revelar uma compreensão das relações entre as instituições medievais e o confronto de ideias dos diferentes grupos. Para o autor, sobretudo, "En la Edade Media casi no vemos ciência propriamente dicha; se trata sobre todo de asimilar, as veces muy torpemente, lo que han sabido los antiguos, o creído saberes verosímil que no haya habido mucho más de lo que actualmente vemos".

[84] VERGER, Jacques. *Homens e saber na Idade Média*. São Paulo: EDUSC, 1999. p. 15. Diferentemente dos estudos efetuados por Jacques Le Goff em seu livro *Intelectuais na Idade Média*, Jacques Verger propõe questionar o conceito de intelectuais, reformulando a sociologia histórica do intelectual ocidental. Para o autor, esses homens destinados a servir a Deus e aos príncipes poderiam ser designados como *gens de savoir*, contudo, "há que se admitir, também não é muito corrente no francês moderno. Mas a palavra 'intelectuais', que poderia ser empregada mais à vontade, comportando, por sua origem recente, um quê de anacronismo - anacronismo outrora voluntário e brilhantemente assumido por Jacques Le Goff no título de um livro clássico e sempre estimulante -, não seria suficientemente apropriado para designar o conjunto de homens dos quais desejamos falar aqui".

prática cotidiana, o processo de produção do conhecimento e a valorização do saber, pois apenas assim é possível identificar a simultaneidade dos instrumentos de poder na Baixa Idade Média. Walter Theimer, em seu livro *História das Ideias Políticas*, escreve:

> O pensamento político do feudalismo teve as relações pessoais por base. O Estado impessoal do direito romano desaparecera. Este era, como o Estado moderno, eterno perante o indivíduo; o homem morria, o Estado ficava. Assim não acontecia nas relações políticas feudais; elas só existiam entre pessoa e pessoa e desapareciam com a morte de uma das partes. Se os herdeiros as quisessem estabelecer novamente, tinha de se fazer novo contrato feudal. O feudalismo puro só viveu enquanto durou esta concepção estritamente pessoal das relações humanas; com a sua objectivação, com o contrato feudal hereditário ou vendável, passou-se para o Estado moderno, cuja essência é a impessoalidade. O pensamento político feudal é tão incompreensível para o moderno cidadão, como o moderno pensamento político o devia ser para um indivíduo da época feudal.[85]

A relação dos pensadores medievais com o poder, o propósito de inserção social e a busca pelo estabelecimento de teorias, criaram espaço privilegiado para o reconhecimento dos instrumentos e, sobretudo, de seus atores sociais. Mesmo que estivessem participando de movimento contrário à tradição, é difícil imaginá-los totalmente avessos ao mundo em que viviam. Certamente, eles reproduziam o modelo em que foram criados, embora com acréscimos de experiências pessoais. Como bem destaca Carlos Roberto F. Nogueira, é difícil analisar os pensadores medievais apenas como abstrações, pois é fundamental "entender o papel que desempenhavam na sociedade de seu tempo, como seres de

---

[85] THEIMER, Walter. *História das idéias políticas*. Lisboa: Arcádi, 1970. p. 67.

carne e sangue, com suas ambições, seus interesses e suas amizades. Homens que criaram novos papéis sociais e lhes deram uma forma através de seu próprio *fazer*"[86].

Para compreender os autores medievais e a idéia que tiveram da monarquia, do papado e do império, é preciso remontar aos séculos em que as teorias sobre a razão, fé, política e religião passavam por transformações representativas do pensamento político ocidental nos fins da Idade Média, sobretudo, para alargar o entendimento. Importante se faz observar as operações mentais e estruturais que levaram à exortação dos reis a governarem com justiça, sabedoria e bondade, moderando, contudo, o poder e o uso da violência para a execução de seu exercício.

É possível notar, entre os autores Marsílio de Pádua[87], Dante Alighieri, Egídio Romano e Johannes Quidort, que ousaram propor a guerra como queixa da paz, um sentido teórico/educativo que passou a limitar a recorrência bélica e restringiu o discurso sacerdotal a noções de bondade e de sabedoria, ficando a cabo do plano secular, o reconhecimento das virtudes e, de modo excludente, dos vícios. Mais tarde, Maquiavel a denunciaria como falsa moral, pois ao príncipe caberia utilizar os vícios e as virtudes para conquistar e manter o poder.

No período escolhido para a presente pesquisa, os autores utilizavam mudanças no vocabulário, o que conduzia à alternância de pensamento, antes voltado somente ao exercício da violência, pois com o estabelecimento da paz de Deus, a busca parece ter sido constante, mesmo que fosse apenas um meio para minimizar as tensões entre senhores feudais.

É notável identificar que os pensadores da época estavam receosos de escrever teorias que contribuíssem para o

---

[86] NOGUEIRA, Carlos Roberto F. "Apresentação". In: VERGER, Jacques. *Op. cit.* p. 10.
[87] PÁDUA, Marsílio de. "Defensor menor". In: *Clássicos do Pensamento político*. Petrópolis: Vozes, 1991.

estabelecimento da paz. O exemplo primordial vem do florentino Dante, que compilou tratado sobre a *Monarquia*, escrito provavelmente entre 1309 e 1313. Seu pensamento foi forjado "no momento em que as esperanças dos imperialistas alcançavam o zênite"[88], pois ele acreditava que "a paz universal é o mais excelente meio de assegurar a nossa felicidade"[89]. "O tratado da *Monarquia* pede que se deposite plena e total confiança na figura do imperador como única força unificadora capaz de vencer as facções que dividem a Itália e de trazer a paz"[90]. Os argumentos de Dante revelavam, nitidamente, uma divisão entre as esferas da filosofia e da teologia, ao separarem a natureza da graça. Para os pensadores do período, mais notadamente Dante, as explicações da ortodoxia não representavam mais a única via para a salvação humana, pois ele acreditava que não haveria um único "fim supremo" para a humanidade, repudiando a idéia da eterna beatitude, defendendo, por conseguinte, que deveria haver:

> [...] uma única suserania sobre a sociedade cristã, a da Igreja. Em vez disso, insiste na necessidade de haver duo ultima, duas metas finais para o homem. Uma é a salvação na vida por vir, que se alcançará pela filiação à Igreja. Mas a outra é a felicidade nesta vida presente, o que se atingirá sob a direção do Império – que é portanto tratado como um poder simultaneamente igual a Igreja e dela independente (Gilson, 1948, pp. 191-4).[91]

Os argumentos de Dante, por certo, estavam respaldados e fundamentados nas intrigas em que estiveram envolvidos os homens de seu tempo. Dante, por exemplo, ao escrever *Monarquia*,

---

[88] SKINNER, Quentin. *As fundações do pensamento político moderno*. São Paulo: Companhia das Letras, 1999. p. 38.
[89] Dante Apud SKINNER, Q. *Ibid*. p. 38.
[90] SKINNER, Q. *Ibid*. p. 39.
[91] SKINNER, Q. *Ibid*. p. 39.

encontrava-se exilado[92] de Florença desde o golpe de 1301. Seu pensamento político traduzia os conflitos da época, certamente utilizando recursos argumentativos antes inimagináveis, advindos da combinação entre o escrito e o vivido[93]. Procurava fomentar suas esperanças na possibilidade de encontrar um líder eficiente para libertar sua cidade do jugo dos partidários do papa[94]. Para promover a libertação da cidade, Dante acreditava que o imperador seria o melhor modelo para a manutenção da paz. Em suma, suas teorias transferiam o poder da Igreja para a figura do Imperador.

A idéia de assentar o poder numa das instituições gerou

---

[92] A argumentação de alguns autores medievais procura reforçar jargões de um grupo seleto que deseja se colocar na condição de propor o que deve ser entendido como mais correto, menos prejudicial, verdadeiro e falso, justo e injusto, termos utilizados para designar má conduta ou incompatibilidade no interior dos valores morais e éticos da época. Para se compreender os aparelhos que reproduzem as forças ideológicas do baixo medievo também é necessário reconhecer que a tecnologia do poder passa, em grande medida, por uma realidade diversa da simples compreensão do contexto. Um dos preceitos básicos é analisar a reprodução do modelo, que ocorre no interior das teorias, sempre preocupadas em perpetuar a idéia de uma tradição. A teoria política medieval é um instrumento sutil, muitas vezes confrontada com a noção de "prática", contudo visa impor-se continuamente em um corpo disciplinado, criando métodos e conceitos para formar concepções e reproduzir um modelo de poder pautado na escrita e na retórica. O uso da palavra, portanto, em que o verbo se transforma em carne, momento em que a verdade é - determinavam padres e bispos - repassada na escrita e na palavra das homilias. Elege-se, sobretudo, um saber, um conhecimento, uma verdade. A trindade também é una e os que a refutam ou que não foram tocados pela palavra revelada, precisam reconhecer o erro e/ou serão vistos como inimigos da Cristandade. O monopólio do sagrado produz/elabora métodos e conceitos na tentativa de propor uma verdade para regular e normatizar a conduta dos indivíduos de uma maneira eficaz e menos traumatizante - é o caso do convencimento através de símbolos como a excomunhão. Por volta de fins do século XIII, os argumentos e instrumentos simbólicos de coerção deixam de ser tão eficazes, momento em que há o recrudescimento do poder de coerção física para conduzir os fiéis a uma conduta mais normal e equilibrada. Para isso, o poder dos príncipes acabou se revelando um belo exemplo de manutenção dos desígnios e ambições da Igreja que, é claro, perdendo o terreno de atuação para os florescentes poderes temporais.

[93] CERTEAU, Michel de. *A escrita da história*. Rio de Janeiro: Forense Universitária, 1982. pp. 93-94. Para o autor, "Não existe relato histórico no qual não esteja explicitada a relação com um corpo social e com uma instituição de saber".

[94] SKINNER, Q. *Op. cit.* p. 40.

inúmeras controvérsias. O caso mais exemplar veio de Marsílio de Pádua, que visava contrariar os argumentos de Dante, ao criar a opção teórica que propunha manter as cidades livres tanto do poder temporal quanto do papal. Destacava Marsílio de Pádua que somente o "fiel legislador humano" – empregava o termo para exaltar o poder secular no interior de cada reino ou cidade-Estado – poderia nomear os que integrariam o sacerdócio e outras ordens sacras[95]. Ao se tratar da propriedade, todos deveriam se submeter ao governante secular, uma justificativa plena da autoridade do império sobre todos os demais domínios políticos[96].

Boa parte dos preceitos apresentados pelos pensadores dos séculos XIII e XIV foi pautada em três noções, que se conjugavam e passaram a configurar a dignidade de cada um dos poderes: "a eleição divina, o mito carolíngio e o mito romano"[97], fato que pode ser admitido como nova orientação, principalmente porque o conceito de soberania do Estado entrava em experiência inovadora para a época.

Na França de fins do século XIII, a noção de soberania adquiriu forma particular, pois o rei passou a ser considerado soberano em seu reino, ação que revelava a herança dos romanos, já que somente o imperador romano se entendia como autoridade suprema. O rei passou a adquirir força de lei, muito mais do que a mítica idéia de uma dinastia hereditária. Esta compreensão da soberania, ainda em fase de elaboração, pode ser encontrada em diferentes regiões da Europa, depreendendo-se que o movimento contrário ao estabelecimento da autoridade imperial passava a recair sobre a pessoa do soberano local. O monarca assumiu uma postura de liberdade no interior do reino, fundamentando a jurisdição do reino na tradição e nas leis romanas. Portanto, a soberania régia instaurava legalidade pautada nas leis e heranças

---

[95] SKINNER, Q. *Ibid*. p. 43.

[96] TORRES, Moisés Romanazzi. *O conceito de império em Marsílio de Pádua (c. 1275 - c. 1342-43)*. Rio de Janeiro: Tese de Doutorado defendida na Universidade Federal do Rio de Janeiro, 2003. p. 253.

[97] TORRES, Moisés Romanazzi. *Op. cit*. p. 254.

romanas[98].

A característica das monarquias que apareceram na Europa, principalmente na França, é de um desapego aos valores e vínculos até então estabelecidos pelo modelo feudal. Na verdade, a grande novidade residia na construção de um legalismo apegado aos novos valores comerciais predominantes na época, representando grande distância do costume da imensa maioria dos camponeses. A superioridade do poder monárquico passou a se manifestar nas aptidões de condutor e guia da sociedade, muito mais do que pela vinculação direta ao costume, uma novidade que propunha o exercício de um poder balizado pela jurisdição judicial: o rei como juiz, representante legal e supremo de todas as questões referentes ao reino. Os assuntos políticos passaram a pertencer "ao melhor e mais apropriado método para organizar instituições comunais, a ciência civil"[99]. Daí se depreende a importância dos juristas e teóricos que formalizaram os preceitos da centralização monárquica, mais detidamente, a base que legitimou a formulação de teorias que indicavam um novo sentido ao poder, menos propenso ao universal e mais voltado ao poder local das realezas

[98] ULLMANN, Walter. *Op. cit.* p. 187.

[99] KRITSCH, Raquel. *Op. cit.* p. 179.

PARTE 2

PODERES ESPIRITUAL E TEMPORAL EM JOHANNES QUIDORT

CAPÍTULO 4 – BONIFÁCIO VIII E FILIPE, O BELO: A DISPUTA ENTRE O PAPADO E A MONARQUIA

Em estudos que tratam da centralização do poder régio, é fundamental considerar a forma como a sociedade e as instituições conceberam a distinção entre os poderes espiritual e temporal. A disputa entre o Papa Bonifácio VIII e o rei Filipe, o Belo, iniciou um lento processo de laicização do poder político da monarquia. Para Ciryl Biley, o legado romano se perpetuou durante longo tempo nas estruturas físicas e mentais da Igreja. Desse modo:

> A Igreja que poderia, assim, ser concebida como uma entidade social e uma força imperial, adquiriu gradualmente uma organização imperial. O espírito e a estrutura do antigo sistema imperial passaram para a organização da Igreja. A residência em Roma, estando o imperador muito afastado na distante Constantinopla, contribuiu para estabelecer o Bispo de Roma como o sucessor dos césares no Ocidente; e o hábito de se procurar em Roma a orientação política continuou na tendência, que podemos identificar na Igreja já no século II, de se recorrer a Roma, como guardiã da pura tradição apostólica, para orientação em todas as controvérsias religiosas. Hobbes fala do papado como sendo "o fantasma do falecido Império Romano, coroado sobre seu túmulo".[1]

[1] BARKER, Ernest. "O conceito de império". In BAILEY, Cyril (Org). *O legado de Roma.* Rio de Janeiro: Imago, 1992. p. 102.

Nota-se a credibilidade do poder herdado pela Igreja e a maneira como a tradição romana legou às gerações futuras o sentimento de pertencimento às instituições e sua forma burocrática de agir. Na centralização do poder monárquico, a influência da Igreja foi decisiva, principalmente porque os espaços físicos e mentais foram ocupados e transformados pela longa e duradoura tradição da Cristandade Latina. Visivelmente:

> Havia existido de fato uma sociedade, pensavam os homens, e apenas uma; mas existiam dois governos, cada qual com poderes separados. Esta é a teoria expressa por Gelásio I (e os eruditos conseqüentemente a denominaram gelasiana) em uma carta a Anastácio, o imperador oriental: "Há duas coisas pelas quais este mundo é principalmente regido – a sagrada autoridade dos papas e o poder real". Uma é baseada nas coisas espirituais e a outra nas coisas temporais; mas a carga dos papas é a mais pesada, já que precisam responder até mesmo pelos reis no julgamento divino.[2]

O processo de evolução política, constantemente atravessado por intrigas, acordos políticos, guerras, nomeação de cargos e inúmeras outras concessões de privilégios, foram utilizadas para (re) construir um modelo que, diga-se de passagem, havia perdido o sentido ainda na sociedade romana imperial. Neste sentido, é factível a argumentação de Ernest Barker, quando propõe um lento processo que culminou na ascensão do poderio espiritual e político da Igreja entre os séculos XI e XIII, sendo tomado pela decrépita e desgastante estrutura universal por um modelo principesco que veio a atender a novos anseios populacionais. Como bem lembrou Jacques Le Goff em seu *São Luís,* criou-se um desejo maravilhoso entre os fiéis franceses de possuir um rei e um santo. Obviamente, esse desejo foi solucionado por Bonifácio VIII ao ter canonizado o avô de Filipe IV, O Belo, como rei santo. Esta eficiente arma política deu a impressão de que, de fato, o papa Bonifácio VIII,

---

[2] BARKER, Ernest. *Op. cit.* p. 103.

com a canonização, havia conseguido manter todos os fiéis sob sua tutela. Falsa impressão, pois ele haveria de suportar, por inúmeras vezes, a insubmissão do rei Filipe, o Belo.

A estrutura da Igreja cresceu e aproveitou os recursos burocráticos e institucionais do Império Romano. A monarquia, validada no interior da estrutura apostólica da Igreja, granjeou o *status* de herdeira de um sentimento civil mais voltado ao mundo, mais preocupado com razões momentâneas, mas sem esquecer, é claro, do papel divino que cabia ao rei. Neste caso, a estrutura monárquica, implementada a partir do aparato burocrático da Igreja, rejuvenesceu o sistemático modelo de sociedade localizada em regiões.

Os mesmos argumentos usados pela Igreja serão aplicados pelas monarquias: a idéia de rei virtuoso, cristão, bondoso e que governasse livre das ingerências papais. Em fins do século XIII, os príncipes não toleravam com muita tranqüilidade as intervenções papais em assuntos que dissessem respeito ao reino. São estes os argumentos mais utilizados para validar ainda mais a monarquia e o príncipe. Certamente, para isto, pensadores pertencentes a ordens religiosas, burocratas e especialistas em direito canônico foram utilizados para comprovar a legitimidade do poder temporal dos reis. A concessão de privilégios a determinadas ordens, como à ordem dos dominicanos; a cassação da Ordem dos Templários[3], por exemplo, todos esses elementos revelam que o rei usava de prerrogativas legais e institucionais para legitimar suas ações. Claro

[3] Jacques DeMolay nasceu em Vitrey, na França, no ano de 1244. Aos 21 anos, tornou-se membro da Ordem dos Cavaleiros Templários. Em 1298, DeMolay foi eleito Grão Mestre. Era um cargo que o classificava como e muitas vezes acima de grandes lordes e príncipes. Em 1305, Felipe, o Belo, então Rei da França, atento ao imenso poder que teria se ele pudesse unir as Ordens dos Templários e Hospitalários, conseguindo um titular controle, procurou agir assim. Sem sucesso em seu arrebatamento de poder, Felipe reconheceu que deveria destruir as Ordens, a fim de impedir qualquer aumento de poder do Sumo Pontífice, pois as Ordens eram ligadas apenas à Igreja. Em 14 de setembro de 1307, Felipe emitiu regulamentos secretos para aprisionar todos os Templários. DeMolay e centenas de outros Templários foram presos e atirados em calabouços. Felipe forçou o Papa Clemente a apoiar a condenação da Ordem, e todas as propriedades e riquezas foram transferidas para outros donos. DeMolay terminou em uma fogueira.

que atrair determinadas ordens e grupos fez do rei um instrumento para atender a novos anseios de poder, rivalizando com a corte papal, já desgastada pelas inúmeras denúncias de luxúria e pouco apego aos sentimentos pregados como "verdadeiramente" cristãos.

É preciso frisar que o estabelecimento de uma unidade política bem definida precisava decidir os rumos da política monárquica. Uma capital, ou o sentimento de que o centro administrativo não estava, em princípio, somente outorgado na figura itinerante do príncipe, precisava, de fato, se consolidar. Isto não quer dizer que o príncipe perderia prestígio ao relegar para um lugar o centro de onde deveriam emanar as decisões relacionadas ao reino. Esse processo foi demasiado lento. Acreditava-se, em princípio, que a corte, conduzida à testa pelo príncipe, serviria como lugar ideal para as devidas decisões. Não era exatamente um lugar, pois os acordos se davam, na maioria dos casos, através de um contato amistoso travado cara-a-cara. É nessa perspectiva que se justificam as inúmeras viagens e a falta de um centro de poder administrativo, pois o poder do príncipe medieval estava fundado, em princípio, nas relações que se estabeleciam e se firmavam a partir do contato direto com senhores e nobres de outras regiões. O rei, através de deslocamentos constantes, reclamava para si obediência, fidelidade, adesão reforçada através de temas ideologicamente mobilizadores e destacados/lembrados pessoalmente, num corpo a corpo que dispensava atos burocráticos (basta lembrar a nobreza amplamente analfabeta dos tempos medievais). Como bem destacou Jean Barbey, "Toujours, au demeurant, le monarque s'emploie à dialoguer avec ses sujets, pour mieux obtenir leur adhésion ou mieux être à même d'exercer son rôle d'arbitre de l'intérêt général".[4]

Senhores feudais, cavaleiros e ordens religiosas prestavam-lhe homenagem pela distância e apreço advindo de outras regiões, muitas vezes distantes. Uma política realizada conforme a proximidade, o grau de parentesco etc. Conforme Georges Duby:

---

[4] BARBEY, Jean. *Être roi:* le roi et son gouvernement en France de Clovis à louis XVI. Paris: Fayard, 1992. p. 209.

> Algumas famílias, parentes ou amigos do rei e que tudo possuem: o solo, as ilhotas cultivadas e as grandes solidões que as rodeia, os ranchos de escravos, as rendas e as corvéias dos cultivadores estabelecidos como rendeiros nas suas terras, a capacidade de combater, o direito de julgar, de punir, todos os postos de comando na Igreja e no século.[5]

Somente no último quartel do século XII é possível identificar um movimento de restauração da condição monárquica. Observa-se como o reino francês, até meados do século XIII, sofreu transformações nas relações sociais que completam o edifício do poder régio[6].

No final do século XIII e início do século XIV, é possível perceber a rivalidade entre os diferentes grupos e poderes. No caso dos dominicanos, mais detidamente com Johannes Quidort, a defesa dos poderes reais passa pelo argumento de que o poder, escreveu ele, centra-se na figura de Deus e só ele detém, verdadeiramente, ambos os poderes. Nesse sentido, quando considera Deus como o centro, revela sua preocupação em nivelar os poderes reais e papais, ambos postos na mesma condição de igualdade. "O poder do papa deixa de constituir uma intervenção da Igreja no poder temporal para se tornar uma jurisdição moral sobre as consciências. Fénelon, que conhecerá João de Paris por intermédio de Gerson, chamar-lhe-á 'poder directivo' ".[7]

Johannes Quidort tenta definir a especialização das funções, pois verifica que somente pode se ocupar de um poder quem já é preparado e destinado para tal. Quando destaca que Cristo foi "o verdadeiro sacerdote em favor dos homens", Quidort reafirma a idéia de que as causas gerais acabam se unindo a efeitos particulares e, portanto, foram providenciados alguns remédios para evitar que

---

[5] DUBY, Georges. *O tempo das catedrais:* a arte e a sociedade 980-1420. Lisboa: Editorial Estampa, 1993. pp. 15-16.

[6] FOURQUIN, Guy. *Senhorio e feudalidade na Idade Média.* Lisboa: Edições 70, 1970. p. 68.

[7] PRÉLOT, M. *As doutrinas políticas.* Lisboa: Presença, 1974. vol. 2. p. 21.

problemas particulares retornassem novamente, sendo que tais remédios seriam os sacramentos[8] da Igreja. Observa-se, assim, que Deus cria suas leis pelas mãos do papado e dos reis, sendo o primeiro o representante espiritual e, o segundo, legítimo nas coisas que dizem respeito ao tempo.

Presume-se, desse modo, que, sem os monges, o papado não conseguiria efetivar sua autoridade no Ocidente e, do mesmo modo, os monges, sem a Igreja, não teriam a organização eclesiástica e territorial suficiente para exercer influência nas comunidades. A evolução desses dois poderes determinou a organização da Igreja, do mesmo modo que influenciou a estrutura organizacional das nascentes monarquias. A vida nas províncias restaurou o prestígio dos reis por intermédio da Igreja, que permitiu a entrada de elementos míticos na justificativa do poder temporal. O caráter universal da Igreja fica fragilizado diante dos interesses imediatos por justiça, ordem e paz. Iniciou-se, portanto, em fins do século XIII, uma nova era na história da Igreja e da Monarquia Ocidental.

[8] A Igreja possui sete sacramentos, dentre eles: Batismo, Confirmação, Eucaristia, Penitência, Unção dos Enfermos, Ordem sacerdotal e Matrimônio.

4.1 – A UNIVERSALIDADE DA IGREJA E DO IMPÉRIO: A EUROPA E A CREDIBILIDADE DAS MONARQUIAS

Muito mais do que o grande movimento do pensamento que acabava de se esboçar nos séculos XIII e XIV, faz-se importante observar os objetivos da política pontifical, imperial e monárquica e a maneira como o poder da monarquia adquiriu cada vez mais credibilidade no imaginário popular. Fernand Braudel[9] destaca com propriedade que "o tempo adere ao pensamento do historiador assim como a terra se prende à pá do jardineiro", alertando para o fato de que o historiador deve conhecer como as diferentes sociedades conceberam a si mesmas e como reproduziam os valores; ora universais, ora regionais.

A Europa, "invenção abstrata e mítica dos gregos"[10], nasceu de uma Cristandade mutilada, sendo que o termo Europa descende

---

[9] BRAUDEL, Fernand. *O Mediterrâneo*: os homens e a Herança. Tradução de Teresa Meneses. Lisboa: Teorema, 1987.

[10] MAZON, Brigitte. "Introdução". In FEBVRE, Lucien. *A Europa*: gênese de uma civilização. São Paulo: Edusc, p. 17. Brigitte Mazon reproduz uma citação de Lucien Febvre, que, por sua vez, afirma que "A Europa não é uma formação política da qual se possa fazer comodamente, utilmente, uma espécie de história exterior, metódica e clássica, sem imprevistos, sem questão. A Europa é uma civilização. E nada mais mutante na terra do que uma civilização". FEBVRE, Lucien. *A Europa*: gênese de uma civilização. São Paulo: Edusc, p. 35. Para Lucien Febvre, portanto, "a Europa [...] é uma criação da Idade Média".

do próprio humanismo cristão[11]. "As sociedades desta Europa são, pois, um amálgama pouco definido e mal resolvido de características, modos de pensar e viver, costumes, instituições medievais; são-no, mais uns, menos outras, mas uns e outras, porém, profundamente enraizados nas sociedades e suas mentalidades"[12]. Depreende-se disto que as catástrofes e as rivalidades entre o império e o papado concluíram a luta secular que se arrastava desde os tempos de Carlos Magno – talvez, da época em que foi forjada a *Doação de Constantino*[13]. A unidade cristã apresentou os elementos fundamentais para desarticulação e, por conseqüência, para o regionalismo das monarquias ocidentais. Passo a passo, os modelos universais cederam diante do poder de sustentabilidade dos monarcas. Sendo assim:

> Jamais a Europa esteve tão unida quanto nos séculos XII e XIII, e essa unidade devia-se ao fato de que os europeus daquele tempo tinham o sentimento de constituir um só povo, o povo cristão, o qual, no plano institucional, era enquadrado por dois poderes superiores de controle: o do papa e o do imperador [...]. Entretanto, a partir do século XIII, pelo efeito do crescimento material, os Estados fortaleceram-se. As guerras intra-européias multiplicaram-se e o nacionalismo, esse veneno, começou a

[11] CHAUNU, Pierre. *A Civilização da Europa Clássica*. Lisboa: Editora Estampa, 1993.
[12] QUEIROZ FILHO, Mário Galvão de. *O rei concreto e o rei secreto nas fábulas de La Fontaine (1668-1715)*. Tese de Doutorado em História. Orientadora Doutora Vânia Leite Fróes. Niterói: Universidade Federal Fluminense, 1999. p. 60.
[13] BERTELLONI, Francisco. "El pensamiento politico papal en la 'Donatio Constantini': aspectos históricos, políticos y filosóficos del documento papal". In SOUZA, José Antônio de C. R. de. *O reino e o sacerdócio: o pensamento político na Alta Idade Média*. Porto Alegre: EDIPUCRS, 1995. Para o autor, vale observar o contexto em que foi produzido o documento de Doação, para verificar que a data em que foi forjado o documento não se refere ao período do papa Silvestre e Constantino, mas à época de Carlos Magno. Outra referência: SOUZA, José Antônio de C. R. de. "A teocracia imperial no fim da Alta Idade Média". In SOUZA, José Antônio de C. R. de. *O reino e o sacerdócio: o pensamento político na Alta Idade Média*. Porto Alegre: EDIPUCRS, 1995. p. 231. "A Doação de Constantino era uma falsificação da qual não podia fluir direito algum".

infectar a Europa. A guerra quase se tornou permanente.[14]

É no interior da lógica européia esfacelada, múltipla e superabundante em tentativas de exaltar o poder soberano dos reis – se é que se pode qualificar desta forma – que se inscreveu a Europa, diversamente do conceito de Cristandade, muito mais político e que comportava, internamente, a concepção do poder régio. As diferenças no entendimento da terminologia referiam-se aos problemas essenciais do homem da época. A assimilação dos princípios representava a estrutura discursiva montada para repassar aos fiéis, ideias gerais sobre os preceitos cristãos. Torna-se válido apontar a visível distinção entre Cristandade e Cristianismo:

> Enquanto o cristianismo se refere à religião, a um sistema religioso, a Cristandade quer antes significar um sistema único de poder e de legitimação da Igreja e do Estado. Todavia, essa relação bipolar só se mostra significante se levarmos em conta a sociedade como terceiro elemento mais abrangente [...] a relação bipolar serve de mediação à relação tridimensional e está nela contida. As relações estruturais da Igreja e do Estado medeiam a relação de cada uma dessas instituições com a sociedade. Podemos então falar de Cristandade como de um sistema de relações da Igreja e do Estado na sociedade.[15]

No interior da suposta unidade da Cristandade, permaneceram inoculados, por muito tempo, elementos descentralizadores. É aceitável a idéia de que as catástrofes e as partilhas de terras remontam à *feudalidade clássica*, ao se considerarem os argumentos de Guy Fourquin[16], que menciona que já teriam sido

---

[14] DUBY, Georges. *Ano 1000 ano 2000 na pista de nossos medos*. São Paulo: Editora da UNESP, 1998. p. 67.

[15] GOMES, Francisco José. "A Igreja e o Poder: representações e discursos". In RIBEIRO, Maria Eurydice de Barros (org.). *A vida na Idade Média*. Brasília: EdUNB, 1979. pp. 33-34.

[16] FOURQUIN, Guy. *Senhorio e feudalidade na Idade Média*. Lisboa: Edições 70, 1970. pp. 63e 67. O Autor define a primeira idade feudal, que teria se passado entre o ano

efetuadas divisões entre os herdeiros diretos de Carlos Magno. Muito mais do que visão institucionalizada, o espírito da nobreza feudal, inerente à visão que se tinha de política institucionalizada, formulada ao gosto regional, fortaleceu e favoreceu a obra de centralização dos príncipes. É certo que o empobrecimento da nobreza frente ao crescimento da burguesia acabou unindo e endurecendo o sentimento da nobreza em torno do espírito de unidade[17]. A transformação só pôde ser sentida em fins do século XIII, quando ocorreu uma transformação generalizada, a partir de quando, de fato, as monarquias passaram a ocupar lugar de destaque, aglutinando diferentes interesses no interior de um conjunto territorial. Isto pôde ser visualizado tanto na Inglaterra quanto na França, pois o movimento que se processou nas relações da castelania para a monarquia feudal foi intenso, tendo sido mais velado entre os franceses e mais acelerado entre ingleses. O suposto nascimento do poder real na França só teve efeito a partir do século XII, principalmente porque as castelanias foram integradas ao vasto território do reino.

No interior do domínio das castelanias, da Cristandade e do Cristianismo, persistia a compreensão do modelo hierárquico das três ordens. Provavelmente foi mais ideológico do que propriamente integrado ao vivido, mas, de fato, esteve presente em boa parte da documentação sobre o ordenamento social. Aqui é pertinente a expressão de Adalberão de Laon (974-1030), que “a cidade de Deus, considerada una, está dividida em três: uns rezam, outros combatem e outros, enfim, trabalham. As três ordens, coexistentes, não sofriam com a separação. Os serviços prestados por uma permitiam os trabalhos das outras duas. Cada uma, por seu turno, encarregava-se de aliviar o conjunto”.[18]

1000 e 1160; a segunda idade feudal, entre 1160 e 1240, época fundamental, segundo o Autor, porque “foi marcada pela passagem ‘da castelania ao principado’ e à ‘monarquia feudal’ ”.

[17] FOURQUIN, Guy. *Ibid.* p. 68. A idéia de nobreza surge no momento em que ela mesma, empobrecida, tenta contrariar e revidar o enriquecimento da burguesia. O primeiro ato da nobreza, portanto, é fechar-se em torno de si mesma, endurecendo e fortalecendo a idéia de distinção social.

[18] FOURQUIN, Guy. *Ibid.* pp. 75-76.

Sem espaço para a evolução, o homem medieval concebia o mundo da criação ao fim dos tempos como incluso na tripartição de *mundi*. O aparecimento de uma nova experiência política promoveu acréscimos à visão de mundo pautada na escatologia cristã. A noção de *status*, traduzida por Guy Fourquin como Estado[19], passou a pressupor novo conteúdo, pautado na especialização de determinadas funções, como prefigurava o caso de burgueses e de artesãos. É certo que a expansão dos interesses regionais não correspondia à criação puramente institucional, mesmo porque a Igreja e o Império, os maiores interessados na reprodução do modelo unitário e universal, valeram-se bem cedo dos lucros oferecidos por mercadores e burgueses para gerar mudanças profundas no ideário cristão.[20]

A Igreja possuía como moeda a eternidade, propósito amplamente difundido entre os cristãos, que carregavam em seu bojo uma proposta de ordenamento social. Inicialmente, a Igreja rejeitou o tempo do mercador, pois o tempo só a Deus pertencia e não podia ser usado pelo homem para fins lucrativos. Ao vislumbrar os benefícios a serem recebidos pelas paróquias, a Igreja cedeu aos interesses do mercador, permitindo o fortalecimento e o crescimento de vias de acesso, regulamentos jurídicos, normas para transações, entre outros pontos. Eram medidas que partiam de baixo para cima, num movimento que, aos poucos, exigiu um poder regulador, que pudesse ser observado na gênese das monarquias, definição arbitrária que iniciava a trajetória nas nascentes ideias de que o rei deveria ser soberano em seu reino. Muito cedo a Igreja cedeu a um novo processo de evolução, pois foram alteradas as estruturas mentais e a relação do homem com as estruturas políticas, econômicas e jurídicas. Cada vez mais a esfera temporal adquiriu autonomia perante o poder espiritual. Foi um processo lento, mas que ocorreu sem a presença de um maniqueísmo declarado, pois se acreditava que as relações entre homens, mercadorias, animais e lucros precisavam, cada vez mais, de um

[19] FOURQUIN, Guy. *Ibid*. p. 77.

[20] LE GOFF, Jacques. "Na Idade Média: tempo da Igreja e tempo do mercador". In LE GOFF, Jacques. *Para um novo conceito de Idade Média*. Lisboa: Estampa, 1979. p. 43.

regulamento mais efetivo e pragmático, e que fosse mais eficiente do que as determinações puramente morais ditadas pela pregação cristã.

Os elementos de descontinuidade do modelo universal também podiam ser encontrados na leitura que se fazia do Novo Testamento na Baixa Idade Média. Lido e interpretado ao gosto dos séculos XIII e XIV, passou a introduzir uma concepção diversa do pensamento cristão, pois, além da visão judaica, apareceu a figura de Cristo. Nesta lógica, o cristão passou a viver na crença da encarnação e assumiu nova postura histórica, principalmente porque, até passado recente, servia aos propósitos da salvação. Novas noções foram incorporadas e tratadas a partir do ano 1000, mas os pensadores dos séculos XIII e XIV conferiram sentido especial ao confrontarem as realidades locais ao ideal do Cristo redentor. O sentido histórico, para o bem ou para o mal, tornou-se decisivo na elaboração de escatologia, que abriu inúmeras possibilidades para a condução e o governo da Cristandade. Apesar do dever missionário da Igreja, Cristo, encarado como rei, também ampliava as esferas dos dois gládios para o plano sacerdotal e temporal. Egídio Romano, por exemplo, utilizou a concepção monolítica e teológica para fortalecer a idéia de ordem. Para isto, partia da afirmação de Santo Agostinho, que dizia que não existia verdadeira justiça onde Cristo não fosse o fundador e guia. Tal propósito pode ser vislumbrado nos seguintes argumentos de Egídio Romano:

> Vê-se claramente que todos os bens acima assinalados emanam de Deus, que é o Sumo Bem, e o bem de todo bem, mas não são bens para os que os usam mal, nem servem para a salvação, mas para a condenação, segundo Gregório: "Conforme crescem os dons, crescem também as contas que se devem prestar por eles. Se alguém por ofício deve ter um grau mais elevado, mesmo no serviço de Deus, deve ser tanto mais humilde, quanto se vê mais obrigado a prestar contas a Deus". Assim te foram dados os membros do corpo, as faculdades, e outros dons, para usares deles não para a justiça e a impiedade,

mas para o serviço divino e para as obras de piedade.[21]

No tocante ao ofício, mesmo estabelecendo o modelo universal da Igreja como fundamento e destino, nota-se, forçosamente, os dons do ofício real, emanados do plano divino a Ele vinculado para sempre, conduzindo o leitor a crer no merecimento do ofício para o exercício real, abrindo brechas profundas para o imaginário político respaldar o projeto monárquico no interior da Cristandade. Isto pode ser visto, uma vez que, no movimento de expansão das estruturas medievais, a Constantinopla, a Terra Santa, a Síria e a Palestina eram regiões fadadas à submissão à onda cristã. Para tanto, diversos setores da sociedade integravam o movimento, abrindo margem para o fortalecimento de anseios locais, figurados às margens das pretensões universais da Igreja e do Império[22].

O poder que a Igreja exercia parecia incontestável. O movimento das Cruzadas, deflagrado à época de Urbano II[23], revelou o sentimento e o compromisso do cristão perante a conversão dos "infiéis". Mais do que isto, o ideal perpassou toda a Idade Média, pois a primazia de Roma é que aparecia como projeto implícito, principalmente porque, por volta de meados do século XIII, a Igreja do Oriente se encontrava envolta na ameaça dos turcos. A ascensão de Roma, preocupada em unificar as duas Igrejas, se via prestes a ocorrer, pois o Oriente carecia do auxílio do Ocidente para manter intacto o ideário religioso plenamente arraigado nas estruturas e instituições políticas do Oriente. Naquele tempo, em fins do século XIII, era possível dizer que Luís IX havia sido um dos últimos cruzados, o que, por si só, demonstra o apogeu

---

[21] ROMANO, Egídio. *Sobre o poder eclesiástico*. Tradução de Cléa Pitt B. Goldman Vel Lejbman & Luís A. De Boni. Petrópolis: Vozes, 1989. A tradução foi realizada da edição crítica do texto de Richard Scholz, de 1929. p. 119.

[22] DUBY, Georges. *As Três Ordens ou o Imaginário do Feudalismo*. Lisboa: Estampa, 1982.

[23] OLDENBOURG, Zoé. *As cruzadas*. Rio de Janeiro: Civilização Brasileira, 1968. De acordo com o autor, deve-se considerar Gregório VII (1073-1085) como o verdadeiro influenciador das Cruzadas deflagradas por Urbano II, em 1095, contra os "infiéis" da Terra Santa.

da Igreja, mesmo que "la hora de su victoria coincide com los primeiros indicios de su declinacion"[24]. O que mais permitia visualizar o conjunto favorável à monarquia talvez tenha sido o ideário cristão do herói, possivelmente projetado na imagem heróica de São Luís. Historicamente, "a força do herói é a base e o elemento primordial do poema. A essa força correspondem uma energia e uma bravura extraordinárias"[25], comparável até mesmo à força do príncipe para garantir e manter a paz no interior do reino.

Vários problemas apontaram para a fragilidade das estruturas mentais e ideológicas da Igreja, bem como do Império. O movimento de expansão das relações de parentesco e o crescimento demográfico anterior à grande peste e à aceleração do comércio geraram o aumento da autoridade de fiscalização e controle locais. O intercâmbio entre a Itália, o império e os príncipes ingleses carecia de fronteiras bem demarcadas, já que representava aumento de rendas reais e, conseqüentemente, de benefícios às paróquias instaladas em seus territórios. O papado agiu de forma clara como juiz das querelas regionais, não atentando para o movimento que se voltava à manutenção das necessidades locais. Os tratados políticos escritos a partir do século XII revelavam a insistente preocupação em definir as regiões, os produtos e as características teóricas dos pensadores do período. A classificação parecia abusiva, mas bastava observar os argumentos e as definições de cada pensador para que se identificassem o contexto, a região e o tipo de governo a que se referia. Hugo de São Vítor, por exemplo, com o sentido claro de firmar "pedagogia", definia-se pelo respeito ao bem público e ao equilíbrio entre poder e justiça. Nos argumentos, a cidade constituía-se como palco para experimentações no seio da qual a política era revigorada por meio da sabedoria. Mesmo nas obras de cunho teórico, pedagógico e filosófico, todo o vigor do pensamento e os ideais de ordenamento social transpareciam. A sabedoria conduziria o homem ao estabelecimento da ordem política, pois compreendia a idéia ao modo de Aristóteles, sobrevalorizando o universal. A iniciativa

---

24 PIRENNE, Henri. *Historia de Europa*: desde las invasiones hasta el siglo XVI. México: Fondo de Cultura Económica, 2003. p. 260.

25 OLDENBOURG, Zoé. *Op. cit*. p. 67.

indicava a sabedoria como caminho, pois, à maneira de Aristóteles, "os homens parecem que buscam a honra para convencerem a si mesmos de que são bons [...] Está claro, pois, que também para eles a virtude é mais excelente"[26]. O retorno aos pensadores da Antigüidade apenas reforça o mérito heróico na constituição de uma ordem política para o reino. Hugo de São Vítor, salienta que:

> A filosofia prática privada é "aquela que distribui a tarefa do servo, dando ordens com comando moderado". A filosofia prática pública é "aquela que, curando da coisa pública, provê ao bem-estar de todos com a perspicácia de sua sabedoria, com o equilíbrio da justiça, com a firmeza da coragem e com a paciência temperança". A solitária, portanto, é própria dos indivíduos, a privada dos chefes da casa, a política dos reitores das cidades. A prática "se diz ativa, porque realiza com suas operações as coisas propostas". Se diz moral, porque por ela se deseja um costume honesto de viver e são organizados ordenamentos que tendem para a virtude. Se diz administrativa, quando a ordem das coisas Domésticas é disposta sabiamente. Se diz civil, porque por ela é provida a utilidade de toda a cidade.[27]

As dificuldades de se saber o que pensavam os reis sobre a própria função leva o historiador a imaginar a organização do poder à época de Hugo de São Vítor. Este, por sua vez, utiliza exemplos por se encontrarem, nestes, elementos fundamentais para a construção de um poder secular pautado na razão. As diferenças contextuais e temporais tornam a monarquia dos tempos de Hugo Capeto, em 987, totalmente diferente da encontrada à época do jovem rei Filipe, o Belo, da mesma dinastia, comandada em fins do século XIII[28]. Quando Hugo de São Vítor proferiu a aula em

[26] ARISTÓTELES. *A ética*. São Paulo: Ediouro. s/d. pp. 30-31.

[27] DE SÃO VÍTOR, Hugo. *Didascálicon da arte de ler*. Introdução e tradução Antônio Marchionni. Petrópolis, RJ: Vozes, 2001. p. 111.

[28] LOT, Ferdinand & FAWTIER, Robert. *Histoire des institutions française au Moyen Age*. Tome III - Institutions ecclésiastique. Paris: Presses Universitaires de France, 1962. p. 9.

setembro de 1127, na então Escola de São Vítor, em Paris, a preocupação inicial foi destacar ao aluno, que poderia ser filho da nobreza ou da burguesia ascendente, que a *sapiência* é o primeiro dos objetivos a ser alcançado. O argumento demonstrava, nitidamente, que a compreensão societária partia da idéia de que o homem, originariamente, é bom. O grande problema seria a forma do mundo, que entorpecia e criava ilusão de verdade. Pautando-se na leitura dos clássicos gregos, ele considerava o homem um *animal político*, cuja decisão resultava na condução da ordem societária. Nesta linha de pensamento, vale lembrar o período em que a Igreja e o Império exigiam, cada qual à sua maneira, o *status* para predominar, efetivamente, sobre as demais esferas de poder local. Ao alcançar a sabedoria, o homem poderia viver na cidade sem que houvesse uma vigília constante. Talvez estranho aos olhos dos seus contemporâneos, Hugo de São Vítor formulava a idéia de que o conceito de indivíduo, não mais tão somente vinculado e dependente de um modelo universal, despontava, ainda que de maneira fragmentada e pouco sentida. Do pecado individualizado e do nascimento do Purgatório, demonstrados por Jacques Le Goff como tendo origem no século XI, o fiel revê, de forma imaginária, o lugar que ocupava na proposta universal. O movimento conduzia o pecador a reinterpretar as pragas e os flagelos coletivos como que isolados dos compromissos da comunidade e da família cristã, sobretudo por viverem numa nova ordem política, o que durou poucos séculos, até que os insistentes esforços das comunidades locais fossem concentrados na pessoa do príncipe, heróico monarca[29]. Do geral ao particular, os modelos universais perderam terreno para o particularismo regional, da mesma maneira que o pecado coletivo cedia à culpa individual.

---

[29] Não parece estranha a referência de Johannes Quidort ao personagem bíblico Melquisedec, rei de Salém. No imaginário cristão da época, tais lembranças pareciam fazer parte do momento em que viviam. Na verdade, em vista do arranjo político, o significado de Melquisedec corresponde, em hebraico, a rei de justiça, ao passo que Salém corresponde ao nome abreviado de Jerusalém e significa paz. Reconhecido como o primeiro rei a aparecer na história bíblica, a referência de Johannes Quidort confunde-se com o desejo dos súditos franceses em reagrupar os povos em torno de um sentimento comum: a paz e o bem comum.

Vários sintomas advertiam para o crescimento do poder da monarquia francesa no conjunto da Cristandade. A vitória da Igreja revelava os primeiros sintomas do seu declínio. A luta da Igreja contra o Sacro Império havia chegado a termo, principalmente se observadas as relações já adiantadas do papado na Itália, com os lombardos e os principados das cidades italianas. A ameaça do Império aos aliados da Igreja permitiu alianças duradouras, sempre ancoradas nos interesses territoriais e regionais. Os reis franceses, como foi o caso de Carlos de Valois, permitiram entrever a preponderância do sentimento de proteção ao modelo de sociedade universal proposto e defendido pela Igreja. Aliança antiga, revigorada a partir da memória de Clóvis, conhecido, após o batismo, como rei cristianíssimo. Aos Estados da Igreja, incluindo-se aí Roma, uniam-se as diferentes províncias ligadas pela vassalagem aos príncipes cristãos, um poder considerável que, desde o século XII, criava a teia que ligava o povo, os barões, condes e duques a uma iniciativa que se dirigia ao projeto de Cristandade una e indivisa, "de onde se deduz que você somente deve crer de maneira espiritual aquilo a que, a partir das palavras, você não vê".[30]

Lendo-se obras desta época, percebe-se, no interior da descrição analítica, o sentido proposto para a demonstração:

> Novamente, em outro lugar se diz: "A letra mata, o Espírito dá vida", pois, na verdade, é necessário que o estudante das coisas divinas esteja consolidado pela verdade da Inteligência espiritual, para que as formas das letras, que às vezes podem ser entendidas como perversas, não o inclinem para qualquer tortuosidade.[31]

Do mesmo modo como a especialização das funções, apregoada por boa parte dos teólogos da época, a especificidade da soberania dos principados era legada aos governantes das

---

[30] DE SÃO VÍTOR, Hugo. *Op. cit.* p. 261.
[31] DE SÃO VÍTOR, Hugo. *Ibid.* p. 251.

monarquias. Na época da criação da abadia de Cluny, fundada em 910 pelo abade Bernon, a exigência dos monges cluniacenses confrontava-se com as pretensões e intervenções das forças políticas ligadas ao tempo. A exigência de um corpo plenamente especializado por Hildebrando, ligado à abadia de Cluny e muito influente junto ao papa, era tamanha, que fez com que o papa Nicolau II criasse o colégio dos cardeais para eleger o Papa e limitar as intervenções cesaropapistas. Destas decisões, favorecidas pelas circunstâncias, em 1073, foi eleito Papa o próprio Hildebrando, com o nome de Gregório VII. Deste Papa-monge é conhecida a proibição do casamento dos padres, com firme convicção de combater o nicolaísmo, a investidura leiga e, conseqüentemente, a simonia.

A investidura das funções internas da Igreja gerou controvérsias e disputas políticas que aceleraram a crescente crença no poder soberano dos reis. Os monges, ao preservarem os grandes tesouros da Antigüidade, passaram a não admitir as interferências dos senhores feudais na escolha de abades e bispos, o que, para os monges, foi o principal motivo para os desregramentos do clero secular. O movimento reformista, pautado n' *A regra de São Bento*[32], procurava propor regras para o fim do casamento dos padres. A grande reforma da Igreja teve início quando os mosteiros passaram à jurisdição do Papa, reestruturando o modelo econômico e político, impondo uma disciplina cada vez mais rígida. Em função do exercício e da desmoralização das pretensões universais do Império, os principados aliados ao Papa encontraram terreno fértil para acrescentar e disseminar junto à Cristandade a caricatura das soberanias régias.

A empresa do "feudalismo romano"[33] levou, paralelamente

[32] BENTO, Santo. *A regra de São Bento.* Rio de Janeiro: Lúmen Christi, 2003. Esse documento, escrito no século VI, que se encontra em tradução bilíngüe latim e português, serviu de base para boa parte das ordens religiosas, principalmente para a organização de um corpo clerical liberto das coisas do tempo.

[33] PIRENNE, Henri. *História Econômica e Social da Idade Média*. São Paulo: Editora Mestre Jaú, 1982. p. 121. Com o termo "feudalismo romano", Henri Pirenne reforça a idéia que dará respaldo a uma Igreja cada vez mais pautada na herança da palavra latina na organização das instituições religiosas. Sobretudo, porque as monarquias,

ao fortalecimento do papado, à adesão dos senhores feudais, que observavam, com mais clareza, a "pureza" das instituições eclesiásticas, minando, ainda mais, o decadente poderio do Império. O maior exemplo reside na reação do imperador alemão Henrique IV, exigindo a deposição do então papa Gregório VII por interferir na Questão das Investiduras. Henrique combateu as pretensões papais até que o papa o depôs, excomungando-o. A demonstração da força das alianças papais foi demonstrada no poder da crença, principalmente no uso da excomunhão como meio para rechaçar os propensos inimigos. Muito mais do que um legalismo romano, o terreno da crença agia no sentido de evitar a união entre os pares ligados ao poder temporal, instrumento usado pelos papas para dispersar a multidão dos contrários. Funcionando como ferramenta de retaliação, a excomunhão resultou na viagem de Henrique IV até Canossa, local onde se encontrava o Papa no ano de 1077, momento em que teve a oportunidade de pedir desculpas pelo ocorrido, perdão que o papa Gregório VII não relutou em dar.

A fragilidade das pretensões imperiais da Igreja e do Império pode ser demonstrada em conjunto. O evento mais claro torna-se visível no momento em que Henrique IV pede perdão ao papa Gregório VII. No episódio, tendo o imperador saído de sua residência, as intrigas internas na sua corte resultaram na eleição de novo imperador, o duque Rodolfo. Certamente, Henrique IV não tolerou a afronta e combateu o inimigo de forma ferrenha até aproximadamente 1080, reconquistando a condição aos primeiros sinais de desgosto dos vassalos que lhe apoiavam. Entretanto, em tal cenário político, mesmo com a Igreja também se encontrando fragilizada, apenas a aparência de tranqüilidade escondia a névoa que encobria e impedia a percepção da própria instabilidade. Os normandos, antigos aliados do papado na Itália, terminaram por saquear Roma, obrigando Gregório VII a fugir para Salerno, local onde morreu.

As pretensões imperiais vislumbravam excelente

---

aliadas da Igreja, irão incorporar, de maneira mais eficiente que o Império, as mesmas premissas difundidas pelas instituições religiosas.

oportunidade para reaver o prestígio do Império, indicando Guiberto, bispo de Ravena, para Papa, que passou a ser chamado por Clemente III. Isto demonstrou o retorno, a perda dos pares eclesiásticos diante de eleição realizada no exílio, fora dos limites cardinalícios e que indicava o caminho da soberania régia.

A tentativa de unificar a Cristandade num só sentimento parecia ceder aos estímulos locais oferecidos pelas soberanias régias. Historicamente, por volta do século XII, já eram observadas as mudanças que minaram o sentido único do poder imperial e papal. A maneira como o reforço foi prestado ao sacro Colégio de Cardeais permitiu a autonomia suficiente para decidir na eleição dos papas. As inclusões foram variadas, tendo ocupantes franceses, napolitanos e provençais. A execução dos trabalhos cardinalícios seguia ritual próprio, que impedia a entrada e saída dos mesmos antes que a escolha do novo papa fosse concluída. O não-cumprimento ocasionaria a automática excomunhão do transgressor. Desde Nicolau II, em 1059, os cardeais tiveram certa liberdade para escolher o líder da Igreja entre os pares. Contudo, Alexandre III, em 1179, decidiu que, para a escolha de um novo papa, ele deveria receber o voto de pelo menos dois terços dos votos do colégio de cardeais. A intenção foi criar aspecto de unanimidade, mas os resultados não foram tão satisfatórios, já que provocaram o acirramento entre facções concorrentes. Tudo levava à concentração de forças nas mãos do partido angevino, fato reforçado com a entrada de Clemente IV. Com a morte dele, em 1268, as lutas pelo poder se intensificaram.

Foi apenas com a eleição de Gregório X, em 1271, após um ano de debates entre os cardeais, que o Sacro Colégio adquiriu credibilidade suficiente para tomar as decisões e eleger nome de consenso e que pudesse levar a cabo os interesses da Igreja, porém um novo recuo na especialização das funções sobreveio das intrigas e interesses individuais. Carlos de Valois, muito irritado com as facções, convocou uma reunião do Sacro Colégio e, praticamente, forçou os cardeais a escolherem o predileto francês Martinho IV, frustrando as pretensões do partido angevino. Nascia, então, o sentimento de autoridade soberana no interior dos reinos, que esfacelava o termo Cristandade[34], em uso desde longa data. O que se vislumbrava é que as monarquias ocidentais fundassem, em princípio, uma tentativa de soberania perene. O respaldo para isto viria de teorias mais simples sobre a sacralização do poder do Estado, recurso teológico-retórico muito usado para reforçar a idéia de que o soberano era central para a consolidação e o favorecimento dos interesses regionais. Partindo desta perspectiva, a Cristandade passava a ser dissolvida, momento em que termos laicos como o de *auctoritas* convergiam para a transcendência do poder temporal dos reis[35]. Foi o momento em que "as grandes monarquias – Espanha, França e Inglaterra – disputavam com o papa a palavra de pai, *potentia absoluta* [...]".[36]

O processo de constituição das soberanias acompanhou o compasso lento das intervenções da Igreja em questões sobre a eleição dos papas. O que se observava é que, com a morte do grande aliado de Martinho IV, Carlos de Valois, a Igreja novamente entrava em profunda disputa, quando o conclave durava praticamente um ano para eleger um papa. O conclave, na verdade, existia apenas para legitimar e dar a impressão de unidade, mesmo porque a eleição de Nicolau IV, em 1288, nada mais fez do que reanimar as antigas querelas entre os italianos. Somente após a morte dele, em 1292, de fato, a crise interna tomou força, o que levou à tentativa de apaziguar os ânimos com a eleição de um Papa de bastante idade e que poderia representar o consenso. Contudo, mais problemas resultaram da eleição, pois Celestino V, eremita de muita idade, não conseguia administrar os joguetes políticos que percorriam a corte papal, e acabou por servir tão somente aos interesses do rei de Nápoles. Os cardeais não nutriam respeito ao velho Papa, que não respondia aos anseios da *auctoritas* representada na sua pessoa. Não tardou para que fosse eleito, segundo alguns autores, antes mesmo da abdicação de Celestino V, o nobre e influente Benedeto Caetani, que assumiu com o nome de Papa

[34] CHAUNU, Pierre. *Op. cit.* p. 30.

[35] HANSEN, João Adolfo. "Razão de Estado". In: NOVAES, Adauto (Org.). *A crise da razão*. São Paulo: Companhia das Letras; Brasília, DF: Ministério da Cultura; Rio de Janeiro: Fundação Nacional de Arte, 1996. p. 135.

[36] HANSEN, João Adolfo. *Ibid.* p. 135.

Bonifácio VIII.

Ao entrar na corte pontificial em 1294, Bonifácio VIII assumiu o compromisso de trazer de volta todo o brilho e prestígio da autoridade papal na administração universal da Cristandade[37]. Mal sabia ele, contudo, que os argumentos em defesa da autoridade papal já haviam sofrido uma profunda modificação e que o referido poder já estava ocupado por novas possibilidades que, mais regionalizadas, não atendiam a anseios tão universais. A riqueza dos detalhes e da pompa com que se apresentava o Papa criou uma imagem enganadora ao pontífice, que confiou mais nas possibilidades visíveis do que em seu tato.

Os grandes enfrentamentos entre o papado e as nascentes soberanias régias não são visíveis apenas no famoso conflito entre Bonifácio VIII e Filipe, o Belo, da França. A amplitude das querelas ultrapassou os limites entre os Estados pontifício e francês. É certo que o conflito com Filipe, o Belo, atingiu níveis de completa ruptura. Vários outros Estados nascentes, como é o caso da Inglaterra, de Eduardo I, que, desde o início do século XIII, já atuava na linha de constituição forte do Estado. Recordando os conflitos entre Império e papado, percebe-se que o último não mediu esforços para minar especialmente o poder interno e a relação entre o imperador e os "reizinhos"[38]. Ao fazer isto, a Igreja também minava qualquer pretensão universal de predomínio. Sem saber, praticava e reforçava a compreensão de *auctoritas* local, representada na figura do rei heróico e soberano.

---

[37] PASSOS, José Afonso de Morais Bueno. *Bonifácio VIII e Felipe IV de França*. São Paulo. Tese de Doutoramento em História Social, USP, 1973. p. 31. De acordo com o autor da tese, "Fontes coletâneas vão apresentá-lo como de alta estatura, voz forte, aspecto severo e majestoso, mãos largas e finas, olhar duro e altivo. Sobre seu nascimento, hoje se aceita tenha sido em torno de 1230, em Anagni, localidade junto a Roma. Seu pai foi Lofredo ou Rofredo, nome tradicional na família, e sua mãe, Emília, da casa dos Patrasso de Alatri, pertencia também à família Segni, sendo parente dos papas Inocêncio III, Gregório IX e Alexandre IV".

[38] BLOCH, Marc. *A sociedade feudal*. Lisboa: Edições 70, 1998. Diz Bloch que o imperador era visto como um rei maior que todos os demais reizinhos. Melhor dizendo, o imperador, ao visitar outras províncias, levava, consigo, vários reis menores em sua companhia.

4.2 – O PONTÍFICE E A DEFESA DO PAPADO

Os reis, papas e imperadores certamente não tinham a consciência clara do mundo que estavam delineando, mas possuíam uma visão organizada dos interesses, ambições e objetos em disputa. Os pensadores, que expressaram ideias através da escrita, também não compreendiam o desenho definitivo do mundo que estavam construindo, mas buscaram relatar e opinar sobre uma temática comum em seu tempo. Do mesmo modo, o Papa Bonifácio VIII, baseado na trágica rivalidade com Filipe, o Belo, colheu os exemplos para demonstrar a autoridade papal no seio da Cristandade.

Na primeira tentativa de orientar os reis mais displicentes, ele promulgou a bula papal *Clericis laicos*, que se caracterizou como uma medida para impedir os clérigos de se sujeitarem aos interesses dos príncipes. Na verdade, buscava regular e impedir que os clérigos pagassem qualquer contribuição, especialmente ao rei francês, sem a expressa autorização do Papa, sem o que poderiam ser excomungados. Foi o primeiro passo para que a taxação feita ao clero fosse censurada, mesmo porque a Igreja vinha enfrentando o encolhimento das finanças, visto que o movimento cruzadístico e o aumento do comércio fizeram com que os tributos migrassem para os poderes locais. Uma das saídas para reforçar o argumento papal foi tentar assegurar que as riquezas fossem empregadas, preferencialmente, nos movimentos que almejavam retirar a Terra Santa das mãos dos hereges, idéia que acabou não tendo a adesão esperada. Nos termos apresentados na Bula, as intervenções e abusos cometidos contra a Igreja ultrapassaram os limites da ganância, e o Papa, então, promulga:

> Ordenamos, outrossim, severamente, a todos os prelados e pessoas eclesiásticas acima referidas, em virtude da obediência e sob pena de destituição do cargo que exercem, que, de ora em diante, não consintam em tais requisições sem a permissão expressa da Sé Apostólica, nem paguem nada sob a alegação de promessa, de obrigação ou de compromisso assumido ou feito antes de receberem esta constituição, preceito e proibição. Nem os leigos receberão tais pagamentos. E, se os primeiros pagarem e os segundos receberem algo, incorrerão automaticamente na sentença de excomunhão.[39]

Ao clero caberia o dever de servir às coisas espirituais e intervir para o bom andamento das coisas no mundo, recebendo ofertas dos fiéis. Para demonstrar como as ideias políticas da época sinalizavam para o fim do monopólio da Igreja, é necessário o entendimento das afirmações de pensadores contemporâneos aos atos legais aplicados pelo Papa da época. Quando os pensadores do final do século XIII indicam o interesse geral da comunidade de fiéis, nota-se a ruptura da idéia hierárquica que defendia a divisão societária em três ordens bem distintas. Na verdade, o que se apresenta são insinuações que conduzem à ruptura, pois o que fica implícito é uma participação dos fiéis e súditos nas decisões e rumos a serem tomados no conjunto da sociedade medieval da época. Esses novos elementos aparecem na negação justa dos termos papais, e são confirmados nas palavras de Johannes Quidort e Egídio Romano, mesmo que os referidos pensadores estejam em lados opostos no embate entre as forças políticas do reino francês e do papado. Nesse sentido, o primeiro deles destaca que:

---

[39] BONIFÁCIO VIII. "Bula Clericis Laicos". In: SOUZA, José Antônio C. R. de & BARBOSA, João Morais. *O reino de deus e o reino dos homens:* as relações entre os poderes espiritual e temporal na Baixa Idade Média (da Reforma Gregoriana a João Quidort). Porto Alegre: EDIPUCRS, 1997. pp. 179-181.

> Toda a multidão, na qual cada um persegue seu próprio interesse, acaba por dissolver-se e dispersar-se em diversas direções, a não ser que seja ordenada para o **bem comum** por uma só pessoa, a quem foi confiado o cuidado pelo bem comum, do mesmo modo como o corpo do homem se decomporia, se nele não existisse uma certa **força comum**, que visasse ao bem de todos os **membros.**[40]

Observa-se uma insinuação velada, mas que sinaliza para a participação dos povos em tudo que diga respeito ao bem comum. Apenas no final do século XIII houve a possibilidade de que isto ocorresse, já que a complexidade das novas relações sociais de trabalho, de poder e de organização política passou a fortalecer a idéia de atuação do homem nas decisões do dia-a-dia. O homem, portanto, mesmo dependente das determinações vindas dos Céus, passava, também, a adquirir a capacidade de agir e alterar o seu fatídico destino. Essas mesmas ideias, apesar de demarcarem um espaço de atuação humana, limitado pela crença nas forças superiores, iniciam um processo lento e duradouro que permitiu o aparecimento das primeiras ideias humanistas de sociedade. Do mesmo modo, essa expectativa em relação ao homem também pode ser encontrada em outros pensadores, principalmente nos textos de Egídio Romano. Esse último, mesmo defendendo ideias hierocráticas, acaba por reproduzir valores e termos que revelam o poder das forças centrífugas. Fica muito mais claro identificar e comprovar o presente argumento, se observados os elementos contraditórios no interior da defesa do poder universal do papado. Nesse sentido, Egídio defende a seguinte idéia:

> Falhar, o que é pecado de omissão, ou agir obliquamente, o que é pecado cometido, não são coisas sem culpa; mas não alcançar o bem público pode acontecer sem culpa, pois pode dar-se por fraqueza ou por ignorância invencível e por muitos outros modos. Por causa disso, sem haver qualquer culpa do poder

---

40 QUIDORT, Johannes. *Sobre o poder régio e papal.* Tradução e introdução Luís A. de Boni - Petrópolis, RJ: Vozes, 1989. p. 45.

inferior, o poder superior pode adverti-lo, se achar isso conveniente ao bem comum da república.[41]

Numa perspectiva universal, Egídio Romano propõe uma visão dos atos humanos imanentes aos próprios atos, delegando ao erro humano uma condição de superioridade, pois só aos grandes e iluminados é permitido o erro. Nesse sentido, quando relaciona a dupla existência humana, a da natureza e a da graça, impõe ao leitor uma idéia simplificada da intervenção do homem simples nas questões mundanas. Já que a capacidade de poder errar não lhe é facultada, responde diariamente pelas decisões tomadas no âmbito familiar. Dessa constatação maior, advém, justamente, o modelo do poder dinástico, principalmente na vertente que considera o sangue real como descendente da herança paterna. O mesmo argumento que justifica a capacidade do homem comum em tomar as decisões do dia-a-dia também reforça a idéia de que ao rei cabem as intervenções e ações no mundo dos fiéis. Na explícita argumentação de Egídio Romano, a hegemonia da Igreja e do Império sofre com a nova vocação das monarquias, que se fundamentam em teorias diferentes e, em grande medida, desligadas do mundo mental da teocracia.

A preocupação em argumentar sobre a origem da sociedade e sobre a formação do poder político trouxe novo alento aos poderes menosprezados pela hierocracia. Essa cosmovisão trazia consigo uma conseqüência de ordem estrutural, mas também alimentava os princípios teóricos e intelectuais que reforçavam, cada vez mais, as ideias colhidas no Direito Romano[42]. Grande parte do pensamento político desse período pautou-se na idéia de

[41] ROMANO, Egídio. *Op. cit.* p. 123.

[42] KRITSCH, Raquel. *Soberania*: a construção de um conceito. São Paulo: Humanitas FFLCH/USP: Imprensa Oficial do Estado, 2002. p. 385. Certamente os embates não ficaram restritos somente ao mundo das instituições e pensadores. Os súditos adquirem uma importância cada vez maior na tentativa de legitimar a autoridade da monarquia, e Filipe, O Belo, percebia bem essas novas possibilidades. Nesse sentido, "Filipe também mobilizou para a sua causa importantes juristas franceses, especialistas em direito romano, e publicistas do reino, que trataram de incendiar a disputa, produzindo documentos e panfletos anônimos em defesa do monarca".

civitas e *regnum*. A possibilidade mais visível gerava gradações entre os dois planos, vinculando a primeira idéia à capacidade natural do homem de criar as condições para existência em comunidades. O segundo, como elemento catalisador das forças do plano da natureza, criava as leis, gerindo, por meio da capacidade e auto-suficiência, os interesses dos súditos em obter uma vida suficiente. Desses argumentos, portanto, não se transferia nenhuma idéia de autonomia no plano religioso, mas criavam-se os primeiros exemplos da independência do homem nas questões relativas à vida em comunidade e no reino.

A rivalidade atingiu níveis jamais vistos antes, pois a monarquia passou a se cercar de juristas e assessores reais, que eram arrebanhados, em sua grande maioria, da burguesia local emergente. Novos interesses passam a reforçar a idéia de concentração do poder nas mãos dos monarcas, pois a própria burguesia e os juristas ganhavam muito com isso. Os principais interesses em jogo eram, na maioria das vezes, econômicos, mas havia uma tentativa de neutralizar a chamada nobreza feudal e o clero, pois estes constituíam um entrave à expansão das atividades mais rentáveis desenvolvidas no interior do reino. Assim, havia uma dupla consideração em relação ao embate político, pois o mesmo era travado não somente entre os grandes estadistas, mas também entre as classes em ascensão.

O papado sabia da dificuldade em atender interesses localizados, pois o modelo hierocrático sustentava a instituição universal usando de um recurso que distribuía poderes aos clérigos e à nobreza. A monarquia, ao contrário, pretendia sobrepujar os interesses dos nobres feudais e clérigos em nome dos interesses do reino. Esse processo pode ser identificado a partir de Filipe Augusto (1180), e teve prosseguimento com São Luís (1226-1270), que acelerou ainda mais as bases da centralização do poder real[43]. Essas dificuldades e a percepção dos interesses em jogo podem ser demonstradas a partir da leitura da bula papal, que também observava a afronta à idéia universal a partir do não acatamento da tradição de longa data. Nesse sentido, isso pode ser percebido ainda

[43] SOUZA, José Antônio de & BARBOSA, João Morais. *Op. cit.* p. 152.

na primeira bula papal, antes mesmo do conflito entre Bonifácio VIII e Filipe, o Belo, ter sido declarado. Desse modo:

> Ninguém será absolvido das penas acima referidas, exceto na hora da morte, sem licença e autorização especial da Sé Apostólica, pois temos o firme propósito de não pactuar com abuso tão horrendo cometido pelo poder secular, apesar dos privilégios, de qualquer conteúdo, forma, dizeres ou modalidade, graças aos quais foram concedidos a imperadores, reis e às demais autoridades mencionadas acima, pois não queremos que tais concessões excluam a ninguém, tendo em vista que se opõem abertamente às proibições anteriores. Portanto, ninguém ouse atentar e opor-se atrevidamente a esta nossa constituição, preceito ou proibição.[44]

Da defesa dos privilégios de todas as autoridades, o papado encontrou uma saída para enfrentar os abusos cometidos contra o poder eclesiástico. Mas, em decorrência dessas mesmas teses, os defensores da monarquia atacaram a base de sustentação do modelo hierocrático da Igreja, e o fizeram com base na idéia de que o *princeps,* a partir do *Código* de Justiniano e da *Política*, de Aristóteles, tinha seu poder assentado no princípio de chefe da comunidade política. Nessa lógica, o príncipe agia como protetor dos interesses locais, da honra dos nobres fiéis, do bem e da liberdade de todos os súditos. Do limite claro das determinações papais, a realeza francesa impôs a autoridade do poder do rei no âmbito judiciário, o que atendia aos desejos imediatos de uma imensa maioria de nobres e burgueses ascendentes. É certo que esse novo postulado, com aceitação popular, propiciou a desvinculação da França como subordinada da Igreja e do Sacro Império Romano Germânico, e colocou o rei no vértice da pirâmide de poder. A resposta do papado, antevendo os problemas decorrentes da movimentação e da nova redistribuição dos poderes, estendeu a punição às demais instâncias da sociedade, porque acreditava, assim, impedir o apoio

---

[44] BONIFÁCIO VIII. "Bula Clericis Laicos". In: SOUZA, José Antônio C. R. de & BARBOSA, João Morais. *Op. cit.* p. 181.

generalizado: "Igualmente colocamos sob interdito as Universidade que se opuserem a estas determinações".[45]

Para os pensadores da frente de batalha que tentavam garantir a autoridade ao rei, a denúncia de que o Papa almejava estender sua esfera de atuação a áreas em que não possuía competência nem legitimidade tornou-se o centro das atenções. Nessa linha de pensamento, tentaram definir e delimitar a distinção de cada esfera específica de atuação. Por mais que as pretensões papais buscassem na tradição os pilares de sustentação da hierocracia, acabaram por trair e revelar a fraqueza em que estavam ancoradas. As táticas dos defensores da realeza foram decisivas, porque também atuavam junto aos interesses mais complexos da comunidade política da época. Em reação à Bula *Clericis Laicos,* surgiu um texto anônimo, datado de 1296 ou 1297, que enfrentava os argumentos papais e deflagrava, nas primeiras contestações, o ímpeto guerreiro dos pensadores e assessores da coroa francesa:

> [...] Clérigo: em meu tempo vi a Igreja desfrutar de enorme prestígio junto de todos os reis, príncipes e nobres, agora, ao contrário, vejo-a estar merecendo compaixão, pois foi transformada por todos vós numa presa. Exigem tudo de nós e se não vos damos nossos bens, tomam-nos e não nos dão absolutamente nada. Nossos direitos são espezinhados, nossas imunidades são violadas.
>
> Soldado: Não posso facilmente acreditar nisso, pois o Rei, cujo conselho é constituído por clérigos, não pode agir injustamente contra vós, ainda que vossos direitos estejam sendo violados por tais pessoas.
>
> Clérigo: Longe disso! Com certeza estamos a suportar inúmeras afrontas, contrárias a todo direito.
>
> Soldado: Quero saber o que entendeis por direito?
>
> Clérigo: Admito como tal os decretos dos Padres e os Estatutos dos Pontífices Romanos.

[45] BONIFÁCIO VIII. "Bula Clericis Laicos". In: SOUZA, José Antônio C. R. de & BARBOSA, João Morais. *Op. cit.* p. 180.

> Soldado: O que eles determinam quanto aos bens temporais podem ser considerados por vós como direito, mas por nós não o são. Com efeito, visto ninguém poder estatuir algo sobre o que não possui domínio, segundo consta do Direito, assim nem o Rei da França pode estabelecer algo a respeito do Império, como igualmente o Imperador não pode fazer o mesmo em relação à França. Os Príncipes semelhantemente não podem estatuir algo relativo aos vossos assuntos espirituais, assim também vós não podeis determinar nada quanto aos bens temporais que lhes pertencem porque não possuís direito algum sobre tais bens. Ora, como não recebestes de Deus nenhum poder no que diz respeito aos mesmos, o que estabelecestes no tocante a essa questão carece de validade jurídica. Por isso, há algum tempo atrás ri bastante ao ouvir dizer que o Senhor Bonifácio VIII promulgou um novo estatuto, no qual afirma que tem de estar e de fato está acima de todos os reis e príncipes, de modo que pode reivindicar tranqüilamente para si o direito de possuir qualquer bem [...]. [46]

No diálogo proposto neste texto anônimo, o papado é relacionado ao direito de julgar questões concernentes ao pecado e a justiça, pois ambos os termos assumem um caráter teológico. Contudo, quando o soldado produz o argumento, a distinção entre a atuação do poder papal e a atuação do poder régio ficam mais claras, principalmente porque ao primeiro ficam relegadas, exclusivamente, as transgressões dos preceitos morais e religiosos, enquanto que, para o segundo, busca-se, na tradição bíblica, a idéia de que a monarquia é, de fato, mais antiga, e que detém o poder das coisas ligadas ao mundo, podendo possuir, assim, bens materiais. Para a Igreja, ficava, então, proibida a aquisição de bens, pois seria afetada pelas coisas mundanas e perderia, aos poucos, a condição de guia espiritual.

Mesmo os documentos produzidos antes da "guerra" declarada entre o rei e Papa, demonstram o interesse pela negação das forças atribuídas ao poder universal da Igreja e do Império: uma

---

[46] ANÔNIMO. "Disputatio inter Clericum et Militem". In: SOUZA, José Antônio C. R. de & BARBOSA, João Morais. *Op. cit.* pp. 181-182.

linguagem menos cautelosa, mais direta e que reforça uma negatividade, acima de tudo, teológica. Uma espécie de negação da negação, que produz uma afirmação da essência do poder régio. Esses argumentos são buscados na leitura dos textos de Aristóteles, pois o que fica mais claro aí é a busca pela necessidade de expansão do indivíduo, do mesmo modo que se pensa na expansão do poder régio. Essas raízes profundas produzem uma atmosfera em que predomina uma linguagem comum aos aspectos da vida cotidiana, uma forma de comunicação visual que produz efeitos no produtor e no receptor da mensagem. O próprio diálogo exposto trabalha segundo essa lógica, pois apresenta uma linguagem que deseja demonstrar uma negação dos valores universais, bem como a essência das leis naturais que fornecem os elementos necessários para que a realeza cumpra com os deveres que lhe são atribuídos.

Contrário ao naturalismo do poder, Egídio Romano parecia saber muito bem a localização do inimigo e como atacá-lo. Acreditando que a força da Igreja ainda poderia suplantar qualquer tentativa de boicote, defendeu a hierocracia, desenvolvendo a teoria do renascimento pelo batismo, segundo o qual o fundamento do direito está na graça. A intenção declarada era conter o avanço do naturalismo político[47]. A graça, portanto, fornecia a autoridade divinamente instituída, e defendia todos os vínculos sociais anteriormente declarados pela Igreja. Nada se alterava em sua estrutura política, pois ela era sustentada por bases divinas. Nessa lógica, a idéia de homem natural não adquiria nenhuma importância, pois ele sempre permanecia relegado à condição de subordinado à cosmologia cristã[48]. Desse modo:

> A *regeneratio* batismal defendida por ele servia, antes de mais nada, para reafirmar os vínculos que implicava: apenas os *homines renati*, seguindo as normas da "vida nova" concedida pela autoridade divinamente instituída, tinham direito ao

[47] ULLMANN, Walter. *Escritos sobre teoría política medieval*. Buenos Aires: Eudeba, 2003. p.136.
[48] KRITSCH, Raquel. *Op. cit.* p. 394.

domínio e à propriedade legítimos.[49]

Pode-se observar, a partir da leitura dos textos de Johannes Quidort, de Egídio Romano, de documentos anônimos e de bulas papais, que a iniciativa defensiva ocorreu antes mesmo dos embates entre as duas maiores forças políticas envolvidas no conflito entre os poderes espiritual e temporal: o rei da França e o papa Bonifácio VIII. A expectativa gerada a partir da complexa realidade social de fins do século XIII não pode ser analisada tão somente no momento do auge do conflito, pois o mesmo está ancorado em bases teóricas passadas. A mudança visível não está somente no auge do conflito, pois, por último, o crescimento da importância social da monarquia foi sentido em grande parte das regiões da Europa, e constituiu-se num lento processo de desarticulação dos modelos e explicações universais. Essa mudança, portanto, pode ser encontrada até mesmo nos defensores mais ferrenhos do poder hierocrático e universal do papado.

[49] KRITSCH, Raquel. *Op. cit.* p. 394.

4.3 – RECONFIGURAÇÃO DO PAPADO E DA MONARQUIA

Com o paralelismo entre o *regnum* e *sacerdotium,* Johannes Quidort deixa sérias evidências de que existe, de fato, uma busca declarada pela distinção entre os poderes, e que esse debate pode ocorrer sem haver um conflito de maiores proporções. Pode-se observar que, em fins do século XIII e início do século XIV, uma lenta e gradual mudança conduziu ao colapso do sistema feudal. Mais detidamente, esse processo levou, em primeira instância, à decadência do prestígio do papado. Desse modo, "le caractère dominant du mouvement religieux au XIVe siècle est la décadence de la puissance papale"[50]: transformações lentas e sólidas, porém decisivas para a formação de um poder monárquico cada vez mais independente das determinações papais. Sendo assim:

> Esa funcionalidad se percibe, en especial, a partir de fines del siglo XIII, en el conflicto entre la monarquía francesa y el Papado. En esos años comenzó a generarse en Francia un conato de idea de la estatalidad que encontró condiciones favorables para desarrollarse en la corte francesa del rey Felipe IV el Hermoso, paradigmático representante del naciente

[50] SCHNÜRER, Gustave. *L'Église et la civilisation au Moyen Age*. III. Paris: Payot, 1938. p. 11.

espíritu de las monarquías nacionales.[51]

O grande movimento de mudança não partiu de revoltas e/ou revoluções, mas sim de lentas percepções que alteraram as ações e as ideias dos homens da época. Mais precisamente, o homem dessa época passou a defender um sentimento de comunidade política unida em torno de interesses comuns. A monarquia, por sua vez, expressava os desejos mais sublimes dessa identidade política e cultural que os unia em vontades comuns. Desse processo, sustentam-se os anseios mais profundos de uma unidade imaginária, cultural, política e lingüística. É pelo lugar de nascimento que o homem passa a criar os códigos de identidade; o sentimento de afetividade, de pertencimento e de herança familiar, um apego desmedido à língua "que nos é natural e que mamamos nos seios de nossas mães".[52] São tradições e sentimentos que culminaram no fortalecimento da monarquia feudal, mas que propiciaram uma rearticulação das forças políticas da Igreja e que tiveram de se adaptar aos jogos e interesses locais. Classifica-se o grande movimento como de desestruturação das bases do poder feudal, mas também como representante do limiar de uma nova mentalidade política, que em nenhum momento propôs romper com a crença e com os valores religiosos[53].

Os argumentos de Johannes Quidort apontam, também, para possíveis reordenamentos na estrutura feudal da Igreja. Procura reforçar os pilares que sustentam a Igreja, não questionando e nem forçando preceitos já insustentáveis e em desuso. Acredita que existe uma superioridade inquestionável da parte dos clérigos, mas

---

[51] BERTELLONI, Francisco. *La crisis de la monarquía papal mediante un modelo causal ascendente: Juan de París,* De Regia Potestate et Papali. Porto Alegre: Veritas. V. 51. n. 03, 2006. p. 53.

[52] MARAVALL, José Antônio. *Estado Moderno y Mentalidad Social*. Madrid: Revista de Occidente, 1972. p. 469.

[53] Importante ressaltar a fragilidade da monarquia nos primórdios da centralização, pois constituía um poder esfacelado e pouco coeso. A corte e o poder real ainda encontravam-se vinculados às manifestações e crenças conduzidas pela Igreja, barrando, implicitamente, qualquer tentativa de independência do poder temporal dos reis.

reorganiza e define que aos mesmos é factível cuidar das coisas espirituais. "À alegação de que os clérigos têm mais **competência intelectual** que os leigos, respondo: Se assim o é, nem por isso devem ser dirigentes em todas as coisas, mas somente nas maiores e melhores, que são as espirituais"[54]: ideias que revelam o interior do pensamento ocidental, uma transformação que se reporta à decadência do poder pontifical, mais precisamente para o declínio da autoridade papal sobre as monarquias, e que acompanharam, também, o declínio do poderio imperial em geral.

Os dois poderes, o Império e o Sacerdócio, considerados universais, obtiveram como resultado de um longo processo, o declínio da histórica aliança. No interior do debate, o pensamento de Johannes Quidort buscava orientar os envolvidos no embate, propondo a idéia de que o Papa poderia ter direito sobre os bens dos leigos. Por outro lado, entretanto, desde que o príncipe tivesse, também, direito de depor o Papa: limites impostos por ambas as partes e que impediam a universalidade de qualquer poder existente. Na verdade, para finalizar o argumento, o referido pensador defendia que o Concílio também tinha o poder de depor o Papa. Com tais prerrogativas, os poderes locais identificavam-se com um movimento geral e, de certo modo, com uma consciência "nacional" de comunidade unida pela língua, pelos costumes e pela tradição. Mesmo Dante Alighieri, que defendia o Império como símbolo da unidade ocidental, acabou por reproduzir obras em língua não-oficial.

No interior da Cristandade européia de fins do século XIII, contexto em que a maioria dos fiéis eram analfabetos, a Igreja buscou aperfeiçoar os mecanismos para manter e controlar a administração dos bens dos leigos. Mesmo sofrendo inúmeros ataques às ingerências papais nas coisas temporais, a institucionalidade clerical conseguiu transmitir ao conjunto da sociedade a idéia de responsabilidade dos fiéis perante suas necessidades. Isso representava a contrapartida dos cristãos, pois a Igreja carecia de doações e dízimos, "visto que só por ministério

---

[54] QUIDORT, JOHANNES. *Op. cit.* pp. 128-129.

espiritual é que compete a alguém o direito ao dízimo"[55]. Esse direito, embora citado por Quidort como pertencente à Igreja, e que faz parte dos "frutos materiais", também podia ser concedido aos leigos, desde que devidamente autorizado pelo Papa.

A alegação dos "frutos materiais" integrava os argumentos jurídicos disponíveis à retórica clerical, por comporem o discurso de que ao homem cabia produzir o sustento com o suor do seu rosto, como punição pelo pecado. Desse modo, aos justos, principalmente os eleitos por Deus, cabiam a administração da produção dos frutos bem como a redistribuição dos mesmos. Johannes Quidort, por exemplo, reproduz a idéia de que à Igreja cabia, sim, recorrer ao auxílio do tempo para sanar problemas estruturais, pois ela possuía respaldo na posição de declaradora do direito. Os principais argumentos religiosos recaíam sobre as ameaças, atentados e invasões dos infiéis, responsabilizados pela onda de taxações e cobranças cada vez maiores. O simples fato da existência dos infiéis que ameaçavam a Cristandade já justificava os pesados encargos cobrados.

No que tange às necessidades do príncipe, Johannes Quidort abre possibilidades inovadoras ao permitir que o rei atuasse no exercício da justiça sobre os bens materiais dos leigos, principalmente em casos de litígio. Somente em caso de guerra, portanto, o rei poderia recorrer ao auxílio das Igrejas instaladas em seu reino. Mas, certamente, para evitar animosidades, viria acompanhada de uma autorização papal. É dessa interpretação jurídica dos fatos que Johannes Quidort avança na análise das diferenças entre os poderes espiritual e temporal. Nessa lógica, ele acreditava que qualquer decisão a ser tomada no interior do reino caberia, única e exclusivamente, ao rei. Caso o Papa resolvesse negligenciar a autoridade delegada ao rei e, para isto, utilizasse o gládio espiritual com a má-fé declarada, prejudicando o bem comum, criaria uma condição propícia para que o rei pudesse exigir sua deposição. O pensador explicita que o rei, ao proceder desse modo, não interferia nas questões relativas ao gládio espiritual, pois agia em função da defesa dos direitos de soberano em seu reino, e

[55] QUIDORT, JOHANNES. *Ibid.* p. 125.

que podia interferir em tais questões caso o Papa fosse considerado inimigo do reino e da Igreja. Ele poderia solicitar, inclusive, a deposição papal.

A abertura jurídica das questões relativas aos poderes temporais e espirituais somente fez fragilizar mais as forças políticas universais. Questões antes tratadas pelas cortes papais e imperiais, em fins do século XIII, eram negociadas em cidades governadas por pequenos príncipes. Para o papado, Johannes Quidort declara que este não precisava insistir muito no mesmo erro para obter a percepção do repúdio. A contestação à autoridade papal partia, primeiramente, do Colégio de Cardeais, em seguida, da parte dos príncipes e, por último, da parte dos fiéis. Na verdade, procurava estabelecer a atuação dos fiéis nas decisões da Igreja, pois acreditava que os mesmos também podiam depor um Papa. A renúncia papal vinha somente para confirmar que os escândalos podiam afetar a dignidade papal, sendo muito mais honroso, inclusive para a Igreja, recorrer à renúncia, evitando, assim, a perda de fiéis. Nos próprios argumentos que defendem determinada abertura da Igreja, aparecem as primeiras palavras que indicam a oportunidade para o povo entrar e atuar junto às determinações religiosas que, antes, eram privilégio dos homens versados e legitimados pela própria Igreja. Essa possível abertura também podia ser encontrada em diferentes níveis sociais, pois representavam, acima de tudo, um movimento mais amplo e que atingia todos os níveis e camadas sociais do Medievo. Isto, porém, apenas permite demarcar, com mais clareza, os limites de cada poder:

> O fim sobrenatural é mais importante e significativo que qualquer outro fim. Logo, o poder espiritual dado aos ministros da Igreja é superior, não só em dignidade, mas também em causalidade, ao poder secular, e indica a este de que modo deve agir.[56]

A idéia é reforçar o sentido inicial: somente Deus está acima

---

[56] QUIDORT, JOHANNES. *Ibid.* p. 78.

do Papa. Uma reorganização dos poderes que afetavam, de maneira mais decisiva, o imaginário dos fiéis. Ao colocar todos sob o mesmo manto, juridicamente justificava-se a existência de diversos níveis sociais e também que a divergência entre os mesmos poderia culminar na deposição papal. A participação dos fiéis passou a ser vislumbrada para manter o corpo político da Igreja, sem o que a sustentação ficaria relegada apenas à parte burocrática e cada vez mais distante da realidade cotidiana dos povos. A justificativa para esse equilíbrio de forças nascia, justamente, porque na concepção de Quidort, o Papa atingia a condição de Papa através do voto dos Cardeais – que expressavam a vontade dos fiéis – mas que podia ser deposto, caso não atendesse aos interesses daqueles que o haviam colocado nesta função.

O que está em voga nesse período é a diferença entre o isolamento puro e simples dos sacerdotes e entrada de novos protagonistas nos rituais litúrgicos da Igreja. Esta última mantém a preocupação em atender vontades populares, do mesmo modo que as monarquias nascem desse mesmo desejo. Para esse fim, a canonização de santos cristãos é adotada para aproximar e incorporar o culto cristão das localidades, muitas vezes criado e reproduzido a contragosto dos interesses clericais. Mas, em grande medida, a Igreja buscava reorganizar as novas forças, dando um sentido próprio às manifestações religiosas dos populares. Entrava em cena, portanto, um ordenamento político mais coerente, talvez uma preocupação em dar um pouco de voz aos homens das comunidades, atendendo aos devotos dos santos existentes. Foi durante o pontificado de Bonifácio VIII que o rei São Luis foi canonizado, como demonstração do forte apelo dos povos e atendendo aos interesses da Igreja em revigorar um poder político já bastante caduco. São as estratégias bem elaboradas que, mesmo culminando com a perseguição do referido Papa, indicavam que a Igreja adotara medidas drásticas, principalmente com a finalidade de estender os preceitos cristãos aos canonizados. Desse modo, Johannes Quidort reforça a seguinte idéia:

> Assim o reino da França foi governado por reis santos durante

> longo tempo e de boa-fé, servindo como exemplo São Luís, canonizado pela Igreja. E a Igreja, pela canonização, reconheceu o fato. Digam, pois, alguns teólogos o que quiserem: com o **direito humano** corre sempre a apropriação das coisas e a sujeição de homens.[57]

Johannes Quidort destaca o direito humano e o direito imperial como argumentos jurídicos para defender o domínio real sobre o reino. O modo mais adequado encontrado refere-se às terras que foram doadas ao monarca em usufruto e que acabaram prescrevendo, o que tornou o rei soberano em seu reino. No caso do reino, o uso efetivo acabou prevalecendo e prescrevendo os direitos do Império e da Igreja. Nesse sentido, juridicamente, a Igreja precisava encontrar meios mais eficazes para rejuvenescer o poder nas localidades dominadas pelo Reino Francês, e o fez integrando o vasto conjunto de crenças e valores nos santos ao corpo da Igreja. Nada melhor que canonizar um rei francês, pois assim, ao mesmo tempo, mostrava-se o caminho que deveria ser seguido por todos os reis e conquistava-se a adesão dos povos aos interesses da Igreja. Tais argumentos comprovam a idéia de que, à época de Bonifácio VIII, mesmo escrevendo uma bula papal como a *Unam Sanctam,* em estilo escolástico, o papado se revelou extremamente articulado à nova realidade vigente. Nas palavras de Walter Ullmann:

> El objetivo no podría haber sido anunciar o proclamar un programa sobre la autoridad o tal vez la reivindicación de una autoridad universal por parte del papado, por más que esto sea algo que se repite siempre de nuevo. En el lenguaje papal uno sólo puede decir *Miramar plurimum* [nos asombramos grandemente] cuando se declara que esta Bula habría sido la expresión más elocuente y rotunda de un sistema papal inexorable. Tales afirmaciones, empero, no conllevan todavía ninguna respuesta a la pregunta de por qué el papado en la transición del siglo XIII e XIV consideró necesario redactar una

[57] QUIDORT, JOHANNES. *Ibid.* p. 133.

> declaración tan exagerada, estructurada en forma escolástica. Bonifacio VIII fue un experimentado jurista con una gran experiencia práctica y un sentido de la realidad fuertemente marcado, él sabía exactamente qué lenguaje concreto había de adoptarse y qué medios concretos se debían aplicar en el caso propuesto.[58]

O Papa Bonifácio VIII, ao reafirmar ideias e conceitos repetidos e conhecidos, não age de maneira desconexa à política do momento. Contradizendo preceitos de uma política velha e já caduca, o papado apenas incorpora os papéis históricos que lhe foram atribuídos. Trata-se, contudo, de uma percepção nova, mais adequada a uma realidade de descentralização do poder político universal da Igreja. Uma tentativa declarada de manter uma autoridade que já se sabia haver entrado em descrédito. Em outro nível de argumentação, Johannes Quidort defende que o Papa, assim como os sacerdotes vivenciam a experiência da parte espiritual e, nesse sentido, ser Papa não significa aumentar a perfeição. A distinção é apenas um grau maior para aquele que supostamente governa a Igreja, mas não uma característica que o torna superior aos demais. Do mesmo modo, aparecem os questionamentos quanto à virtude da pessoa e à virtude do Colégio de Cardeais. Para o período final do século XIII, a idéia de bem comum passa a prevalecer diante da idéia individual. Assim, o Colégio de Cardeais possui maior virtude porque representa todo o conjunto da Igreja.

O debate instaurado revela que grande parte dos argumentos políticos da época procurava reforçar a autoridade e a jurisdição do poder pessoal. Nessa lógica, Johannes Quidort enfrentava, diretamente, as ideias de Egídio Romano, pois o que fica nítido é que existia uma estrutura dupla: por um lado, descendente em si, e por outro, ascendente, como pessoa. Para argumentar e dizer que o Papa pode renunciar e ser deposto, acredita que o próprio sacerdócio é descendente das leis divinas e, portanto, pode interferir na decisão de manter ou não um Papa à cabeça da

---

[58] ULLMANN, Walter. *Op. cit.* p. 176.

Cristandade. Da leitura atenta do documento pode-se observar a rápida comparação com as estruturas metafísicas do pensamento político monárquico, buscando com originalidade e consistência firmar uma teoria compatível com a realidade de seu tempo. Certamente, suas teorias foram adaptadas ao processo histórico que presenciavam os povos da época. Não menos adaptadas foram as defesas do papado, principalmente as praticadas por Bonifácio VIII. Mesmo com os pesados argumentos da hierocracia, ele apenas buscou opor-se às doutrinas que, segundo a interpretação do papado, solapavam e colocavam em questão a cosmovisão existente, precisamente aqueles argumentos que afetavam a sociedade cristã. Mesmo nos defensores da monarquia, é possível identificar que havia uma concordância com os preceitos mais rígidos do papado:

> [...] após o desaparecimento da presença corporal de Cristo surgem, de tempos em tempos, disputas a respeito da fé, e nestas disputas, devido à diversidade de opinião, a Igreja – para cuja unidade é necessária a unidade da fé – haveria de dividir-se, a não ser que pela sentença de um só a unidade seja mantida. Este único indivíduo, que possui a posição suprema, é Pedro e seu sucessor, e não por determinação sinodal, mas pela boca do Senhor, que não quis abandonar sua Igreja no que lhe é necessário e que, segundo *Jo 21,16*, antes da ascensão ao céu disse singularmente a Pedro: "Apascenta as minhas ovelhas", e, segundo *Lc 22,32*, recomendou-lhe antes da paixão: "E tu, uma vez convertido, confirma os teus irmãos".[59]

Qualquer contemporâneo podia reconhecer os sérios perigos para a cosmologia cristã da época. E, por isso, mesmo os maiores defensores da monarquia não atentariam contra a fé, nem mesmo promoveriam mudanças conceituais que afetassem o ordenamento e as hierarquias sócias da época. Pode-se dizer que se tratava mais de uma disputa entre ordens religiosas do que um conflito ideológico. Os debates permaneceram restritos a mudanças

[59] QUIDORT, JOHANNES. *Op. cit.* p. 49.

pequenas nos conceitos, o que o papado observava e buscava polemizar, principalmente para atrair as atenções. A polêmica sempre trouxe grandes benefícios ao papado, mesmo que causasse alguns pequenos ferimentos ao corpo doutrinal da Igreja. Uma consideração que sofreu alterações significativas foi o entendimento sobre a função da natureza no interior da cosmologia cristã. São alusivos os argumentos de Johannes Quidort, que certamente ingressam nessa grande teia de debates que tanto auxilia o crescimento do sentimento de fé entre os fiéis:

> Vemos que na ordem natural todo o governo tende a reduzir-se à unidade, como, por exemplo, no corpo misto, onde há um elemento dominante; no **corpo humano** heterogêneo, um é o membro principal; no conjunto do homem, a alma conserva a unidade de todos os elementos. Também os animais gregários, como as abelhas e os grous, aos quais é **natural** viver em **sociedade**, submetem-se naturalmente a um único rei.[60]

Ao tentar romper com as estruturas hierocráticas, defendidas principalmente pelo Papado e por Egídio Romano, Johannes Quidort reforça a hierarquia e autoridade da Igreja. Seus argumentos tão somente tentam desarticular uma lógica descendente e unitária. Ao perceber a possibilidade de participação dos fiéis nas decisões de ordem clerical e monárquica, propõe que todos os homens estão localizados numa mesma realidade e que a unidade política e religiosa só seria possível se fossem respeitadas as funções e respectivas atribuições. Ao Papa, portanto, governar a Cristandade e conduzir os fiéis à salvação; ao rei, governar o reino e conduzir os súditos ao bem comum.

Entra em cena o conceito de sociedade, inseparavelmente ligado à comunidade política. Um conceito aristotélico-tomista que impregnou as ideias dos homens de letras de fins do século XIII. Mesmo defendendo preceitos inovadores e que punham em questão, em muitos casos, a autoridade do Papa, certamente não

---

[60] QUIDORT, JOHANNES. *Ibid.* p. 45.

deixava de autorizar ainda mais a palavra clerical. Isso pode ser notado numa categoria muito simples: a idéia de homem natural. Nessa acepção, o homem animal precisava passar por uma transformação fundamental para integrar essa comunidade política, sendo o primeiro passo para isso o batismo. Mesmo que as comunidades políticas adquirissem uma forma jurídica, ainda continuavam presas a algo muito simples e de caráter aristotélico-tomista: o batismo como condição para transformar o homem animal em uma nova criatura, agora pertencente ao rebanho de Deus. Mais precisamente, ao rebanho da Igreja de Roma.

A porta de entrada da Igreja era o batismo, que significava uma renovação do homem. Uma forma de regeneração, de renascer do homem para a vida cristã. "La idea del renacimiento encontraba su formulación más marcada en la respuesta de Cristo a la pregunta de Nicodemo: "¿Cómo puede un hombre nacer, siendo ya viejo? ¿Puede acaso volver al seno de su madre y nacer de nuevo?".[61] Mesmo defendendo preceitos de um poder soberano, o que permanece implícito é o reforço e o rejuvenescimento da Igreja. Um poder restaurado e que ainda precisará de muitos anos para sofrer golpes que realmente possam abalar a institucionalidade. A perseguição de Felipe, o Belo, empreendida contra o Papa Bonifácio VIII, que logo em seguida provoca a mudança da sede do papado para Avignon, não abala as percepções sobre a Cristandade, mas em nenhum momento afeta o poder de influência da Igreja. As capacidades de reunir forças e reorganizar as estruturas de poder tornaram-na ainda mais resistente aos violentos embates políticos.

[61] ULLMANN, Walter. *Op. cit.* p. 185.

CAPÍTULO 5 – JOHANNES QUIDORT E A SUSTENTAÇÃO DA REALEZA

Em seu *The Growth of papal government in the Middle Ages*, Walter Ullmann afirma que os escritos de Johannes Quidort foram "uma reorientação radical"[1]. Em *Political thought in Europe: 1250-1450*, Antony Black vai declarar que Johannes Quidort foi o único e verdadeiro pensador a trazer as ideias de Aristóteles para discutir as esferas de poder, propiciando uma "versão igualmente plausível de hierarquia ao dar para a separação entre os dois poderes uma base metafísica"[2]. Ambas as hipóteses sustentam a idéia de que o *De regia potestate et papali* traduz o empenho de Johannes Quidort em descarregar todo o poderio destrutivo das palavras escritas sobre as demais ordens religiosas – sempre, é claro, defendendo os dominicanos –, com o intuito claro de estabelecer uma distinção entre os poderes que se mantiveram na base do pensamento e da tradição feudal: as ideias universais da Igreja e do Império.

As obras de Johannes Quidort obtiveram o êxito inesperado, pois provocaram um impacto negativo na Igreja, resultado de um pensamento voltado apenas na afronta que o dominicano havia praticado à ortodoxia católica. A Igreja defendia a idéia de um

[1] ULLMANN, Walter. *The Growth of Papal Government in the Middle Ages*. London : Methuen. 1962. p. 16.

[2] BLACK, Antony. *Political thought in Europe: 1250-1450.* Cambridge: University Press, 1992. p. 54.

corpo único de pensamentos e ações, pretensões essas contrariadas ao verem que um de seus membros passou a defender a projeção regional da figura régia. Assim como um senhor feudal, o rei almejava apropriar-se das terras e do valor agregado ao trabalho dos inúmeros súditos sob sua tutela, pois "durante boa parte da Idade Média, não era a posse de dinheiro, mas a de terra, que constituía a forma essencial de propriedade".[3] Contudo, ao se observarem as palavras de Johannes Quidort, atenta-se para os primeiros movimentos de centralização burocrática, política e econômica, já que o vasto território do reino francês precisava de dinheiro para sustentar as empreitadas militares. Pela primeira vez, Quidort cita o dinheiro como justificativa para um papa poder declarar um príncipe como inimigo:

> Talvez porém, se diga que alguns reis merecem ser privados deste direito, porque prejudicam o bem espiritual, impedindo que os bispos vão à cúria romana quando a ela são chamados por algum motivo espiritual, ou porque é necessário que eles ou outros vão para obter dispensa de alguma irregularidade ou coisa semelhante. Impedir o **trânsito**, em tal caso, é impedir o bem espiritual. E além disso causa-se dano à cúria romana quando por coarctação da liberdade de movimento, e por outras leis, impede-se que se leve **dinheiro** para fora do reino. Neste caso o papa pode queixar-se legitimamente e proibir tais coisas, e além disto reputar como inimigo o príncipe que assim age.[4]

Note-se o argumento e a justificativa, pois Johannes Quidort defende, implicitamente, que somente *Neste caso o papa pode queixar-se legitimamente e proibir tais coisas,* considerando, imediatamente, que o trânsito nas fronteiras torna-se uma questão de Estado, e o impedimento da *liberdade de movimento* só poderia ocorrer em casos de guerra. Tais barreiras passaram a ser mais fiscais do que políticas,

[3] ELIAS, Norbert. *O processo civilizador. Volume 2: Formação do Estado e Civilização.* Rio de Janeiro: Jorge Zahar, 1993. p. 46.

[4] QUIDORT, Johannes. *Sobre o poder régio e papal.* Tradução e introdução Luís A. de Boni - Petrópolis, RJ: Vozes, 1989. p. 123. Pela primeira vez, Quidort cita o dinheiro como justificativa para que se declare um príncipe como inimigo.

permitindo uma mobilidade maior, no interior dos reinos, dos enviados da coroa responsáveis pela cobrança de taxas dos produtos vindos de outras localidades. A busca ávida pela ampliação das terras[5], meio mais fácil de adquirir poder e guerreiros, só cessou com o equilíbrio político entre as forças da Igreja, do Império e da Monarquia.

É notório que essa fundamentação teria de encontrar uma justificativa. Para legitimar as ações regionais, Johannes Quidort reforça as ideias que distinguem o homem natureza, ligado ao lugar de nascimento e compreendido pelos sentidos, e o homem advindo da graça, esta sempiterna, universal e não captada pelos sentidos. Reforça a idéia de que nas coisas espirituais deva existir tão somente uma autoridade, visto que as virtudes são mais facilmente encontradas naquele que governa os homens no sentido da retidão, pois:

> Poder-se-ia também dizer que a **república do povo cristão** não pode ser dirigida com retidão se o governante nas coisas espirituais não for o papa, que é vigário de Cristo, e não há outro modo de conservar a justiça a não ser obedecendo a ele, como é justo, nas coisas espirituais.[6]

Para sustentar a definição clássica de que ao papado caberia administrar as coisas espirituais, ele procura teorizar sobre o governo de uma região, promovendo a distinção entre o governo de uma região, de uma casa ou de uma aldeia e província. A superioridade varia conforme a extensão dos domínios. É por essa razão que os príncipes, inferiores ao vigário de Cristo, necessitam

---

[5] ELIAS, Norbert. *Op. cit.* p. 46. Historicamente falando, os territórios que compõem a monarquia francesa do século XIII e XIV surgem de uma acirrada disputa que se arrasta desde o século X até o século XIV. Vale lembrar das disputas, em que nenhuma das partes poderia se dar o luxo de recusar a competir por terras, pois seria, certamente, aniquilada. O conflito foi entre Normandia e França, do qual restam, ainda hoje, as demarcações dos países que dele se originaram. A busca pelo equilíbrio foi uma das formas encontradas para o aumento dos domínios territoriais.

[6] QUIDORT, Johannes. *Op. cit.* p. 111.

de um guia que os conduza nos domínios mais vastos, complexos e não percebidos pelos sentidos. É por essa razão que Johannes Quidort sustenta a idéia de que existe uma diferenciação entre o governo de uma região, de uma casa, de uma aldeia e de uma província. A distinção entre os poderes é caracterizada pela autoridade única e indivisível do Papa:

> Todos os fiéis professam uma só fé católica, sem a qual não há salvação. Seguido, porém, surgem questões sobre coisas pertinentes à fé nas diversas regiões e reinos. Então, para que a unidade da fé não seja destruída pela diversidade das controvérsias, é necessário, como ficou dito, que **nas coisas espirituais haja uma só autoridade superior**, por cuja sentença estas controvérsias sejam dirimidas. Não acontece o mesmo, porém, com a **vida política. O**s fiéis não precisam conviver todos em uma única **comunidade política comum.** Devido à diversidade de climas, de línguas e de condições dos homens, pode haver diversos modos de viver e diversas **comunidades políticas**, e o que é virtuoso em um povo não o é noutro, como o Filósofo diz das pessoas singulares, ao anotar que algo pode ser demasiado para um e pouco para outro. Assim, por exemplo, devorar dez minas seria demasiado para um mestre de ginásio, mas bem pouco para Milão de Croton, que com um único soco vitimava um touro, como diz o Comentador (Aristóteles, *Ética a Nic.*, *l. 2, c. 5; 1106ª;* cf. Tomás de Aq., *Coment. À Ética*, l. 2, lect. 2).[7]

Na base desse pensamento, encontram-se os antecedentes da autoridade, porque a precedência gera o argumento da "idade" do poder que, nos séculos XIII e XIV, fortalece a autoridade do poder local dos reis. Nas afirmações de Johannes Quidort, o verdadeiro sacerdócio só apareceu depois da vinda de Jesus Cristo, o mediador entre Deus e os homens. Portanto, para este, o reino é anterior ao sacerdócio, pelas razões explicadas anteriormente pela história. Desse modo:

---

[7] QUIDORT, Johannes. *Ibid.* p. 50.

> [...] o reino é anterior ao sacerdócio [...] o primeiro reino foi o dos assírios, que principiou muito antes de ser dada a Lei. Na Assíria, o primeiro rei foi Belo, que reinou 65 anos, sendo sucedido após a morte por seu filho Nino, que estendeu o reino por toda a Ásia Maior, excetuando a Índia, e reinando por 52 anos. E já há 43 anos estava no poder quando nasceu Abraão, cerca de 1200 anos antes da fundação de Roma. Simultaneamente com este reino iniciou-se o dos siciônios, na África, que nos primórdios não foi tão importante, e cujo primeiro rei foi Egialeu, de quem **Europs** era filho. [...] No mesmo tempo encontra-se, entre os adoradores do Deus verdadeiro, o rei de Salém, a quem os hebreus chamam Sem, filho de Noé, e dizem ter vivido até Isaac. [...] Naquela época, existindo já há muito verdadeiros reis, ainda não havia **verdadeiro sacerdócio**, até a vinda do mediador entre Deus e os homens, Jesus Cristo, o que se deduz do fato de que, se alguns se chamavam sacerdotes entre gentios, **não eram** contudo **verdadeiros sacerdotes**, porque não ofereciam verdadeiros sacrifícios e nem ofertavam ao **verdadeiro Deus**, mas a um imaginado, segundo diz *Dt 32,17:* "Imolaram aos demônios e não a Deus". [8]

Os pensadores judeus, muçulmanos e cristãos elaboraram uma filosofia estreitamente ligada à teologia, praticamente construída sob o manto da máxima de Santo Agostinho "*credo ut intelligant*"[9]. É desse modo que pensadores dos séculos XIII e XIV propiciaram a aceitação do cristianismo sempre originada em torno da relação entre filosofia e teologia. Constata-se, desse modo, que na Idade Média não houve tão somente uma teologia ou uma filosofia, mas uma verdadeira filosofia e teologia, pois ambas eram dotadas de diferentes matizes. Mesmo que tratada racionalmente, a revelação divina teria sido o único limite respeitado pelos pensadores desse período. A vinda de Cristo, um mediador entre

[8] QUIDORT, Johannes. *Ibid.* pp. 51-52.

[9] ZILLES, Urbano. *Fé e razão no pensamento medieval.* Porto Alegre: Edipucrs, 1993. p. 10.

Deus e os homens, passa a ser o marco para o estabelecimento das noções básicas para a existência do sacerdócio. Além disso, os gládios temporal e espiritual assumiam, cada um, especificidades próprias da esfera de poder representada.

Na base das argumentações de Johannes Quidort estão os princípios da autoridade da Ordem dos Dominicanos. Indiretamente, ele acaba por reforçar a autoridade do poder régio no interior de um debate já existente na cúria romana. Não tardou para que a Igreja Romana enfrentasse e impusesse a autoridade papal, na já discutida exclusão de Quidort da cadeira de teologia da Universidade de Paris. Mas, ao defender os dominicanos, tinha em conta especialmente o Agostiniano Egídio Romano, a quem desferia críticas sutis ao longo de todo o documento – Quidort defende a idéia de que o Papa poderia, por exemplo, renunciar em casos de pecado, velhice etc. Esse pequeno detalhe da renúncia papal abriu o precedente para se discutir a deposição do príncipe, o que faz José de Souza acreditar que o "corte com a hierocracia estava, pois, materializado", pelo simples fato de afirmar que "a excomunhão, quando imposta aos príncipes seculares em geral, só acarretará na sua deposição, caso esta seja a vontade do povo", pois a comunidade política, acreditava Quidort, tratava-se de uma instituição puramente humana[10].

Pode-se observar que Johannes Quidort não nega a existência de um poder que, pautado na elegibilidade, possa garantir a estabilidade tanto do papado como do principado. Na verdade, defende a idéia de que todo poder pode ser e deve ser deposto em prol e defesa do bem comum. Não existe poder que esteja acima do bem comum. Certamente, na hierarquia, cabe aos superiores, em primeira instância, solucionar o problema. Somente em últimos casos o povo poderá aparecer como solução. Somente em casos de revolta. Mesmo assim, essa medida acabará por acionar os poderes públicos para que o resolvam, pois como bem diz Quidort, todos

---

[10] SOUZA, José Antônio C. R. de & BARBOSA, João Morais. *O reino de deus e o reino dos homens:* as relações entre os poderes espiritual e temporal na Baixa Idade Média (da Reforma Gregoriana a João Quidort). Porto Alegre: EDIPUCRS, 1997. p. 177.

os problemas devem ser resolvidos entre os iguais. Somente em acasos extremos o povo poderá ser utilizado, e desde que não haja manipulação. Na verdade, para Quidort, qualquer um que excitar o poder do povo merece ser deposto:

> Se, porém, na demora houver perigo para o **bem público**, como no caso em que o povo seja levado a formar uma opinião errônea, se houver o perigo de revolta, e se o papa excitar indevidamente o **povo** pelo abuso do gládio espiritual, e não houver esperança alguma de que ele possa ser demovido de outra maneira, creio que neste caso a Igreja deve ser mobilizada contra o papa e contra ele deve agir. O príncipe também pode repelir a violência do gládio do papa usando de seu próprio gládio de forma moderada, e nem age contra o papa enquanto papa, mas enquanto inimigo seu e da comunidade, assim como o judeu Aiot matou Eglon, rei de Moab, com uma flecha na anca, porque oprimia o povo de Deus com dura escravidão (*Jz 3,16-18*) e Aiot não foi tido como o que matou um chefe, embora mau, mas como o que matou um inimigo. Agindo assim, não se age contra, mas em favor da Igreja. Da mesma forma o povo, de modo elogiável, levado pelo zelo da fé, cegou e **depôs o papa Constantino**, que se tornara escândalo da Igreja. E também o imperador depôs o papa Bento IX e outros dois, que por suas disputas escandalizavam a Igreja, e colocou a Clemente II como papa da Igreja Romana, como se lê nas *Crônicas dos Romanos* (Vicente de Beauvais, *op. cit., 25, c. 27; 1011*).[11]

É certo que Quidort amplia as noções de poder soberano do rei no interior dos domínios reais, mas limita a participação dos súditos e fiéis, por crer na superioridade e na infalibilidade da hierarquia, como que uma predisposição especial dos que governam. Nesses casos, em vez de incitar o povo, "deve-se então procurar refúgio em Deus, que tem em suas mãos o coração do papa, como tem o **coração do rei**, e pode incliná-lo e dirigi-lo para onde quiser, bem como pode afastar do trono o papa, tal como o

[11] QUIDORT, Johannes. *Op. cit.* p. 138.

rei".[12] É comum confiar os desígnios papais, imperiais e reais nas mãos de Deus, inclusive o próprio julgamento dos erros, não cabendo aos súditos e fiéis – inferiores na hierarquia social e no plano divino – responderem e julgarem pelos atos dos homens escolhidos por Deus. Nessa perspectiva, encontram-se as ideias relativas ao príncipe guerreiro e do Deus que sempre abençoa os vencedores, numa menção clara de que Deus faz justiça glorificando o vitorioso, uma espécie de governo que está acima dos homens, que tudo vê, tudo pode e que certamente fará seu julgamento final.

A justificativa para os referidos argumentos estão respaldados nas palavras de São Paulo, que funda, em princípio, uma autoridade eclesiológica, pois toda autoridade encontra-se fundada em Deus. Desde os primórdios, os primeiros cristãos e missionários nutriram uma indiferença aos poderes temporais, principalmente porque acreditavam que o poder dos homens neste mundo era passageiro e que o verdadeiro poder estava no outro plano. A relação dos fiéis com a hierarquia da Igreja foi forjada na crença do único Deus, para sempre respeitar a palavra, o conselho e o poder que inicia do alto e se dissemina nas partes mais baixas da comunidade de fiéis[13]. Na verdade, o pensamento político medieval é dotado de autenticidade incomum, pelo fato de revelar ideias teocráticas, eclesiológicas e, em alguns casos, partindo para um teocentrismo aplicado a circunstâncias regionais específicas[14].

A Cristandade Ocidental reconheceu o crescente poder da monarquia desde fins do Império Carolíngio, período reconhecido como de moderada estabilidade, em que uma monarquia multirracial estabeleceu uma paz influenciada por concepções cristãs. É dessa herança carolíngia que vão se valer os monarcas franceses, principalmente para impor uma só monarquia e uma só Igreja, ambas de base romana e imperial. O precedente para o fortalecimento das monarquias advém, justamente, de uma

---

[12] QUIDORT, Johannes.*Ibid.* p. 138.

[13] BURNS, Jaimes Henderson. *Histoire de la pensée politique Médièvae.* Paris: Presses Universitaires de France, 1993.

[14] BURNS, Jaimes Henderson. *Ibid.* p. 03.

decadência do Império Carolíngio no exercício do poder do Estado e suas instituições.

Baseado em preceitos cristãos, a monarquia congrega aspectos dos primitivos cristãos, cujas bases missionárias e pastoris formaram uma imagem dos reis e príncipes. Apesar de haver uma razão aristotélica no pensamento medieval de fins do século XIII, o conteúdo ideológico repassado pelos governos reforçou os exemplos da tradição da realeza do sangue. Na verdade, a base cristã propiciou que o símbolo do Cristo como pastor das ovelhas fosse integrado à idéia do rei cristão como condutor do rebanho de súditos. Mas são as ovelhas que vivem para o pastor ou o pastor que vive para as ovelhas? Essa idéia, baseada em preceitos antigos, procedeu à formulação de inúmeras teorias sobre a autoridade do poder soberano dos reis em seus domínios. A legitimidade das monarquias parece repousar sob o manto dos valores antigos, principalmente no que se refere à herança do sangue dos antepassados e da tradição pastoril dos guias espirituais do mundo cristão. Mas, para Quidort, fica nítida a impressão de que o coração é o responsável pela estabilidade do poder, pois Cristo fala para tocar os corações arrependidos e, nessa lógica, tanto o Papa como o rei falam e agem para tocar e conduzir seu rebanho.

Ao organizar o pensamento religioso e filosófico da época, Johannes Quidort fez das armas teóricas do inimigo um meio para desestabilizar o já cansado corpo político/institucional da Igreja e do Império. Nesses termos, defende uma clara distinção entre os poderes:

> [...] pois a teologia mística não se encontra nos santos padres os quais, por acaso, dizem exatamente o contrário. Assim, diz Isidoro na glosa *Super Genesim* (*Quaestiones in Vetus Testamentum. In Genesim, c. 2; PL 83, 213*) que pelo sol deve-se entender o reino, e pela lua, o sacerdócio. Diz ele: "O esplendor do sol representa a excelência do reino, a plebe obedecendo ao rei; o esplendor da lua assemelha-se à sinagoga, **as estrelas são os príncipes**, e tudo fundamenta-se na **estabilidade do reino**, como sobre um sólido fundamento". Mesmo, porém, que fosse aceita a interpretação oposta, esta também estaria em favor de

> nossa tese, pois embora a lua ilumine a noite a não ser pela luz que recebe do sol, contudo possui uma **força própria** que lhe foi dada por Deus, e não pelo sol. Por tal força, ou **virtude**, a lua esfria e umedece, enquanto o sol faz o contrário. Isto pode ser aplicado deste modo especial a nosso caso: **o príncipe** recebe da Igreja a iluminação e a informação sobre a fé, contudo possui um poder distinto que lhe é próprio, e que não recebe do papa, mas imediatamente de Deus.[15]

Nota-se a preocupação em desmantelar, veladamente, os princípios morais e éticos que sustentavam o interesse de estender o poder espiritual para vários domínios. O detentor das virtudes para governar os dois gládios, por sua vez, encontrava-se comprometido com os valores culturais existentes nos referidos poderes e, desse modo, também se via freado pelos costumes e tradições. É desse modo que Johannes Quidort faz valer as leis dos pensadores antigos, pois toda a escrita traduz o rigor e a erudição reinante entre os professores da Universidade de Paris. Não cria e não rompe com a tradição acadêmica de sua época, em vez disso, mantém-se fiel às citações dos doutores da Igreja e dos filósofos mais importantes e aceitos em seu tempo.

É preciso, entretanto, considerar os aspectos relevantes e que de fato modificaram a forma de conceber os argumentos sobre os dois poderes existentes. Os argumentos sobre os dois poderes instigaram a discussão sobre a reforma do pensamento e das práticas religiosas. Pode-se afirmar, talvez com certo exagero, que essas ideias realmente abalaram a então moral cristã, pelo simples fato de contrariarem um juízo papal posto e estabelecido institucionalmente. Os questionamentos não visavam a contrariar os principais dogmas cristãos, mas certamente a crítica severa às intervenções da Igreja figurava como uma flecha prestes a atingir o coração da Cristandade. Acreditava que "uma só é a Igreja, um só o povo cristão, um só o corpo místico, mas não em Pedro ou em Lino, e sim em Cristo, que é a única cabeça da Igreja em sentido próprio e no grau máximo, e de quem provêm ambos os poderes

---

[15] QUIDORT, Johannes. *Op. cit.* p. 96.

em diversos graus"[16]. Quidort chamava para si a responsabilidade das explicações teológicas e políticas, pois:

> Esses escritos não estimularam qualquer censura eclesiástica direta a Johannes Quidort. Embora ele tivesse sido privado da licença papal de ensinar em 1304, na verdade foram as visões teológicas sobre a Eucaristia que formaram a fonte do conflito dele com as autoridades da Igreja.[17]

O pensador ou professor da Universidade de Paris dos séculos XIII e XIV ainda permanecia embriagado das ideias e dos valores do mundo cristão. Na verdade, todo formalismo e erudição revelam a permanência da cultura romana e latina no seio da Cristandade. Em oposição a tudo que pairasse barbárie, o homem sábio, exemplar conceito retirado das escrituras, ainda espelhava-se na leitura, na produção de escritos e na obediência cega aos preceitos da ordem de que fazia parte. A formalidade dos escritos de Johannes Quidort sinalizavam para o entendimento entre as partes em litígio, pelo simples fato de compreender que a função primordial da palavra escrita era transformar o mundo:

> Pelos dois gládios podem-se também entender o gládio da palavra e o da perseguição implacável, da qual diz *Lc 2,35*: "Uma espada traspassará tua própria alma"; e em *2Sm 12,10*: "O gládio não sairá de tua casa". Estes dois gládios deviam, assim, ser suficientes para os apóstolos: um, eles deviam suportar passivamente – era o gládio da perseguição – outro, era-lhes próprio, e devia ser desembainhado no momento oportuno: era o gládio da pregação.[18]

[16] QUIDORT, Johannes. *Ibid.* p. 112.

[17] NEDERMAN, Cary J. & FORHAN, Kate Langdon. *Medieval political theory: a reader: the quest for the body politic, 1100-1400.* London: Routledge, 1993. p. 157.

[18] QUIDORT, Johannes. *Op. cit.* p. 115. Nesse trecho nota-se a forma como Quidort considera um dos gládios não a atividade direta exercida no plano temporal, mas o poder da palavra como força obtida através de Cristo. Neste sentido, como bem informam as leituras dos textos gregos, a palavra assumia toda importância em

Mesmo as críticas passaram a seguir um rigor e uma estética moldados a partir da percepção racional da palavra revelada. O homem como animal político, captando os sinais e indícios deixados pela revelação divina. A observância da verdade das coisas cabia ao sábio, sendo Deus o conhecimento em si. Nessa lógica, os devaneios poéticos situavam-se entre as transgressões do conhecimento. A formalidade e a busca pela eqüidade formaram a base do pensamento de Johannes Quidort, pois ao rei cabiam os exemplos dos reis antigos e, ao Papa, a condição de guia espiritual. Mesmo assim, "Si le XIIIᵉ siècle a été le siècle des théologiens et des philosophes scolastiques, le XIVᵉ siècle des juristes, des décrétistes et des légistes. Les affaires générales qui se présentent alors sont traitées surtout au point de vue juridique".[19] Apesar de uma insistente formalidade teológica, Johannes Quidort propõe uma demonstração das possibilidades para o equilíbrio político, indicando aos pares, exceto aos "enclausurados", que o tempo para a aceitação da distinção entre o poder papal e o monárquico já era perceptível aos sentidos menos apurados:

> Pois no grau ínfimo encontram-se os leigos com seus reis, como os imperfeitos, mas passíveis de perfeição; acima deles encontram-se os perfeitos; acima destes, os mais perfeitos, como os eclesiásticos, e no grau supremo encontra-se o monarca de todos, que é o senhor papa.[20]

---

detrimento das demais atividades cotidianas, visto que ao sábio cabia usar dos conhecimentos para persuadir seus compatriotas menos esclarecidos para o caminho da verdade e da justiça. Nesse sentido, Quidort valoriza, como herança antiga, um modelo de sociedade guiada pela sabedoria divina e humana, sendo que a humana sempre serve aos propósitos divinos, a fonte geradora do saber no medievo.

[19] SCHNÜRER, Gustave. *L'Église et la civilisation au Moyen Age*. III. Paris: Payot, 1938. p. 15.

[20] QUIDORT, Johannes. *Op. cit.* pp. 112-113. Nesse trecho, Quidort apresenta o entendimento que possuía sobre a hierarquia entre as ordens e promove uma divisão da sociedade de acordo com o que concebe como verdadeiro. É certo que as influências de Aristóteles também devem ter marcado e influenciado o tipo de

As observações de Gustave Schnürer revelam o intrigado mundo dos teólogos em fins do século XIII, demonstrando a maneira revolucionária como determinados pensadores trouxeram novo alento a ideias sobre o *regnum*. Johannes Quidort, por exemplo, foi considerado "comme écrivain en théologie et comme prédicateur, une fécond activité"[21]. Seu tratado político mais importante, *De Regia Potestate et Papali,* anunciava uma critica contundente contra Gilles, Jacques de Viterbo, Henri de Crémona e o tratado composto anteriormente por Tolomée de Lucques, intitulado *Determinatio compendiosa de jurisdictione imperii*[22]. Os ataques de Johannes Quidort revelam a nítida opinião de que "la fin de l'État peut être atteinte même sans direction chrétienne"[23]. Opinião severa e indiscutivelmente contrária aos propósitos universalizantes do papado e do Império. Muito embora Dante tenha defendido o Império para que a paz e a unidade fossem seladas, Quidort intervém propondo novos caminhos para a manutenção do equilíbrio entre as forças políticas da época, considerando a razão justificada do monarca dentre as mais equilibradas para o estabelecimento do bem comum. Apesar de insistir na exaltação de um modelo político voltado aos sentimentos locais, afigura-se o

---

cultura política e societária que defende. É nítida a percepção de um arranjo político conforme a hierarquia repassada pelo Filósofo, que limitava os espaços conforme a dignidade (mulheres, crianças e escravos não possuíam direitos de participação nas decisões na democracia grega). Quidort, partidário de uma visão unitária da sociedade também projeta, à luz de suas experiências e leituras, uma combinação declarada de ordem, corpo, cabeça e sociedade de homens hierarquizados entre si (sociedade de homens, como dizia Duby). A inexistência de referências à mulher é um gesto importante para a visão medieval. Esta ausência, este silêncio, por si só, revela o lugar de cada um nessa ordem medieval (Duby, em as **Damas do século XII**, apresenta excelente visão a respeito). Quando Quidort trata da relação entre as esferas de poder, principalmente retratando os argumentos bíblicos e dos doutores da Igreja, Quidort constrói um mundo projetado e ordenado, um arranjo livre de tensões e equilibrado a partir das premissas bíblicas, que, entende-se, visam demonstrar o mundo a partir da desigualdade sexual, sempre pautado nos exemplos bíblicos.

[21] SCHNÜRER, Gustave. *Op. cit.* p. 124.

[22] SCHNÜRER, Gustave. *Ibid.* p. 124.

[23] SCHNÜRER, Gustave. *Ibid.* p. 125.

orgulho do pensador de fins da Idade Média, cuja função de professor universitário exigia que apresentasse, de maneira convincente, o que propunha ao leitor letrado. Talvez faça parte de um processo de ruptura: o homem, ao pensar, integra a criação divina, dotado de qualidades próprias que libertam o saber das mãos exclusivas de Deus e da Igreja, uma preparação indispensável às questões, à especulação e ao fim das certezas absolutas.

A crescente importância dos círculos intelectuais da Baixa Idade Média revela que o poder passa a pender mais para os argumentos juristas e, sobretudo, para pensadores/universitários. Essa ênfase no caráter racional e "profissional", se assim se pode dizer, rumava para aquilo que, mais tarde, Kant chamaria de "primado da razão prática". As respostas aos problemas de ordem política recebem o "auxílio" e o peso dos argumentos dos pensadores interventores sempre, de fato, prontos a somar e legitimar as ações dos reis.

Na disputa entre o papado e a monarquia, ficou evidenciada uma relação estreita entre a teoria e a prática. Na verdade, a linha que separa a teoria e a prática não foi sentida e nem cogitada. O fato primordial é que a palavra, conforme representam os exemplos bíblicos, integram o vivido. As escatologias, o fim dos tempos e o castigo aos pecados revelam-se a partir de uma mescla entre o escrito e o vivido, uma sabedoria dos antigos, que o mundo contemporâneo descarta com muita facilidade, mas que fazia parte das ações humanas e divinas. Tal característica pode ser vista nos exemplos de Johannes Quidort, para quem era necessário que alguns homens mais sábios orientassem os que ainda não se utilizavam da razão[24].

Talvez pudesse ser concebida uma harmonia entre a teoria e a prática, entre os pensamentos e as ações humanas, do mesmo modo que se almejava harmonizar o espiritual e o temporal. É certo que o homem do Medievo não criava uma separação entre o plano sobrenatural e o natural. A escrita e a palavra encaixavam-se na ordem das ações divinas, mesmo que propusessem,

---

[24] QUIDORT, Johannes. *Op. cit.* p. 46.

antecipadamente, um conhecimento racional não vinculado/resultado do plano divino, pois:

> Para a tradição cristã, o tempo não era "uma espécie de avesso do espaço, uma condição formal do pensamento". Iremos encontrar esta dificuldade para os teólogos cristãos, quando precisamente nessa época – séculos XII e XIII – a introdução do pensamento aristotélico vai submeter-lhes os problemas das relações do espaço e do tempo.[25]

Johannes Quidort utiliza os exemplos descritos na Bíblia e pelos doutores da Igreja, mas o seu intuito maior é fazer uma referência direta aos acontecimentos que envolvem o rei francês e o Papa, sobretudo o fato de Filipe taxar o clero francês, que se viu obrigado, em vista das circunstâncias, a pagar tributos ao rei francês. Informado dos abusos cometidos contra a Santa Sé, Bonifácio VIII repudia as atitudes do rei francês, declarando que ao Papa cabem os gládios terreno e espiritual. A justificativa real partia de um exemplo prático: a guerra da França contra os ingleses. Os próprios prelados, submetidos à jurisdição francesa, acabaram por concordar em contribuir para os pesados gastos de guerra. Contudo, Bonifácio VIII não poderia deixar a autoridade papal perecer diante da insubmissão de Filipe, e dá início a um debate teórico sobre a condição de cada poder na esfera política da Cristandade.

Através da leitura e da interpretação das fontes, foi possível identificar a teia de relações sociais que se estabeleceu e propiciou uma reconhecida busca pelo equilíbrio das forças, certamente instrumento para a paz. Johannes Quidort antecipa as modernas teorias de poder popular, promovendo uma escrita que visa a fortalecer os laços de legitimidade do poder político nas mãos dos súditos. Os argumentos revelam a preocupação em burocratizar e fazer com que as funções na administração da monarquia sejam

---

[25] GOFF, Jacques. *Para um novo conceito de Idade Média*. Lisboa: Estampa, 1979. p. 53.

ocupados por mérito e não pelo parentesco, primeiros passos para o que conhecemos como Estado Moderno. Para que os argumentos sejam lidos e aceitos pelos pares, utiliza os recursos disponíveis em seu tempo: a Bíblia, os Doutores da Igreja e os escritos de Aristóteles.

5.1 – PODERES "ESGOTADOS"

A dependência do poder secular das orientações sacerdotais leva a crer que o primeiro poder seria imperfeito e sem forma, caso não respeitasse o sentido determinado por Deus. Conforme Marcel Pacaut[26], vários são os pensadores, dentre eles Tiago de Viterbo, que atribuem ao Papa a supremacia única e total. Nesse sentido, o poder temporal depende, única e exclusivamente, da função espiritual. Deve, seguindo essa premissa, prestar auxílio ao poder espiritual sempre que este o desejar e, acima de tudo, ser condizente com a condição de obediência e submissão. O Papa era visto como o único a deter a competência sobre o poder temporal, excluindo o modelo hierocrático do Império como meio válido para impor a autoridade do Imperador do Sacro Império Romano Germânico. Nessa perspectiva, considera-se que "a Igreja é *communitas omnium fidelium* e, simultaneamente, um *regnum.* Nesta circunstância é, pois, uma *societas perfecta*"[27].

Tiago de Viterbo discute a idéia do poder temporal depender diretamente do espiritual. Observa a origem imediata do poder régio, optando por uma via intermediária, configurando nas mãos do povo e da lei humana a origem do poder régio. A fragilidade dos argumentos hierocráticos em fins do século XIII e início do século XIV é percebida devido ao fato de defensores da cúria romana e papal terem de atacar pela via da argumentação para justificar a

---

[26] PACAUT, Marcel. *Les structures politiques de l'occident médiéval.* Paris, Armand Colin, 1969. p. 148.

[27] SOUZA, José Antônio de C. R. de. *O reino de Deus e o reino dos Homens*: as relações entre os poderes espiritual e temporal na Baixa Idade Média (da Reforma Gregoriana a João Quidort). Porto Alegre: EDIPUCRS, 1997. p. 168.

supremacia do poder. Esgotado e distante da realidade local dos poderes constituídos, a monarquia universal do papado inicia um processo lento de desarticulação, visto que a monarquia régia, mais próxima dos problemas locais e mais apta a administrá-los, distancia-se, cada vez mais, do universal e identifica-se, conseqüentemente, com o particular.

Ao se transferir a autoridade do poder régio para as questões locais das províncias domadas pelos vínculos e rituais de vassalagem, as virtudes antes encontradas somente na figura dos sacerdotes começam a migrar para a função régia. O rei guerreiro, em fins do século XIII, precisava conter em sua *personna* as virtudes de um verdadeiro cristão, incorporando a perfeição antes atribuída somente aos membros da *ecclesia*. Essa reunião de atributos pessoais iniciou um processo mental de afirmação da linhagem e do sangue da família real. A condição de ligar e desligar na Terra permanecia uma atribuição clerical, ao passo que ligar e desligar entre os homens era função real. Esse vínculo feudo-vassálico estendia-se das relações pessoais para as primeiras relações burocráticas do nascente Estado. Enquanto a graça continuava aperfeiçoando a natureza, o rei também possuía a natureza do poder ungida pela graça divina, com a missão de conduzir os súditos para a bem-aventurança eterna. Nesse sentido:

> [...] Sabe-se que o principado secular foi instituído com a finalidade de proporcionar um governo aos seres humanos, através de uma lei igualmente humana. No entanto, por outro lado, a instituição de um principado secular, sob a chefia de um monarca cristão, para governar os fiéis, foi estabelecida pela autoridade espiritual.[28]

Os argumentos demonstram o antagonismo entre as duas correntes, movimento das ideias que visavam a justificar ambas as partes em litígio. Ao príncipe cabia a condição de fazer de seus

---

[28] VITERBO, Tiago de. "Sobre a subordinação do poder terreno ao espiritual". IN: SOUZA, José Antônio C. R. de & BARBOSA, João Morais. *Op. cit.* p. 190.

súditos pessoas virtuosas, encaminhando-os para a vida eterna através do julgamento humano, do castigo e da recompensa dada aos bons. Essa modalidade fazia do rei um ordenador das coisas terrenas, ao passo que, ao sacerdócio, cabia ministrar os sacramentos, orientar os fiéis no caminho da retidão e do discernimento da sabedoria divina. Nessa lógica, pairam as diferenciações fundamentais: o rei tinha seu poder alicerçado na *natura*; o sacerdócio, na *gratia*. Basicamente, esses preceitos dariam sustentação necessária para o estabelecimento de uma monarquia humana, ligada ao tempo e controlada pelos sentimentos/prazeres humanos. Tal justificativa acentua os termos no terreno firme das convicções guerreiras e cavaleirescas da época. Do mesmo modo que o cavaleiro prestava juramento de defender os mais fracos e usar da espada para garantir a proteção de seu senhor, o rei adquiria um *status* de detentor do poder das armas e da correspondente responsabilidade perante os frágeis súditos, que necessitavam do guia espiritual e da autoridade coercitiva do rei.

A crença na idéia de que o Papa possui um único poder, e na verdade não deseja ocupar a função do poder temporal, reproduz o sentimento de que o papado de fato possui a competência sobre as esferas espiritual e temporal. Do lado da corrente anti-hierocrática, vários pensadores se ocuparam em tentar limitar o poder papal. Esse movimento processou-se gradualmente, principalmente na forma de abordar a distinção entre os dois poderes. Uma das grandes alterações vivenciadas por esses pensadores foi o fortalecimento do Estado, não só em suas ações efetivas, mas também no aparecimento de uma consciência do poder temporal em adquirir certa autonomia na função que exercia. Seguindo essa linha de pensamento, desenvolveu-se uma idéia de que os súditos é que formavam a base do poder temporal. Do mesmo modo, ganhou força uma idéia de Igreja não-clerical, cujos fiéis membros também passavam a integrar a estrutura funcional da Igreja. Passo a passo, o terreno da especialidade clerical se via diminuída perante o movimento de participação dos fiéis no interior das Igrejas. Nesse sentido, os poderes esgotados iniciaram um novo processo de assimilação, incorporando o sincretismo cultural e as novas mudanças evidenciadas.

A política do Império Romano sempre atuou junto aos interesses de expandir os territórios e respeitar as tradições/culturas conquistadas. A Igreja, de modo aparente, procurou atuar e respeitar certos padrões políticos e institucionais do Império Romano. A capacidade de agir junto ao sincretismo cultural, herdado das instituições romanas, permitiu ao modelo hierocrático dos teólogos defensores da Igreja ampliar as bases do poder de intervenção do papado nas questões temporais. Contudo, nem mesmo a experiência em intervir e impor a autoridade clerical sobre o corpo da sociedade bastou para suprimir um sentimento mais "científico" e histórico das interpretações bíblicas. Em vez dos argumentos teológicos dos pensadores dos séculos XIII e XIV mirarem tão somente a construção de alegorias, muitas vezes arbitrárias, para convencer e impor a autoridade papal, os textos bíblicos passaram por uma exegese e, mais detidamente, por uma análise histórica dos fatos relatados. Em vez de procurarem uma resposta puramente espiritual, encontraram, também, um sentido mais literal. Esse intuito inovador, influenciado pela leitura de Aristóteles, buscava nas provas documentais e nas evidências a sustentação de determinadas ideias sobre os poderes existentes, o que pode ser visto mais claramente nas palavras de Johannes Quidort:

> A fim de melhor esclarecer o assunto, devem antes ser apresentadas as referências ao fato, tal como se encontram nas crônicas e **histórias antigas** a respeito da **translação** e da doação do império. Assim ficará mais fácil compreender o que pode o senhor papa por aquela doação, principalmente com relação ao **reino da França.**[29].

[29] QUIDORT, Johannes. *Op. cit.* p. 129. A referência ao Reino Francês evidentemente completa a idéia regional e a descentralização política da idéia universal. Contudo, é importante frisar como os argumentos relacionam o passado de maneira histórica, com a preocupação latente de encontrar supostas verdades, estas comprovadas a partir da leitura de documentos e fatos históricos. As diferenças de costume, como informa Johannes Quidort, estão assentadas sobre bases históricas encontradas nos documentos e textos deixados pelos antepassados. Portanto, evidencia-se que para cada povo existe um tipo de governo, estes sempre governados por um único Deus.

Em fins dos séculos XIII e XIV, devido a leituras e novas percepções provadas pela leitura de Aristóteles e pelas ideias radicais de Bonifácio VIII, os pensadores passaram a revigorar as ideias políticas. Novas possibilidades, sempre atentas à realidade passada, fizeram-se presentes nessas propostas de uma sociedade mais justa e pacífica. À espreita da guerra, os homens construíram os termos para a paz. Dos argumentos e comprovações, os pensadores tiveram diante de si exemplos práticos de uma vida quotidiana repleta de possibilidades. Baseado nas teses tomistas, Johannes Quidort propôs um meio termo para o equilíbrio entre as forças políticas da época. Não optou pela via da defesa declarada da monarquia nem partiu para uma defesa inflamada dos preceitos cristãos e universais defendidos pelo papado, pois acreditava que a autoridade eclesiástica encontrava-se no meio termo entre dois erros[30].

Os argumentos em defesa do poder papal encontravam uma resistência surda que ecoava no interior das próprias instituições eclesiásticas. No projeto de Cristandade, entendido como conjunto vasto de determinações e percepções da realidade cristã, transparece também a idéia de que ao poder régio cabia o exercício da justiça. Do mesmo modo, Melquisedec, o primeiro rei citado por Johannes Quidort, significa: "Melquisedec era rei de Salém e sacerdote de Deus. A palavra Melquisedec significa em hebraico rei de justiça"31. Nesse sentido, as discussões entre os clérigos apontam, invariavelmente, para uma crença no exercício da justiça nas mãos do poder régio. Implicitamente, minam as bases da forte argumentação espiritual e papal de supremacia sobre ambos os poderes existentes. Na mesma linha de pensamento, Johannes Quidort confirma as seguintes ideias:

> Deve-se também observar que os príncipes terrenos, em propriedades que possuem diretamente ou através de seus súditos, concedem por vezes à Igreja só o uso, e por vezes o

[30] J QUIDORT, Johannes. *Ibid.* p. 41.

[31] Retirado da Bíblia Sagrada: p. 38.

uso e a jurisdição. Concedem o uso sem a posse quando determinam que os frutos da propriedade sejam transferidos para a Igreja, mas não permitem que o poder de exercer a justiça passe também para ela.[32]

Não obstante a confirmação das atribuições espirituais ao papado para interferir e governar os fiéis, ele transfere uma legitimidade ao exercício da justiça ao rei, pois à Igreja cabe, inclusive, a propriedade e os frutos destas, mas não o poder de justiça, atribuição régia por excelência. Ainda assim, Johannes Quidort acredita que boa parte das análises efetuadas até então haviam incorrido num grave erro, ao negarem qualquer poder jurisdicional e/ou de propriedade sobre os bens materiais à Igreja e ao Papa. Outro grande erro Johannes Quidort atribui às análises de Tiago de Viterbo, que afirmam que a Igreja é um reino e, o Papa, o Vigário de Cristo, condição que o torna detentor da *plenitudo potestatis*, "graças à qual exerce um controle absoluto sobre todas as pessoas e bens materiais"[33].

A proposta inicial de Johannes Quidort é restabelecer o diálogo entre o Rei Filipe, O Belo, e o Papa Bonifácio VIII. Contudo, em estudo mais aprofundado, aparecem as ideias de que os homens são inclinados a viverem em sociedade, tendo como exemplos o passado e as experiências demonstradas pela natureza humana: ideias retiradas de S. Tomás de Aquino, que indicam claramente que alguns homens, ao longo da história humana, adquiriram a sabedoria necessária para convencer os demais homens das supostas vantagens da vida em sociedade e, em seguida, passaram à condição de guias/chefes destes mesmos homens. Dessa distinção refinada nascem as ideias de atributos especiais do monarca, pela via da sabedoria inata ao sangue régio. Nesse sentido, o rei se transforma no objeto da justiça local, pois permite uma distribuição mais equilibrada dos bens materiais aos súditos, bem como uma aplicação mais criteriosa das leis aos mesmos. Usa como argumento a permanência de uma organização

[32] QUIDORT, Johannes. *Op. cit.* p. 75.

[33] SOUZA, José Antônio C. R. de & BARBOSA, João Morais. *Op. cit.* p. 174.

mínima para que os súditos tenham a garantia de paz, considerando os inimigos hostis ao reino de França.

Segundo Johannes Quidort, qualquer reino poderia alcançar a virtude máxima e a finalidade natural a que foi destinado: proporcionar aos súditos o viver segundo a virtude e a moral que lhe são próprias. Tal máxima considera essas virtudes independentes do beneplácito da Igreja e dos poderes sobrenaturais. Desse modo, Quidort compreende que:

> A natureza, porém, não faz nada semelhante a isto, e muito menos o autor da **natureza**. Por isto diz Aristóteles que cada **órgão** realiza com **perfeição** sua obra, se não se destinar a muitas obras, mas a uma só.[34]

Nesse sentido, a legitimidade do reino está garantida por um princípio de origem, já que advém da natureza e da razão humanas. Essa característica do argumento propõe que o reino, dessa forma, dependa única e exclusivamente dos indivíduos, em face de uma moral natural. É certo que essas realidades argumentativas estão pautadas em uma nova perspectiva, pois não atuam exclusivamente na lógica da "graça divina", "rei pela graça de Deus", mas sim numa ordem aristotélica que privilegiava a atitude do homem perante o pensamento político natural. Justifica-se, assim, a idéia de uma moral natural, apreendida dos gregos antigos e remodelada à nova realidade e natureza dos reinos visualizados por Quidort. O que até então se concebia como hierocracia, não entra na lógica do pensamento político de Quidort, pois o reino necessita tão somente da virtude moral e natural do sábio rei para distinguir o que deve ser mantido e rejeitado.

---

[34] QUIDORT, Johannes. *Op. cit.* p. 69.

5.2 – A MÍSTICA MONÁRQUICA

No período medieval e no interior da estrutura teocrática, o soberano, o Papa, o Rei e o Imperador sempre foram associados a criadores de leis. A função de ditar regras, estabelecer condutas aos homens e decidir sobre os principais valores a serem perseguidos sempre esteve condicionado às instituições possuidoras do maior prestígio relativo às verdades cristãs. Nessa perspectiva, o rei, soberano em seu reino, encarrega-se, cada vez mais, da função medieval de ditar regras obrigatórias de ação no interior do reino. Os exemplos bíblicos, vindos de São Paulo, mencionam, de maneira insuperável, a concepção teológica da função régia. Em *Rom. 13, 4*, São Paulo confirma a idéia de que o *Principes* não precisa se reportar aos demais gládios para portar o gládio temporal. Talvez nada reflita melhor a idéia teocrática do poder temporal dos reis que fazer a lei pela vontade do soberano, vinculando-a à vontade de Deus e das gentes. É a vontade onipotente de Deus revelada a partir das ações do soberano no reino. Corroboram nesse sentido as afirmações de Johannes Quidort:

> Citam também no caso o texto de *1Cor 6,4:* "Se tiverdes disputas judiciais, colocai então como juízes as pessoas a quem a Igreja despreza (*contemptibiles*). [...] como expressamente diz Hugo de São Vítor (*De sacramentis, l. 2, p. 2, c. 7; PL 176,420*) com estas palavras: "Deve-se também observar que os príncipes terrenos, em propriedades que possuem diretamente ou através de seus súditos, concedem por vezes à Igreja só o uso, e por vezes o uso e a jurisdição. Concedem o uso sem a

posse quando determinam que os frutos da propriedade sejam transferidos para a Igreja, mas não permitem que o poder de exercer a justiça passe também para ela.[35]

Neste trecho, os argumentos levam o leitor a acreditar que aos clérigos não cabia exercer a função mundana de julgar, pois essa responsabilidade era apenas uma atividade para ignorantes e imbecis, por não existirem sábios fora da Igreja. Desse modo, caso um clérigo resolvesse exercer a função mundana de julgar, mesmo sendo um sábio, estaria se igualando aos imbecis, algo totalmente reprovável nas argumentações que Quidort elabora. Na base dessa idéia reside a preocupação em distinguir o poder de cada uma das esferas.

A Bíblia, principalmente no Antigo Testamento, apresenta uma terminologia que os pensadores de fins do século XIII querem que sejam semelhantes, principalmente ao considerar o poder real como legislador da lei, na verdade alguém que se confunde com o regulador da lei dos povos. Tanto a Biblia como os ideais de Johannes Quidort propõem que "la creación de la ley surja de tal modo que encarne el consentimiento de aquéllos a quienes se debe aplicar"[36]. Nas afirmações de Johannes Quidort:

> Cumpre agora ver o que podem os bispos e sacerdotes sobre os príncipes, em coisas temporais, pelos poderes que lhes foram dados. Por nenhum dos referidos poderes têm eles poder direto, ou jurisdição em coisas temporais, a não ser para que possam receber o necessário ao sustento. Para maior clareza, os casos serão examinados um a um. Quanto ao poder de consagração, é evidente, pois é totalmente espiritual e igual em todos os bispos e sacerdotes, mesmo nos degradados, suspensos ou depostos, o que se prova pelo fato de, ao se reconciliarem, não serão reordenados. É claro, pois, que por tal poder não possuem jurisdição nem domínio nas coisas

[35] QUIDORT, Johannes. *Ibid.* pp. 74-75.

[36] ULLMANN, Walter. *Escritos sobre teoría política medieval*. Buenos Aires: Eudeba, 2003. p.132.

> temporais. O segundo poder, o das chaves no foro da consciência, é totalmente espiritual, e por isso o texto de *Jó 20,22:* "Recebei o Espírito Santo" etc. é assim comentado por Crisóstomo (Tomás de Aq., *Catena áurea in Jó 20,22; 2,639ª-b):* "Foi-lhes dado apenas o poder de perdoar os pecados". Por este poder não possuem qualquer autoridade sobre as coisas temporais, a não ser quando, no foro da consciência, induzem e impõem para a satisfação do pecado uma penitência corporal, do mesmo modo como impõem outras penitências. Mas por este motivo ninguém lhes é pura e simplesmente sujeito, sendo-o apenas sob duas condições: se pecar e se quiser fazer penitência. Se alguém não tiver tal intenção, não podem coagi-lo por este poder, ao contrário do juiz secular, que pode impor multa pecuniária ou reparação mesmo a quem não quer, podendo até compeli-lo a tanto.[37]

Como os argumentos de Johannes Quidort se formam a partir da leitura bíblica, a mística real obtinha a legitimidade de impor a lei aos súditos sem que o soberano obtivesse o consentimento daqueles a quem a lei seria aplicada. Os súditos, conforme entendiam o poder soberano dos reis, apenas constituíam um ponto de apoio, pois a lei era prescrita e ordenada[38]. Nesse sentido, a fonte da lei e da justiça emanava do rei, o que significa dizer que a forma de conceber a figura mística do rei encontrava-se amparada nas amostragens bíblicas do poder legislador e ordeiro do rei. Ao rei caberia a punição e a reparação dos erros, atuando como um juiz secular, sujeito à condenação somente se pecasse e não aplicasse a lei como rezavam o costume e a tradição. Nesse sentido, observa-se como o político "ora se dilata até incluir toda e qualquer realidade e absorver a esfera do privado"[39], pois se entende que, invariavelmente, a idéia do rei soberano em seu reino se comunica assim com todos os outros

---

[37] QUIDORT, Johannes. *Op. cit.* p. 88.

[38] BERTELLONI, Francisco. *La crisis de la monarquía papal mediante un modelo causal ascendente: Juan de París,* De Regia Potestate et Papali. Porto Alegre: Veritas. V. 51. n. 03, 2006. p. 61.

[39] RÉMOND, René. "Do político". In: RÉMOND, René (org.). *Por uma história política.* Rio de Janeiro: FGV, 1996. p. 442.

setores da atividade humana, não exercendo, diretamente, uma autoridade somente ideológica, mas como um reflexo ou máscara de outras realidades determinantes do social. Observa-se, nitidamente, que as forças políticas em constante tensão confirmam uma consistência própria, visto que cada uma apresenta uma ligação direta com o corpo social. Nesse sentido,

> A Igreja não julga sobre nenhum delito, a não ser que se deixe reduzir ao espiritual ou eclesiástico. [...] Ora, dizer que os sumos pontífices ensinam e escrevem tais coisas por questão da humildade apenas, é algo muito pernicioso e perigoso, porque Aristóteles (*Ética Nic., l. 2, c. 7;1108ª*) atribui isto ao vício da ironia, que se opõe à **verdade**. E diz mais, que estes tipos de humildes não são virtuosos, mas tímidos e aduladores. E Agostinho, no *De verbis Apostoli* (*Sermo 181,4; PL 38,981*): "Se mentires por causa da humildade, então, se não eras pecador antes de mentires, te tornaste pecador com a mentira". E em seus comentários *Super Johannem* (*tract. 43,15; PL 35,1712*): "Não se deve evitar a arrogância às custas da verdade". E Gregório Magno (*Moralium, p. 5, 26, c. 5; 3,87s*): "São incautos os humildes que se emaranham nos laços da mentira".[40]

Observa-se, nesse sentido, a maneira irônica com que Quidort trata o que foi escrito, com o propósito de convencer os fiéis por meio de uma santa humildade. Seus argumentos são extremamente fortes, e ele, inclusive, encontra em Aristóteles os termos corretos para afirmar e pensar sobre a verdade presente na essência das coisas. "A história da filosofia cristã dos séculos XIII e XIV é essencialmente um debate vivo e intenso em torno das várias formas da filosofia aristotélica"[41]. Realmente, houve uma vitória do aristotelismo, mesmo que de início tenham prevalecido elementos neoplatônicos. Johannes Quidort exemplifica bem essa configuração ideológica do pensamento político da época ao presumir que somente aos sofistas cabia enganar com belas e falsas

[40] QUIDORT, Johannes. *Op. cit.* p. 89-90.

[41] BOEHNER, Philotheus & GILSON, Etienne. *História da filosofia Cristã*. Petrópolis: Vozes, 2004. p. 361.

palavras. Para Aristóteles, é preciso ir além das aparências para se alcançar a essência das coisas, essência esta sempre observada como a única possibilidade para se alcançar a verdade.

Desses princípios teóricos, alguns pensadores passaram a defender o poder soberano do rei a partir do caráter legalista, das ideias contidas na Bíblia e no pensamento aristotélico da essência do verdadeiro poder. Desse modo, toda a função do soberano se resumia a ser fonte da lei e da justiça. São conhecidas as intervenções jurídicas na elaboração de código de condutas à época do rei Filipe, O Belo, e também os regulamentos sobre a utilização dos recursos financeiros angariados no reino de França – o que, de fato, teria provocado o conflito entre Filipe, O Belo, e o papa Bonifácio VIII. Importante é observar, também, que a concepção de criação da lei como causa direta da *potestas* régia significava compreender a vinculação da monarquia com todas as demais atividades exercidas cotidianamente pelos súditos da realeza. O corpo social e a soberania régia estiveram como que ligados por um elo umbilical, e a morte de um certamente provocaria o colapso do outro.

A influência de Aristóteles a partir da metade do século XIII foi sentida em boa parte do pensamento político, pois provocou uma verdadeira revolução nas ideias que, todavia, estiveram vinculadas a manifestações e práticas populares que preparavam o terreno para sua disseminação. É fato que a teoria da teocracia dos governos foi reforçada junto aos costumes cristãos, contudo esta teoria valorizava muito a idéia de bem comum, obrigação fundamental para um rei cristão e compromissado com as virtudes mais elevadas. Nesse sentido, os pensadores incorporaram à idéia de bem comum o valor da essência aristotélica, que indicava, sobretudo, o caminho da verdade ao governante. A mulher era outro elemento descaracterizado ao longo da Idade Média e, nas artes de governar com sabedoria, não entrava no plano de Aristóteles nem da tradição cristã[42].

---

[42] LE GOFF, Jacques & TRUONG, Nicolas. *Uma história do corpo na Idade Média.* Rio de Janeiro: Civilização Brasileira, 2006. p. 40. Conforme Jacques Le Goff, "o tabu do

Com a entrada do aristotelismo no pensamento político do Medievo, foi possível mesclar ideias antigas com preceitos novos. O sangue como definição do parentesco entre os nobres surgiu apenas posterior e tardiamente. É na proliferação das ideias de Aristóteles que a denominação "pureza de sangue" encontrou terreno fértil. Pode-se afirmar que talvez tenha sido a única forma compatível com as crenças cristãs e das camadas mais baixas da sociedade medieval. Contudo, somente no início do século XIV a referência ao sangue se tornou bastante forte na identificação dos governantes e, conseqüentemente, na definição da linhagem nobre das camadas mais abastadas da sociedade. O termo "príncipe de sangue", utilizada por Jacques Le Goff[43], remete ao descendente dos reis e só pode ser aceita, para a França, a partir de fins do século XIII e início do XIV. Para países como Espanha, somente no século XV. A mística real encontra elementos fundamentais para se sustentar na filosofia, na teologia, na política e na crença dos povos.

Assim como os preceitos veementemente aceitos na Grécia por homens como Aristóteles e Platão, a política passou a ser associada à mulher, que deveria ser passiva na cama, enquanto o homem, associado ao poder, deveria ser ativo, porém sempre respeitando regras de moderamento que impedem o arrebatamento. Nessa hierarquia social, as teorias políticas estão diretamente vinculadas ao homem, principalmente para que ele tome decisões, resolva agir e aprenda a manusear o poder. Essas teorias são empregadas, em grande medida, no mundo cristão e patriarcal das sociedades medievais. O príncipe incorpora e reflete essas crenças sociais, guiando e sendo guiado por forças e tensões que fortalecem uma forma de governo pautada na idéia de que o poder do homem perante a mulher advém de uma ordem divina, do mesmo modo que a sabedoria só pode ser encontrada em seres de alta dignidade social. Johannes Quidort também reforça a hierarquia entre as ordens e uma divisão social. É sabido que as influências de Aristóteles marcaram as ideias do dominicano, mas é nítida a forma como reproduz a hierarquia apresentada por

sangue permanece. Uma das várias razões da situação de relativa inferioridade da mulher na Idade Média é imputada a suas menstruações".

[43] LE GOFF, Jacques & TRUONG, Nicolas. *Op. cit.* p. 40.

Aristóteles, principalmente a idéia que limitava os espaços conforme a dignidade (mulheres, crianças e escravos não possuíam direitos de participação nas decisões da democracia grega). Quidort, partidário de uma visão unitária da sociedade, também projeta, à luz de suas experiências e leituras, uma combinação declarada de ordem, corpo, cabeça e sociedade de homens hierarquizados entre si (sociedade de homens, como dizia Georges Duby). A inexistência de referências à mulheres é um gesto importante para a visão medieval. Essa ausência, esse silêncio, por si só, revelam o lugar de cada um nessa ordem medieval[44]. Quando Quidort trata da relação entre as esferas de poder, principalmente retratando os argumentos bíblicos e dos doutores da Igreja, constrói um mundo projetado e ordenado, um arranjo livre de tensões e equilibrado a partir das premissas bíblicas[45] que revelam, sobretudo, um mundo desigual e injusto.

O poder místico da realeza, amparado pela lógica do poder do homem e dos atos do soberano, incorporou os valores bíblicos e a crença comunitária na perseguição aos hereges, feiticeiras e inimigos do rei como instrumentos de consolidação monárquica. A mulher, diabolizada nos rituais de condenação medievais, aparece no documento de Johannes Quidort como um meio para os clérigos exigirem a renúncia papal. Nesses casos, considera que "[...] pode alguém ter certas falhas que o afastam do trono pontifício, e este seria o caso de uma mulher ou de um herege [...]"[46], um processo lento que desembocou, no auge da formação dos Estados Modernos Europeus, no fenômeno de caça às bruxas. Contudo, nesse primeiro momento do início do século XIV, era praticado mais como preceito básico para justificar a superioridade masculina no governo das coisas temporais e espirituais. A mulher não permanecia afastada apenas do ministério clerical, mas também das decisões sobre os destinos do governo dos homens. Quidort utiliza Aristóteles para demonstrar que os pobres de seu tempo têm os

---

[44] DUBY, Georges. *Damas do século XII*: a lembrança das ancestrais. São Paulo: Companhia das Letras, 1997. Neste livro são feitas várias análises sobre a ausência de citações sobre as mulheres e a atuação que tiveram no mundo medieval.

[45] BERTELLONI, Francisco. *Op. cit.* p. 50.

[46] QUIDORT, Johannes. *Op. cit.*. p. 135.

filhos e as mulheres como escravos, porque não dispõem de aparatos mais complexos – condições financeiras e estruturais – para manter os súditos à sua volta. Desse modo:

> Pode-se também argumentar com a comparação entre a Igreja fundada por Deus e os artefatos humanos. Uma casa é visivelmente imperfeita, materialmente mal montada e não basta a si mesma na vida, se uma só pessoa deve exercer nela diversos **ofícios**. Por isto diz Aristóteles (*Política, l. 6, c. 8; 1323a*) que os pobres, por não possuírem muitos servidores, nem abundância de objetos que se requerem para o perfeito funcionamento da casa, usam os filhos como **escravos**, e as esposas como **escravas**. A Igreja é chamada de casa santa de Cristo, segundo as palavras de *Baruc 3,24*: "Ó Israel, quão grande é tua casa", e de *Mt 21,13*: "Minha casa será chamada casa de oração". Portanto, como foi organizada por Deus com o necessário para a existência, seria inconveniente que nela fossem confiados a um só tão diversos ministérios como o **ofício sacerdotal** e o **domínio real**, pelo qual os reis também servem a Deus, conforme *Rm 13,4*: "Não é em vão que levam a espada, pois são ministros de Deus". Longe de nós, porém, colocarmos nas coisas instituídas por Deus qualidade que não convém às obras da **natureza** e da **arte**. Diz o Filósofo (*Política, l. 1, c. 2; 1252b*) que a natureza em suas obras não age à moda dos ferreiros de **Delfos** ao forjarem espadas. Em Delfos, devido à pobreza da população, a espada era forjada de tal maneira que podia servir a diversos misteres. A natureza, porém, não faz nada semelhante a isto, e muito menos o autor da **natureza**. Por isto diz Aristóteles que cada **órgão** realiza com **perfeição** sua obra, se não se destinar a muitas obras, mas a uma só. [47]

No período em que Johannes Quidort escreveu, vários problemas afetavam as comunidades e os fiéis cristãos que as compunham. Era um momento em que a Igreja já possuía o domínio efetivo sobre todas as áreas cobertas pelas comunidades

[47] QUIDORT, Johannes. *Ibid.* p. 69.

cristãs, principalmente porque as ideias de participação e de questionamento sobre a autoridade efetiva dos prelados e príncipes haviam iniciado um movimento importante em toda a Europa. É o momento em que se fortalecem as oposições em todos os sentidos[48]. Havia um movimento de retorno ao costume dos primeiros cristãos, uma reviravolta dos ideais cristãos que andava muito próximo da heresia, um sentimento de que o homem deveria governar a si mesmo, num movimento de descoberta das próprias condições humanas e da relação que possuíam com a natureza. Esse movimento pode ser encontrado em várias outras atividades contrárias que coincidiram com o surgimento de governantes locais, eleito, muitas vezes, pela comunidade, como a administração da cidade, por exemplo, com escolhas vindas das agremiações e das corporações de ofícios. Do mesmo modo, menciona-se a desobediência velada dos fiéis ao cristianismo, que acreditavam ter descuidado dos objetivos principais de sua função na sociedade. Assim, percebe-se que esse movimento de descentralização política, ou melhor dizendo, de reestruturação dos poderes locais, fundamentou, de maneira sólida, os princípios básicos das monarquias. Místicas ou baseadas em preceitos concretos da vida cotidiana dos povos, essas monarquias obtiveram o êxito necessário para gerir e impor uma autoridade nunca antes vista no seio da Cristandade Ocidental. Papas e clérigos encolheram os espaços de atuação, como guias dos novos representantes da lei, da ordem, da justiça e da fé no bem comum dos povos.

Qualquer que tenha sido o propósito das ideias políticas produzidas na época de Johannes Quidort, elas precisavam, acima de tudo, ter um sentido prático e uma necessária aplicação. A imagem da monarquia mística também encontrou na vida social razões para existir e concentrar forças políticas. Mesmo em meio a tensões sociais e políticas, as instituições que almejavam sobreviver precisavam seguir preceitos morais e éticos vivenciados pelos povos da época. É próprio afirmar os exemplos mais drásticos dos

---

[48] LADURIE, Emmanuel Le Roy. *Montaillou, povoado accitânico, 1294-1324*. São Paulo: Companhia das Letras, 1997. Nesse estudo, o autor demonstra a influência cátara no povoado occitânico, em que medida ofereciam uma resistência sem precedentes e que provocou a ira dos inquisitores e membros da Igreja de Roma.

Templários, os famosos monges guerreiros, que enfrentaram e viveram da imagem construída dos cavaleiros de Deus. Foi somente com o descrédito e com a percepção de que não serviam aos propósitos sociais e políticos dos homens da época que Filipe, o Belo, pôde mandar prender e julgar grande parte desses Cavaleiros Templários que viviam nos domínios do rei francês. Do mesmo modo, a monarquia precisava de apoio das massas e de uma imagem que causasse um significado mítico para os homens. A justificativa para a existência da monarquia como instrumento válido entre os povos reside na simples interpretação teológica que iniciava uma nova maneira de pensar e construir os argumentos. Conforme Johannes Quidort, a monarquia existia no interior de um sistema muito mais complexo e diversificado, mas que possuía seu lugar seguro:

> Todos os fiéis professam uma só fé católica, sem a Qual não há salvação. Seguido, porém, surgem questões sobre coisas pertinentes à fé nas diversas regiões e reinos. Então, para que a unidade da fé não seja destruída pela diversidade das controvérsias, é necessário, como ficou dito, que **nas coisas espirituais haja uma só autoridade superior**, por cuja sentença estas controvérsias sejam dirimidas. Não acontece o mesmo, porém, com a **vida política. O**s fiéis não precisam conviver todos em uma única **comunidade política comum.** Devido à diversidade de climas, de línguas e de condições dos homens, pode haver diversos modos de viver e diversas **comunidades políticas**, e o que é virtuoso em um povo não o é noutro, como o Filósofo diz das pessoas singulares, ao anotar que algo pode ser demasiado para um e pouco para outro. Assim, por exemplo, devorar dez minas seria demasiado para um mestre de ginásio, mas bem pouco para Milão de Croton, que com um único soco vitimava um touro, como diz o Comentador (Aristóteles, *Ética a Nic.*, *l. 2, c. 5; 1106ª;* cf. Tomás de Aq., *Coment. À Ética*, l. 2, lect. 2).[49]

[49] QUIDORT, Johannes. *Op. cit.* p. 50.

A "independência" exigida pelas monarquias – mais precisamente pelo monarca francês – encontrava sentido nos argumentos religiosos, pois naquela época todo o sistema teocrático se apoiava em pressupostos religiosos. O poder temporal dos reis incorporou o discurso do lugar-tenente de Deus na Terra, justificando que o poder real vinha diretamente dos céus. Mas, em contrapartida, a Igreja reproduziu o modelo universal, procurando cooptar as diferenças no interior dos interesses universais da Cristandade. Portanto, mais que simples adaptações, a Igreja, fragilizada com a perda de domínio político, tendeu a aceitar o posto de administradora das coisas espirituais. Mais que simples opção, os povos também passaram a enxergar na Igreja um mundo à parte das coisas do tempo. Em contraposição ao latim usado nas Igrejas, o homem comum passou a se expressar e a se identificar com os intercâmbios que podiam ser efetuados em seu mundo próprio, relegando os problemas e explicações universais aos que utilizavam a língua e os argumentos mais elaborados: os clérigos. Para os problemas do dia-a-dia, passaram a buscar o auxílio nos juízes locais, nos prefeitos e, indiretamente, nas forças associadas ao rei.

A monarquia, cuja herança dos antepassados nunca foi extinta do pensamento dos homens do Medievo, foi sentida com maior precisão entre os séculos XIII e XIV. O impacto do pensamento político, quando da emergência de monarquias fortes e aptas a tomarem decisões à margem dos interesses da Igreja, foi sensivelmente menor nesses séculos. O terreno político da época estava preparado para receber e conviver com uma força política que, durante muitos séculos, esteve inoculada. As monarquias podem ser vistas como o fertilizante das ideias políticas da Europa, pois preparavam o terreno para que as ideias de Estado pudessem brotar com vigor e alimento necessário para resistir até os dias de hoje. Essas ideias resistiram ao terreno inóspito por muitos séculos, mas encontraram as condições propícias para vingar e ramificar as raízes do poder no interior da estrutura clerical, tanto que até mesmo as ordens religiosas passaram a conceber e a escrever sobre a monarquia como uma via necessária para a manutenção da paz e para que se alcançasse o bem comum. Nesse sentido:

> Herodes não considerou toda a profecia realizada de *Mq 5,1*: "E tu, Belém, terra de Judá, não é de maneira alguma a menor entre as cidades de Judá, pois de ti surgirá o rei que apascentará meu povo, e seus dias serão eternos". Tivesse ele levado em consideração toda a profecia, não teria caído em tamanho erro, pois veria que não se tratava de um **reino terreno**, já que os dias do que havia nascido eram eternos. Eusébio (*História eccles., l. 1, c. 3; PG 20,74*) diz que os herodianos erram ao afirmar que Cristo é rei sobre bens temporais, porque foi **ungido**; mas ele não foi ungido com o ungüento material, como os reis deste mundo, e sim com o espiritual, isto é, com o óleo da alegria ante seus amigos. Ele não é, pois, rei deste mundo, mas daquele reino do qual diz o profeta *Daniel* (7,14): "Seu poder será eterno e seu reino não será destruído". E mais claramente ainda encontra-se em *Lc 12,14s*, que um da multidão falou-lhe: "Mestre, diz a meu irmão que divida comigo a herança; e ele respondeu-lhe: Homem, quem me constituiu **juiz** ou divisor de herança entre vós? Cuida-vos e precavei-vos contra toda a avareza". [50]

A imagem de Cristo serve para reforçar os argumentos de que existe uma clara distinção entre as coisas que pertencem ao reino terrestre e ao reino celeste. Cristo teria sido rei somente noutro mundo, enquanto a justificativa corrobora a afirmação bíblica de que o rei terreno administra os bens e faz a justiça entre os homens, consciente, contudo, de que o julgamento final só seria definido perante Deus, que pesaria os bons e os maus atos, fazendo a justiça que não pode ser alcançada pela justiça dos homens. Havia uma distinção clara entre a teoria e a prática vividas pelos homens e a teoria abstrata, sentida apenas pela culpa do pecador. As argumentações de Aristóteles e o uso que se fazia delas parecem ter surtido efeitos fundamentais para a organização pragmática do poder de juiz dos reis, ao conferir a aplicabilidade da ética e da moral aos julgamentos: o rei era juiz e soberano supremo por ser neutro nas decisões e visar ao bem comum. Percebe-se o primeiro

[50] QUIDORT, Johannes. *Ibid.* p. 63.

momento de desprezo pelas teorias de Aristóteles, depois uma adaptação e, por fim, um abandono paulatino das doutrinas cristãs. Obviamente, o abandono pode significar apenas uma exclusão modesta dos preceitos, que passaram a atuar mais nas sombras do que na cena central do poder político da época. As monarquias, todas adaptadas às novas circunstâncias políticas, percorreram o caminho da assimilação dos valores cristãos, mas sempre adaptadas a uma moral e a uma ética que, mesmo inerentes ao príncipe cristão, não admitiam a intervenção direta da Igreja em decisões internas.

Não se tem uma idéia clara de participação do cidadão, pois esse deveria ser capaz de atuar junto às decisões políticas, ou pelo menos de eleger quem o fizesse em seu lugar. Contudo, as monarquias hereditárias, denominação aplicada a partir do século XIII como "príncipes de sangue", toma uma postura muito próxima, ou pelo menos se adapta a uma forma ideológica que faz dos súditos um sustentáculo importante do aparecimento do poder régio. Voltados ao púlpito dos clérigos, os fiéis e súditos seriam presas fáceis das empreitadas e discursos religiosos, caso a Igreja não usasse os espaços de pregação para exaltar formas particulares de governo dos homens. Como em todas as épocas históricas, o poder político carecia da aceitação e da crença popular para conquistar, manter e sustentar determinados regimes políticos. Certamente, as estruturas feudais da época ofereciam um espaço de aprisionamento difícil de ser quebrado, mas a genuflexão correspondia ao melhor dos instrumentos para fazer valer a lei da monarquia. Johannes Quidort defende, também, que havia uma parcela da sociedade que justificava o rei sem que houvesse a unção real. No interior dessa lógica:

> A unção não é uma condição necessária para o poder secular, pois antes dos reis ungidos, no povo eleito, havia dirigentes, como Moisés e seus sucessores, que estavam sob a proteção do Senhor. Não é necessária também a unção à autoridade mais perfeita, que é a do rei, pois muitos povos possuem reis, que

entretanto não são ungidos.[51]

Na construção de argumentos para a monarquia ideal, Johannes Quidort define que o rei francês possui não só os atributos hereditários e unção, que o torna abençoado por Deus. Nesse sentido, é movido por uma ética e exigências políticas que correspondem às finalidades do bom cristão. O rei bom cristão, assim, é condicionado a perseguir o bem comum. Ambas as exigências integram a imagem do rei cristão, que jamais pode abandonar uma das duas atribuições. Desse modo, a monarquia francesa, preocupada em firmar a autoridade em seus domínios, ocupou-se de todos os argumentos possíveis, fossem eles temporais e/ou espirituais.

---

[51] QUIDORT, Johannes. *Ibid.* p. 110. Boa alegação, entra aqui não somente o argumento da monarquia cristã, mas das demais monarquias e sua forma de eleição. É nítido que os argumentos de Quidort consideram a monarquia superior, desde que respaldada na legitimidade popular.

5.3 – A BUSCA DO EQUILÍBRIO: AS IDEIAS SOBRE A COEXISTÊNCIA DOS PODERES

O ponto de vista da História das Ideias Políticas tratado até aqui demonstra um encontro de teorias que culminam no início do século XIV com a tentativa de encontrar um equilíbrio político. Pode-se dizer que é o século de apogeu do poder francês com o reinado de Filipe IV, o Belo (1268-1314, rei em 1285). Principalmente no início do século, vivem os últimos descendentes diretos dos Capetos, os chamados "Reis malditos": Luís X, o Teimoso, rei em 1314, Filipe V, o Longo, rei em 1317 e Carlos IV, o Belo, rei em 1322, que teria sido o último dos "Capetíngios diretos". Após essa longa dinastia, entram em cena os Valois, tendo como primeiro representante Filipe VI, rei em 1327. É o século da Guerra dos Cem Anos e da Peste Negra, que teve início em 1347 e apareceu, invariavelmente, ao longo de todo o século XIV. É também o período em que ocorre a transferência dos pontífices para Avignon, conhecida pelo nome de *Cativeiro da Babilônia* (1309-1377)[52]. Foram anos de transformação nas teorias e na experiência do pensamento político.

O século XIV foi marcado pelo conflito franco-inglês, uma época em que se encontrou um importante espaço de luta ideológica e política entre as ideias universais da Igreja e do Imperador. A mais famosa disputa foi realizada pelo então papa

[52] SARANYANA, Josep-Ignasi. *A filosofia Medieval:* das origens patrísticas à escolástica barroca. São Paulo: Instituto Brasileiro de Filosofia e Ciência "Raimundo Lúlio", 2006. p. 419.

João XII e o Imperador da Alemanha, Luís da Baviera. Sabe-se que Luís da Baviera enfrentou e venceu, em campo de batalha, o Habsburgo Frederico, partidário do Papa. Ao saber que um de seus partidários havia perdido espaço político, o Papa excomungou Luís da Baviera, o que gerou uma disputa entre ideias universais, da qual se ocupou grande parte dos pensadores da época. Nesse cenário de controvérsias entre as forças políticas que governavam o mundo, surgia, também, um espaço reduzido, próprio dos denominados autores menores, que acabou por tomar a cena política da época: a oposição entre a Monarquia Francesa e o Papado.

No plano filosófico e político, os pensadores entraram em cena para rivalizar e defender, com argumentos severos, as posições em disputa, mas o que se afigurou do embate foi uma firme convicção de que era necessário estabilizar as forças em tensão, para que acomodassem e buscassem o equilíbrio político. A evidência da nova força política Ocidental, as monarquias, permitiu aos teóricos uma ousadia antes inimaginável. Johannes Quidort figura como um dos professores de Paris que, apesar de confrontar teorias que afirmava serem equivocadas, propunha uma nova luz ao conflito deflagrado em fins do século XIII e que ocupou as gerações do princípio do século XIV, uma proposta de conciliar os ânimos dispersos em ataques e defesas inflamadas. Para Johannes Quidort:

> O Regime real, no qual um só governa a multidão segundo a virtude, é melhor que qualquer outro regime simples, conforme o demonstra o Filósofo. Contudo, se o regime real tornar-se misto com a aristocracia e a democracia, é melhor que o puro, pois no regime misto todos de algum modo tomam parte no governo. Com isto conserva-se a paz entre o povo, e todos amam e defendem o governo, como diz a *Política*. Tal era o regime que Deus de forma excelente constituíra naquele povo, pois era real na medida em que um só, como Moisés ou Josué, governava a todos; mas tinha algo de aristocracia – que é o governo dos melhores, presidido segundo a virtude -, enquanto sob o governo de um eram eleitos setenta e dois anciãos; e havia também algo de democracia, isto é, de governo do povo, pois

> os setenta e dois eram eleitos dentre todo o povo e por todo o povo, como se diz no mesmo lugar. Assim era este o melhor regime misto, na medida em que todos tomavam nele alguma parte. Este também seria o melhor governo da Igreja: sob um só papa eleger-se-iam através de cada província e em cada província diversos representantes, de tal modo que todos tivessem sua parte no governo da Igreja.[53]

A forma como o dominicano expõe os argumentos traduz uma nova orientação política para o conflito entre o Papa e o rei francês. Na verdade, ele exemplifica a aparição de um conceito incipiente, mas que já havia sido demonstrado de maneira prática nas ações dos diferentes setores em disputa. O conceito de rei supremo, mesmo em princípio, pode ser concebido como soberania do rei em seus domínios, mudança significativa das palavras que acabam por revelar uma noção clara de território. Uma forma teórica muito utilizada para exaltar o poder do Imperador, o soberano – imperador em seu reino – já era vulgarizado pelas partes menos prestigiadas do poder político da época e que não tinham a pretensão de governar o mundo, mas apenas um espaço demarcado territorialmente pelos domínios e vínculos pessoais de fidelidade.

A Bíblia, mais especificamente o Antigo Testamento, serve de guia ou de manual para assinalar os inúmeros termos aplicados à justiça, à guerra, ao sacerdócio, ao povo etc. Mesclada com as leituras de Aristóteles, uma nova ética política passou a predominar na afirmação de que o rei, de acordo com a tradição, tinha a jurisdição e a autoridade legítima para atuar junto aos domínios territoriais de seu reino. Do mesmo modo, "esta também é a resposta de Hugo de São Vítor [...] ao dizer que os príncipes que fazem **doação** à Igreja não podem transferir a ela o domínio de modo que nada retenham para si"[54], pois o que estava em jogo era a idéia de idoneidade da função ocupada pelo Papa e pelo Rei. O próprio equilíbrio entre as forças políticas da época encontrava um ponto de apoio comum na justificativa da função de cada uma das

[53] QUIDORT, Johannes. *Op. cit.* pp. 120-121.

[54] QUIDORT, Johannes. *Ibid.* p. 122-123.

esferas. O motivo pelo qual entraram em conflito acaba por encerrar a querela:

> La Biblia misma no contiene ninguna tesis bien clara sobre el cargo (objetivo) y la persona (subjetiva), pero casi no puede haber dudas de que la idea de cargo (officium regis, sacerdotis, etc.) transmitida por la Biblia dio un gran impulso a la separación medieval del cargo (objetivo) y la persona (subjetiva).[55]

O papado movimentou as pretensões universais dentro de limites bíblicos, demarcados mais nitidamentes na época de São Jerônimo, quando o Papa Inocêncio I estabeleceu que todas as causas maiores deveriam ser remetidas à Igreja de Roma, que julgaria conforme "el modelo bíblico Ex. 18,22"[56]. A *translatio imperii* encontrou na Bíblia os preceitos básicos para formular uma legitimidade do poder papal, com o poder de tocar a parte espiritual e temporal, sem ser corrompido pela última. Desse modo, em fins do século XIII, as realezas também ocupavam um lugar de destaque, inclusive patrocinando, na Universidade de Paris, pensadores que utilizavam os mesmos preceitos bíblicos para justificar e impor o soberano poder nos domínios que lhes cabiam por direito de herança. Ressalte-se que a dignidade real era declarada pelas sagradas palavras, como um poder instituído por Deus, do mesmo modo que as leis teriam sido dadas ao homem por intermédio de Deus. Caberia ao rei, assim, governar os homens com a severidade das leis divinas, para que o mesmo fosse conduzido no caminho da justiça e da fé cristã, "mas que a **felicidade** pertencesse só aos bons"[57]. O rei servia, todavia, para impor as leis de Deus entre os homens, integrando os planos de Deus com relação aos homens. Desse modo, Johannes Quidort expõe que existem diferenças específicas e justifica o porquê da

---

[55] ULLMANN, Walter. *Op. cit.* pp. 138-139.

[56] ULLMANN, Walter. *Ibid.* p. 142.

[57] QUIDORT, Johannes. *Op. cit.* p. 118.

existência de apenas um poder supremo para o plano espiritual e vários poderes para o plano temporal:

> Nos homens há uma grande diversidade quanto aos corpos, mas não quanto às almas, visto que todas estão constituídas do mesmo grau de ser, devido à unidade da espécie humana. Do mesmo modo, devido às condições geográficas e diferenças raciais, o **poder secular** possui maior diversidade que o espiritual, que não varia tanto nestes assuntos. Daí, pois, não ser necessária a mesma diversidade em um e em outro. Não é tão fácil a um só dominar todo o mundo nas coisas temporais. O poder espiritual pode facilmente transmitir a todos, próximos e distantes, as suas **penas**, por serem elas **verbais**. Já o poder temporal não pode fazer que com facilidade o peso de seu **gládio**, por ser **manual**, possa ser sentido nos que estão distantes. De fato, é mais fácil à palavra que à mão atuar a distância.[58]

Ao contrário de pensadores como Egídio Romano, Johannes Quidort afirma a primazia e a precedência do poder temporal em relação ao poder espiritual. Para tanto, busca nos argumentos bíblicos uma forma de equiparar o reino e a sociedade, relegando ao papado o poder de esposo sobre a esposa Igreja[59]. Caso houvesse alguma pretensão à universalidade do poder, certamente não seria a Igreja a detentora do supremo poder, pois o Imperador seria mais apto a lidar com as coisas do tempo, pelas prerrogativas que o associam à natureza do poder, uma espécie de *instinctus naturae*[60]. Defende a idéia de que "é mais fácil a palavra que a mão atuar à distância", e aí se encontra a maior contribuição teórica, senão para a conciliação, mas pelo menos para que haja um equilíbrio e para que a paz possa reinar. O direito divino, atribuído à graça, não pode destruir o direito humano, que é formado segundo a razão natural. Ambas as concepções estão fundadas num princípio causal que é a essência de ambos os poderes: a

[58] QUIDORT, Johannes. *Ibid.* pp. 49-50.
[59] BERTELLONI, Francisco. *Op. cit.* p. 65.
[60] ULLMANN, Walter. *Op. cit.* p. 183.

manutenção da ordem. Almejada por ambas as forças, os princípios coadunam e se confundem, por pretenderem alcançar a concentração de poder de acordo com a justiça e ordem divina, pois "o sacerdote não tem o poder de mandar ou compelir nas coisas temporais, mas só de indicar, se o imperador quiser"[61]. E defende que "à alegação de que devido aos pecados dos imperadores o **direito do império** foi transferido ao papa, respondo dizendo que se trata de algo ridículo"[62].

A razão para defender uma tese dessa natureza ampara-se na idéia da plenitude do poder que exerce o papado, na condição de Vigário de Cristo e herdeiro dos poderes petrinos. Era sua responsabilidade conduzir os homens ao bem mais sublime e ao fim último, pois esse encargo não fazia parte das atribuições da função dos príncipes. Caberia, portanto, obedecer ao Papa, e é principalmente nele que se encontra presente uma "dignidade causal", impedindo o Papa de se imiscuir das questões seculares. No entanto, o reino pode atingir a finalidade natural, principalmente de propiciar aos súditos a possibilidade de viverem na virtude moral e ética do bom cristão. Essa idéia está amplamente alicerçada em Aristóteles, para quem a essência poderia ser encontrada em qualquer homem, principalmente ao se respeitar o ordenamento social. Johannes Quidort, por sua vez, comunica aos leitores a defesa declarada numa comunidade auto-suficiente, vinculada principalmente ao poder secular, desde que os homens respeitem a ordem natural e a indicação divina de que os seres superiores devem governar os seres inferiores. Assim, na organização societária de fins do século XIII e princípio do XIV, a separação entre homens ocorria somente na esfera de atuação dos referidos poderes, sem a intenção implícita de causar uma separação entre os poderes, mas apenas distinguindo as hierarquias conferidas pela graça divina. Na opinião de Johannes Quidort:

---

[61] QUIDORT, Johannes. *Op. cit.* p. 115. Johannes Quidort parece não querer afirmar, diretamente, que a guerra, em muitos casos, depende diretamente da vontade do papa. De maneira sutil, retira das mãos do príncipe toda a responsabilidade da guerra, mas deixa claro que a função de fazer as intervenções no tempo são de inteira responsabilidade dos reis.

[62] QUIDORT, Johannes. *Ibid.* p. 118.

> Um tal possuidor por prescrição não tem em mãos algo de alheio, mas de próprio, enquanto tornou-se seu por legítima prescrição. Portanto, suposto que o reino da França estivesse outrora sujeito, esta sujeição entrementes prescreveu. Isto se depreende também da *Crônica de Sigberto* e de outros, onde se lê que Carlos Magno colocou toda a Itália sob a jurisdição do reino dos Francos. Na *História dos Romanos* lê-se também que o império esteve outrora com os francos; e contudo a Itália não se encontra hoje sujeita aos francos, devido à prescrição pelo tempo, que acontece em tais casos.[63]

O que está na base da argumentação de Johannes Quidort é uma essência que radicaliza, em certa medida, a indiferença em relação à unidade real dos homens em torno de ideias universais. A relação entre papado e monarquia não se define única e exclusivamente como um dado numérico, pois não são dois poderes, mas sim uma distinção simplificada da essência dos poderes constituídos. A realidade presenciada, portanto, não conta apenas com ideias singulares, como se houvesse uma unidade real, pois os homens se organizam de modos diferentes, de acordo com conveniências específicas de cada localidade. Nessa lógica, Quidort introduz uma diferenciação clara de que o poder está assentado por uma ordem natural, reconhecida nos domínios do poder régio: uma autoridade que lhe é conferida pela graça divina e que também serve de base para assentar o poder régio em seus domínios. A apropriação do domínio permaneceu vinculada aos poderes temporais, como instrumento para uma intervenção divina mais direta nas coisas mundanas. Nesse sentido:

> [...] deve-se examinar, em primeiro lugar, qual a relação do papa para com os bens das pessoas eclesiásticas, enquanto eclesiásticos. Quanto a isto deve-se dizer que os bens eclesiásticos, enquanto eclesiásticos, são concedidos às comunidades e não à pessoa individual. Por isto, nos bens

[63] QUIDORT, Johannes. *Ibid.* p. 133.

> eclesiásticos nenhuma pessoa singular possui a propriedade ou o domínio, que cabe somente à comunidade. Assim, por exemplo, é a Igreja de Chartres, ou outra qualquer, que possui o domínio e a propriedade sobre os bens pertencentes a ela. Já a pessoa singular, não enquanto singular, mas enquanto parte e membro da comunidade, tem o direito de uso daqueles bens, para o próprio sustento, segundo as exigências e a decência de sua pessoa e do posto que ocupa. Aqui, porém, deve-se fazer uma diferença: um **indivíduo,** como um cônego, é um simples **membro**, e não possui outro direito além do predito; outro indivíduo é membro principal e chefe da comunidade, no caso o bispo – pois não haveria **comunidade una** e ordenada se não houvesse uma **cabeça principal** e única –, e a ele não só compete o uso dos bens da comunidade, segundo as **exigências de seu estado,** mas também a administração e distribuição geral de todos os bens da comunidade, atribuindo a cada um o que se lhe deve segundo a justiça, também para o bem geral do colegiado, repartido os bens como melhor lhe parece convir. Este ofício cabe ao bispo em toda a igreja catedral.[64]

Existe uma compreensão do poder ordinário de Deus sobre todas as coisas, pois entram em cena interpretações ético-jurídicas, um vocabulário que não pode ser descartado das análises mais detidas da busca pelo equilíbrio de forças políticas desse período. É um vocabulário que incorpora uma forma mais ampla, mais adequada aos novos jogos comerciais e introduz o valor da lei como meio regulador das querelas humanas. No que tange ao embate ideológico do modelo universal e da tentativa de respeitar o âmbito de atuação das monarquias, o elemento essencial a ser pensado localiza-se na distinção clara de que somente Deus possui a autoridade absoluta, e justifica-se pela autoridade ordinária, definida inclusive na lei dos homens. Certamente vários interesses comerciais, políticos e econômicos entram em cena para destravar uma lógica jurídica considerada apenas no âmbito clerical, que usava os argumentos e a organização bíblica em capítulos para

64 QUIDORT, Johannes. *Ibid.* p. 56.

formular os termos de uma contenda. Nesse momento foi importante as monarquias européias terem retomado conceitos gregos, mais particularmente aristotélicos, introduzindo um elemento fundamental para a noção individual dos seres, qual seja a de que os reis também possuíam uma história dinástica. Essa razão de ser individual é justificada pelas ações desenvolvidas ao longo da história da monarquia francesa, porque passaram a identificar o rei cristão com uma cabeça cuja importância pode ser encontrada na idéia da comunidade una, governada por uma só cabeça.

O povo, como entidade jurídica, delega poderes ao rei, mesmo que este encontre limitações claras ao caráter absoluto e ilimitado do poder, pois é compreensível que foi esse mesmo povo que delegou parte dos direitos ao monarca. É por essa razão expressa que a Igreja jamais foi questionada como força viva no seio da comunidade cristã, e o papado como "rei espiritual", fundador e cabeça da Igreja. Dessa mescla das jurisdições humana e divina, a monarquia inicia o processo de centralização política, encabeçando projetos de concentração de poder, provocando a tomada de inúmeras atitudes intervencionistas nas diversas províncias que viviam sob a autoridade do príncipe. O que se perdeu, durante esse longo processo de intrigas e rivalidades entre o particular e o universal, foi a idéia de uma Igreja "privada" somente aos interesses clericais[65]. A Igreja se abre, com maior freqüência, às diferentes manifestações religiosas, como é o caso das ordens mendicantes, o acesso maior das mulheres à liturgia etc. São elementos fundamentais para definir os valores existentes no período e, principalmente, em que medida os pensadores foram influenciados por ideias e crenças na participação dos homens em decisões políticas.

[65] LOT, Ferdinand & FAWTIER, Robert. *Histoire des institutions française au Moyen Age*. Tome III - Institutions ecclésiastique. Paris: Presses Universitaires de France, 1962. p. 415.

5.4 – A MONARQUIA E A CRISTANDADE

Pode-se concordar com a renovação dos argumentos e ideias políticas produzidas à época de Johannes Quidort. Seria possível limitar os argumentos somente a este pensador, mas as contribuições encontradas em outros pensadores são notáveis, mais particularmente em Egídio Romano. Essa mudança é paradigmática, pois a crise presenciada no fim do século em que viveu o papa Bonifácio VIII revela o sentimento mais acurado dos homens em reivindicar uma *renovatio*, algo que pudesse expressar as diversas manifestações culturais, políticas e econômicas vivenciadas pelos cristãos da época. Não basta citar apenas um pensador da época e acreditar que as mudanças partiram das ideias produzidas, mas mudar a direção e observar que o movimento de percepção e produção das ideias tão somente integraram algo muito maior, que foi a sensibilidade em relação a novas oportunidades de experenciar. Para Egídio Romano:

> Fica bem claro, pois, o modo como a Igreja tem as chaves do reino dos céus e como pode fechar e abrir o céu. A paixão de Cristo abriu a porta celeste; se, portanto, chega até ti a influência da paixão, para ti o céu está aberto. Se tal influência não pode chegar até ti, o céu está fechado para ti. E porque isto não se pode dar, a não ser pela Igreja e sob a Igreja, foi dito corretamente que a Igreja tem as chaves do reino dos céus, e se esta Igreja as tem, tem-nas este sumo pontífice, que atingiu o ápice de toda a Igreja. Aliás, o que faz o sumo pontífice, se diz que é a Igreja que faz, porque nele se conserva a autoridade de

> toda a Igreja. Assim, quando a Igreja excomunga alguém, torna-o um membro separado, de modo que a influência da cabeça não pode chegar até ele; fazendo isto, fecha-lhe a porta celeste e priva-o da comunhão dos bens eternos, de modo que não é digno da herança eterna. Mas como se dizia acima, quem não é digno e está privado da herança eterna, é indigno e de direito está privado da herança paterna.[66]

A experiência histórica dos pensadores encontra-se acima das argumentações e ideias dos textos e documentos antigos. Na verdade, essa experiência estimula o pensamento criativo mais do que qualquer outra coisa. O teórico, nesse caso, envolve o vivido com a experiência apreendida das leituras dos homens do passado. Da análise detida dos argumentos dos pensadores que viveram e intensificaram o debate sobre o lugar da monarquia no seio da Cristandade, entra em cena um elemento notadamente de crise dos valores que ordenavam as ações, mais do que ideias. Em outros contextos, como no século XII, por exemplo, o papado pôde encontrar pensamentos e ações que eram integrados ao conjunto de ideias dos fiéis, dos homens comuns. Esse aspecto foi observado, mais detidamente, no sentimento de Cruzada ao longo de toda Idade Média, que representava mais do que os interesses de nobres e da Igreja em recuperar a Terra Santa para os cristãos. Contudo, a partir de fins do século XIII, uma outra força, interior à Cristandade, adapta-se melhor e cria as condições para uma projeção mental mais definida de poder e reino. Ao contrário do que se costuma pensar, essas ideias e valores não estão contidos num único centro gerador. Não existe tão somente um poder capaz de implantar a semente da discórdia entre os cristãos, mas um lento processo que é acolhido por experiências coletivas, valores em relação à morte, à eternidade e ao governo dos homens.

Nos escritos de Egídio Romano os argumentos apresentados fazem parte de um senso comum, algo aceito e respeitado, dificilmente questionado por alguém de vida sensata e honrada. O que precisa se ilustrar, acima de tudo, é a desintegração do cimento

---

[66] ROMANO, Egídio. *Sobre o poder eclesiástico*. Petrópolis, RJ: Vozes, 1989. p. 144.

que, invariavelmente, propiciava a união e a acomodação necessária à manutenção das práticas e do ideário da Cristandade. Em particular, numa visão perspicaz de sociedade, mesmo os pensadores defensores do modelo hierocrático acabaram por reforçar tão somente palavras que não possuíam mais lastro. A cosmologia cristã de fins do século XIII não possuía mais a força, a dinâmica e o ímpeto de antes. A presença cada vez maior de políticas puramente regionais acabou por afetar gravemente a instituição universal do papado. Essa nova expectativa gerou uma marca e um vigor próprio das monarquias nascentes, que encabeçaram o movimento, ou foram conduzidas pela torrente dos tempos como um guia legítimo.

A sociedade em constante movimento também foi acometida de transformações nos movimentos intelectuais de fins do século XIII e principio do XIV. Nos escritos dos pensadores encontra-se, onde antes existia uma certeza bem definida, uma inquietude caracterizadora do elemento crucial responsável pelas descontinuidades entre teoria e prática. Pois, "apesar de assim preparado, o intelectual do século XIII continua diante de muitas incertezas, colocado diante de escolhas delicadas. As contradições se manifestam no decorrer de uma série de crises universitárias"[67]. Escrever parece caracterizar um ato descolado do mundo real dos homens, mesmo que essa mesma escrita venha a adquirir cada vez mais credibilidade no mundo Ocidental. Isso representa, também, as influências das diferenças de caráter étnico, lingüístico e religioso que começam a ser notados no corpo da Cristandade. Mesmo possuindo uma cabeça que a governe, a Cristandade é tomada por variadas manifestações, dificilmente aceitas pela doutrina da Igreja, mas do mesmo modo difíceis de serem combatidas frontalmente. A escrita apenas referenda um discurso já amplamente em desuso, principalmente porque se visualiza um declínio claro do ponto de vista universal. Como demonstra Johannes Quidort:

Embora este texto seja assumido com freqüência e em diversos

[67] GOFF, Jacques Le. *Os intelectuais na Idade Média.* São Paulo: Brasiliense, 4ªed., 1995. p. 79.

> casos em favor da autoridade do senhor papa, contudo não vem ao caso, pois "homem espiritual" não é tomado a partir do poder espiritual que o juiz eclesiástico possui, visto que, segundo este texto, quem possui o poder espiritual pode ser muitas vezes homem animal – chamando-se alguém de homem animal por sua vida e seus sentidos. Diz-se homem animal pelos sentidos porque julga das coisas de Deus segundo a fantasia enganadora dos corpos, ou segundo as letras da lei ou segundo considerações físicas. Chama-se, porém, de espiritual a um homem segundo a vida e a ciência. Pela vida é chamado de espiritual o que, tendo o espírito do Senhor, entrega à alma a direção da existência; pela ciência, é espiritual o que julga não segundo os sentidos humanos, mas, sujeito ao Espírito Santo, pela fé, com toda a segurança e fidelidade julga de Deus.[68]

Os efeitos combinados da prática e da teoria acabaram por afetar a cosmologia universalista. A Cristandade respondia a diferentes níveis de intenções dos homens submetidos ao projeto da Igreja. Observa-se que os pilares que sustentavam a idéia de Cristandade e de universalidade da Igreja iniciaram um processo de decadência causado, principalmente, pelos contemporâneos, pelo tecido social, pelas instituições de governo e pela regionalização do poder, todos eles elementos fundamentais para se pensar o declínio de um ponto de vista aceito e reproduzido até então.

O sentimento de pertença, ainda muito frágil para se pensar em um sentimento de nacionalidade, começou a se cristalizar entre as populações mais distantes. Essa mesma prerrogativa demonstrada pelos pensadores revela todo o substrato cultural a que estiveram submersas as inúmeras formas de manifestação cultural da época. O intelectual não fomenta, mas, principalmente, é tomado pela própria transformação que presencia. O exemplo mais notório é a expansão das línguas vernáculas em forma de poesia, de prosa e, inclusive, na escrita oficial da chancelaria régia. O conhecimento pregado e defendido pela Igreja também começa a perder a credibilidade antes intocável, a posição monolítica sofre as transformações, principalmente porque os próprios padres e

68 QUIDORT, Johannes. *Op. cit.* p. 107.

pensadores da Igreja iniciam e incorporam os valores do novo movimento. Mobilizados pela integração rápida dos novos saber, a Igreja observa pacientemente um processo de emanação de propostas suas não mais aceitas como única verdade.

Pensadores como Egídio Romano e Johannes Quidort propuseram desintegrar forças políticas opostas a partir dos documentos antigos. Para isso, tentaram neutralizar o discurso da força política do rei ou, para o segundo, a do Papa, e preservaram modelos europeus devassados pelas teorias há gerações. O fato de discorrerem sobre abordagens vulgarizadas nos círculos intelectuais permitiu o descrédito das teorias universais por simplesmente terem adentrado o senso comum das argumentações. Do mesmo modo que as riquezas perdem o valor quando massificadas, os saberes reservados aos clérigos deixam de ser preciosidades quando debatidos por um número muito grande de pensadores, principalmente se os pensadores não forem clérigos. "[...] embora o ouro seja mais precioso que o chumbo, contudo o chumbo não é produzido pelo ouro, como está dito expressamente no *Decreto*"[69]. O clero identificado com o ouro significa o mesmo que separar as essências que nunca poderão, se fundidas, gerar um produto igual ao original. Nem mesmo quando unificadas, a essência de cada uma representa diferenças de gradação, textura e mesmo de valor. É dessa materialidade intelectual que falam os pensadores do Medievo da época de Johannes Quidort. De igual modo, pensam a partir de categorias como poder, política e bem comum, pois os referenciais que têm em vista fazem parte do mundo em que vivem. Por mais que a essência de Aristóteles seja apenas um conceito grego, o cristão também sabe identificar os valores que norteiam a Cristandade. O detalhe que distingue os homens do século XII e os do século XIII e XIV é a força que dilui as ideias de bem comum, bom governo e ordem para categorias menores, particulares e não universais.

Johannes Quidort apresenta, sobretudo, uma visão mais abrangente da realeza e das funções reais no interior dos territórios dominados pelo príncipe. Transferiu as funções, antes universais e

---

[69] QUIDORT, Johannes. *Ibid.* pp. 54-55.

próprias do Imperador e do Papa, para a condição régia. É uma modalidade de literatura que reflete meramente o estado de coisas discerníveis tanto na doutrina como na prática dos governos. O conceito de rei soberano, aplicado cada vez mais ao território do que à figura do rei, procurava transferir as funções do governante do Império à realeza medieval, pois o rei possuía os mesmos direitos de autoridade, no interior do reino, que o Imperador possuía no Império, acrescentando-se a isso, o poder eclesiástico. Do mesmo modo que o Imperador Romano era apresentado com o poder soberano absoluto, a aplicação dessas ideias universais aos reinos regionais ocasionou uma ameaça cada vez maior às pretensões universais do Papado e do Império. Esse exemplo clássico da imagem do Imperador Romano apenas demonstra a que ponto chegava a crise religiosa e, mais particularmente, o modelo projetado para a Cristandade. Do mesmo modo, o rei francês utilizou o discurso religioso dos dominicanos para fortalecer sua imagem e a da realeza sagrada.

Os focos de resistência do saber universal em relação às novas abordagens mantiveram a intenção de discernir os termos que mais se adequavam ao modelo universal. Nesse sentido, acabaram por reforçar as teorias que visavam a promover uma distinção mais clara das esferas de poder. Para Egídio Romano, que faz uma defesa declarada das pretensões papais à plenitude do poder papal:

> O sacerdócio é constituído nas coisas de Deus em favor do povo e oferece sacrifícios a Deus pelo povo, e por isso tem poder sobre o povo. Aliás, como o sacerdócio é constituído nas coisas que se referem a Deus nesta Igreja militante, segue-se que tem autoridade e poder na Igreja, em todas as coisas que se referem a Deus. E como nossas almas, nossos corpos e nossas coisas temporais se referem a Deus, conclui-se claramente que o sumo pontífice tem o poder sobre tudo e julga tudo. Ele é a suprema ordem que pode haver nas coisas, pois é a ordem em relação a Deus. Aquele que é mais elevado em tal ordem, como é o caso do sumo pontífice na Igreja militante, é preciso que

tudo se curve ante ele, e esteja sujeito à jurisdição dele.[70]

A base do ponto de vista que defendia a unipolaridade do pensamento político era o batismo, que se compreendia como uma forma de renascimento do indivíduo. A renovação das ideias de regionalismo dos poderes instituídos também passou pela associação ao Batismo do Cristão. Acreditava-se na força motivadora e no renascimento do indivíduo para a sociedade cristã da época. Mas, sobretudo, o homem batizado adquiria um vínculo que precisava ser renovado ano a ano, para sempre ser lembrado. A renovação[71] do indivíduo nessas novas esferas de poder, mais localizadas, era lembrada e ritualizada dia-a-dia, o que permitiu uma melhor assimilação desses novos valores. Conceitualmente, o renascer do indivíduo no interior dessas teorias também se fazia presente nas ações e transações comerciais realizadas diariamente, que abolissem a idéia de indivíduo natural para transformá-lo numa nova entidade, numa criatura diferente. Eram a garantia básica de que o homem seria controlado por leis divinas e humanas, pois da mesma forma que o Batismo inseria o homem nas regras da Cristandade, o novo Batismo das regras, associado ao poder nascente das monarquias, também impunha ao homem as regras da aceitação de um poder local que tinha o direito de cobrar impostos, de fazer guerra em seu nome, de reforçar a autoridade real nas províncias e de impedir que o indivíduo saísse de seu Estado de nascimento.

O homem regenerado pelas leis, que seguia os preceitos morais cristãos, mas que tinha uma lei humana que o impedia de praticar atrocidades à dignidade real na comunidade em que vivia, eram meios utilizados e fomentados socialmente, que passaram a gerir e promover as mudanças fundamentais no pensamento da

---

[70] ROMANO, Egídio. *Op. cit.* p. 183.

[71] São rituais que fortalecem os símbolos do poder local, lembram e fazem memorizar, diariamente, as funções e a relação direta que o súdito possui com os poderes locais. Um dos exemplos mais claros são os documentos da chancelaria régia que eram lidos em voz alta e que aproximavam o súdito das medidas tomadas pelos poderes locais do príncipe.

época de Johannes Quidort e de Egídio Romano. Por mais que houvesse uma definição divina e outra humana, as duas impuseram valores aproximados que definiam regras absolutas para que o indivíduo ingressasse nas atividades cristãs e locais: praticamente códigos que o subjugavam com o peso da tradição e dos valores morais e éticos das sociedades cristãs dos séculos XIII e XIV. No âmbito cristão, havia uma renovação moral e ética. No plano temporal, havia uma renovação do homem súdito. Ambos atendiam a regras bem definidas, mas aos poucos as regras do súdito iam se tornando cada vez mais evidentes, em detrimento dos valores cristãos, que continuavam a afetar a vida do homem, mas que não davam mais o tom e o ritmo das decisões.

A mudança dos acordes iniciais dessa sinfonia da humanidade pode ser entendida como um movimento cultural, educacional, idealista e que não se manteve separado da noção de inserção do homem em sua estrutura autônoma completa. No contexto de fins do século XIII, a filosofia e a teologia podem ser entendidas como um meio que estendeu o conceito de "multidão" a horizontes antes impensáveis. Monopolizada pela Igreja, a idéia universalista pregava a universalidade do homem, principalmente porque Deus o havia feito à sua imagem e semelhança. Mas, como se pode verificar, os pensadores desse contexto já apontaram para a diversidade de opiniões e variações entre os homens, que podem diferir na língua, na cultura, na relação que têm com o Imperador e mesmo com a Igreja. Isso, na concepção de Johannes Quidort, não afetava o equilíbrio entre as forças, porque "Não é tão fácil a um só dominar todo o mundo nas coisas temporais"[72]. O fato é que os pensadores, principalmente Quidort, procuravam considerar a grande diversidade de almas e corpos, mesmo que elas se constituíssem conforme a unidade da espécie humana. O que ele deseja reforçar é que, devido a diferenças "raciais" e "geográficas", os homens também podiam variar a forma e o conteúdo do poder secular.

Pode-se afirmar que Johannes Quidort, assim como Egídio Romano, na busca pelo equilíbrio político, reforçou uma idéia já existente entre os homens: a de que o homem necessita de um

[72] QUIDORT, Johannes. *Op. cit.* p. 49-50.

duplo poder diretivo e que esteja em constante concordância com sua finalidade. Até mesmo os autores que defendiam o Papado acabaram por impor certos limites ao poder eclesiástico, pois, em certa medida, caso houvesse o desrespeito a certos costumes morais e éticos, em vez de conquistar poder, o papado poderia descaracterizar a finalidade atribuída por Deus ao poder espiritual. Assim, esse acordo tácito existia e predominava em grande parte das ações efetuadas por príncipes, papas e imperadores. Não havia uma lei geral que pudesse definir os espaços de cada esfera de poder, e foi por essa inexistência que se permitiram inúmeras possibilidades e uma fissura política que aumentou e diminuiu ao longo dos séculos seguintes, mas que nunca mais foi fechada definitivamente.

CONCLUSÃO

O período compreendido entre a ascensão do Papa Bonifácio VIII (1294-1303) e a transferência dos pontífices para Avignon (1309), é conhecido como a época em que a crença no poder universal da Igreja e do Império passou por uma crise geral. Por meio de uma História das Ideias, atenta para a relação entre as ideias e o mundo de produção, observa-se a energia que a sociedade da época consumiu para movimentar e dar sentido aos interesses centralizadores da monarquia francesa. Pode-se afirmar, sem sombra de dúvidas, que Filipe, O Belo, nessa modalidade de história, conduziu com maestria a centralização política iniciada pelos seus antepassados. Contudo, não se pode desconsiderar que, em seu tempo, encontrou elementos sociais, culturais e políticos adequados aos interesses da monarquia. Esse modo de analisar e compreender a política da época pode ser observado nos tratados políticos dos séculos XIII e XIV, momento histórico em que as pretensões dos príncipes encontraram a corporeidade teórica necessária para representar os anseios sociais.

Apesar de inúmeras afirmações sobre a legitimidade do poder dos reis em agir nas questões relativas ao reino e aos súditos, inúmeras interrogações ainda persistem. É crível a distinção entre homem natureza e o homem advindo da graça, principalmente porque Johannes Quidort defende que, nas coisas espirituais, deve existir somente uma autoridade. Todavia, ao advertir os clérigos de que o poder régio é legítimo e apto, inclusive, a solicitar a deposição de um Papa, observa-se a adaptação das teorias políticas à nova realidade. Não obstante as tentativas de se teorizar sobre uma possível distinção dos poderes espiritual e temporal, nota-se a predisposição dos argumentos em aumentar o poder de controle do rei no interior do reino. Mesmo sendo uma autonomia relativa, a figura régia passa a reunir os símbolos cristãos em torno do trono, o que também impede, certamente, que o rei se afaste demais da Igreja. Dessa unidade política e religiosa, sempre pautada na crença e nos valores cristãos, os reis fizeram dos religiosos os principais teóricos da política monárquica.

No reino francês da época de Filipe, o Belo, o rei estendeu o seu controle inclusive nas áreas antes do domínio da Igreja. Ao longo de toda a tese, demonstrou-se que as elaborações teóricas sobre o "ofício de rei" provocaram o conflito entre reis e clérigos, pois grande parte das argumentações, mesmo as que propunham toda a autoridade ao Papa, acabou por minar as bases legais da autoridade universal da Igreja e do Império. Através da análise das fontes, identificou-se que havia um interesse declarado dos reis em controlar os vários aspectos da vida dos súditos. A maneira mais eficaz encontrada à época foi envolver os clérigos na sustentação da monarquia, principalmente dando destaque e privilégios aos que nela se empenhassem com dedicação. É o momento em que os religiosos – principalmente os dominicanos – instalados no reino francês ocuparam lugar de proeminência na arte de teorizar sobre a distinção entre os poderes temporal e espiritual.

A historiografia tem dado muita atenção aos elementos que envolvem o conflito entre o Papa Bonifácio VIII e o Rei Filipe, o Belo. Contudo, a tese apresenta uma análise das possibilidades de ruptura e de permanência dos elementos arcaizantes. Foi possível verificar a incorporação de argumentos teóricos preocupados em garantir a estabilidade política da Cristandade. Desse modo, não foi possível encontrar uma ruptura mais drástica, que tivesse como objetivo suplantar qualquer um dos poderes existentes. Identificou-se uma pequena fissura no tecido social, que tendeu a concentrar o poder nas mãos do rei, mas que não passou de um problema do próprio conjunto social. Tal conjuntura enfrentou a nova realidade para resolver os problemas políticos das instituições, com o intuito claro de resguardar a autoridade de seus representantes. A acomodação pôde ser sentida ainda à época de Filipe, o Belo, logo após a hecatombe provocada pela queda do Papa Bonifácio VIII.

O maior exemplo do desejo de ambas as partes em manter a ordem e o poder da Igreja veio da mudança da sede do papado para Avignon, na França. Caracterizou, sim, uma mudança para resolver um problema que afetava a monarquia e impedia o retorno ao equilíbrio das forças.

É certo que as teorias produzidas pelos clérigos tentaram projetar uma imagem para a posteridade, e também almejavam dar um sentido lógico ao mundo de fé cristã. A ideologia cristã encontrava-se vinculada aos preceitos morais e éticos indicados ao ofício régio. As monarquias, desse modo, tiveram de aceitar os valores políticos e cristãos na elaboração das estratégias de centralização política. A conclusão mais fatídica é que a obra de concentração de poder nas mãos dos reis foi uma obra tomada pela promiscuidade de elementos cristãos e pagãos. O rei, consumido pelo próprio poder conquistado, precisava interagir com os rituais, símbolos e imagens propagadas historicamente pela tradição da Cristandade Latina.

O contexto social permitiu a implementação de um espaço político voltado aos interesses locais e regionais. A movimentação popular da época revela essa mudança de sentimento, que acentuou a importância da atividade régia no conjunto da sociedade. Para instaurar uma ordem equilibrada entre os poderes, a idéia de mito, de sacralidade régia, de messianismo e as visões utópicas de futuro, coagiram os fiéis e súditos à obediência ao rei. Ao solidificarem o edifício teórico do poder régio, procuraram ampliá-lo em suas mais diversas dimensões de atuação no interior do reino. A popularização do mito régio não ocorreu somente na França, mas também em grande parte das monarquias européias, ainda que de maneira menos intensa.

A monarquia francesa, que se desejava sagrada, apoiava os segmentos clericais para que eles imprimissem um caráter místico à figura régia. Muitas das ordens religiosas receberam auxílio e, mais do que isso, a aprovação e o apoio da Universidade de Paris. A aceitação, por parte desta Ordem, representava um pilar importante na manutenção do poder temporal, principalmente em vista dos seguidos dissabores causados pelo príncipe à corte papal. Manter uma ordem religiosa prestigiosa ao seu lado garantia a adesão de parte da elite pensante da época e, em grande medida, dos fiéis ouvintes. Dispensou-se mais atenção à popularidade do monarca, principalmente por intermédio de alguns setores da Igreja que realçavam as características de Lugar-Tenente de Deus na Terra, uma espécie de ungido do Senhor que se encontrava apto a governar o reino. A idéia era repassar a todos os súditos e fiéis que o rei, mesmo considerado sacralizado – portanto de origem divina –, não deveria manter-se submetido à autoridade espiritual. Johannes Quidort defendia que todo poder advinha de Deus e que o povo servia de intermediador para legitimar um governante. Destaca ainda que Deus sempre estava presente em todas as decisões, determinações e eleições de príncipes.

A idéia de defensor do reino, dos interesses dos súditos e da nobreza local surge para estender a autoridade do rei em seu reino. O rei é visto como executor da vontade divina, com poderes e atributos especiais para conduzir os súditos como um pastor que conduz suas ovelhas. A independência parcial do poder temporal é ancorada nas premissas teóricas da "tradição" do poder temporal que, anterior e solidificado nas passagens bíblicas, encontra-se em consonância com toda lei divina e sagrada. Justificativas como essas são exaustivamente tratadas por pensadores como Johannes Quidort pelo fato de serem questões de grande polêmica desde os tempos em que o Imperador rivalizava com o Papa para definir qual dos dois poderes era mais grandioso. Os defensores da monarquia apenas se ocuparam de antigas teorias para reforçar e destacar uma inquietação própria do contexto em que viviam, na verdade, uma maneira clara de ambos os poderes redefinirem o lugar de cada um nesse mundo.

Em virtude das expansões territoriais, do florescimento das cidades medievais, do comércio crescente, de uma relação de fidelidade mais estreita com o rei e do distanciamento da Igreja, essas teorias propiciaram o repensar da Cristandade Latina e do papel da comunidade de fiéis. Cada poder começa a definir os espaços de interferência na comunidade, momento em que se exige o respeito às diferentes competências de cada poder. Nas fontes analisadas, percebe-se que o rei francês apropriou-se do discurso da simbologia para o exercício do poder. A monarquia francesa apreende os aspectos da sacralidade régia e impõe a idéia de poder dinástico, em que o rei herda a capacidade de governar seus súditos pelo sangue de seus antepassados. Visualiza-se melhor isso na afronta que Filipe, o Belo, promove, ao enviar tropas para capturar o Papa Bonifácio VIII. Os documentos papais e da chancelaria régia comprovam isso. As teorias de Johannes Quidort e Egídio Romano auxiliam a que se perceba em que medida a tradição, o contexto e as discrepâncias internas à Igreja redobraram o discurso do poder régio.

Conclui-se, portanto, que as ideias defendidas por Johannes Quidort estiveram adequadas à realidade social da época, principalmente porque pregavam um equilíbrio político entre as forças. Do mesmo modo, ao propor uma distinção mais clara entre o poder espiritual e o temporal, defendeu os preceitos de uma vida ética e moralmente voltada aos valores cristãos. Pode-se afirmar que as ideias de Egídio Romano, apesar dos diferentes posicionamentos, se aproximam muito das ideias de Johannes Quidort, especialmente na formalização de um pensamento concatenado aos valores cristãos, distanciando-se apenas na idéia de que o poder temporal deve ser distinto e desvinculado do poder espiritual.

BIBLIOGRAFIA

FONTES PRIMÁRIAS IMPRESSAS

AGOSTINHO, Santo. *Confissões.* São Paulo: nova Cultura Ltda, 2004.

ANÔNIMO. "Disputatio inter Clericum et Militem". In: SOUZA, José Antônio C. R. de & BARBOSA, João Morais. *O reino de deus e o reino dos homens:* as relações entre os poderes espiritual e temporal na Baixa Idade Média (da Reforma Gregoriana a João Quidort). Porto Alegre: EDIPUCRS, 1997.

ANSELMO, Santo. "Monológio". In: *Os pensadores.* São Paulo: Nova Cultura Ltda, 2005.

AQUINO, Sto. Tomás de. "Compêndio de Teologia". In: *Os Pensadores.* São Paulo: Editora Nova Cultura Ltda., 2004.

ARISTÓTELES. *A ética.* São Paulo: Ediouro. s/d.

BENTO, Santo. *A regra de São Bento.* Rio de Janeiro: Lúmen Christi, 2003.

BOÉCIO, Anicio Manlio Severino. *La consolación de la filosofia.* Madrid: Alianza Editorial, 2004.

BONIFÁCIO VIII. "Bula Ausculta fili charissime". In: SOUZA, José Antônio C. R. de & BARBOSA, João Morais. *O reino de deus e o reino dos homens*: as relações entre os poderes espiritual e temporal na Baixa Idade Média (da Reforma

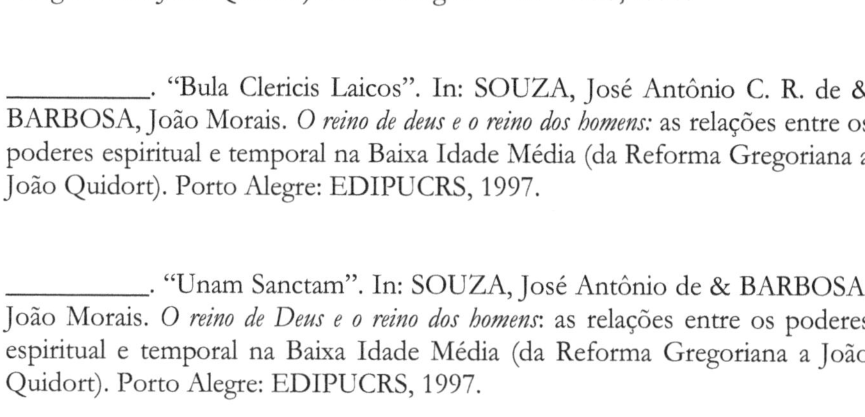

Gregoriana a João Quidort). Porto Alegre: EDIPUCRS, 1997.

__________. "Bula Clericis Laicos". In: SOUZA, José Antônio C. R. de & BARBOSA, João Morais. *O reino de deus e o reino dos homens:* as relações entre os poderes espiritual e temporal na Baixa Idade Média (da Reforma Gregoriana a João Quidort). Porto Alegre: EDIPUCRS, 1997.

__________. "Unam Sanctam". In: SOUZA, José Antônio de & BARBOSA, João Morais. *O reino de Deus e o reino dos homens*: as relações entre os poderes espiritual e temporal na Baixa Idade Média (da Reforma Gregoriana a João Quidort). Porto Alegre: EDIPUCRS, 1997.

Carta: "*Recordare* a Filipe IV". In: PASSOS, José Afonso de Morais Bueno. *Bonifácio VIII e Felipe IV de França.* São Paulo. Tese de Doutoramento em História Social, USP, 1973.

CIPRIANO, Cecilio. *La unidad de la Iglesia el padrenuestro a donato.* Madrid: Editorial Ciudad Nueva, 2001.

CRISÓSTOMO, Juan. *La verdadera conversión.* Madrid: Editorial Ciudad Nueva, 1997.

"De Abreviatione". In: PACAUT, Marcel. *Lês structures politiques de l'occident Medieval.* Paris: Librairie Armand Colin, 1969.

DE SÃO VÍTOR, Hugo. *Didascálicon da arte de ler.* Introdução e tradução Antônio Marchionni. Petrópolis, RJ: Vozes, 2001.

Duc de Levis Mirepoix. "L´attentat d´Anagni". In: PASSOS, José Afonso de Morais Bueno. *Bonifácio VIII e Felipe IV de França.* São Paulo. Tese de Doutoramento em História Social, USP, 1973.

FREDERICO II. "Frederico II e os dois poderes". In: SOUZA, José Antônio de & BARBOSA, João Morais. *O reino de Deus e o reino dos homens*: as relações entre os poderes espiritual e temporal na Baixa Idade Média (da Reforma Gregoriana a João Quidort). Porto Alegre: EDIPUCRS, 1997.

"Letre des consuls de Cahors au roi Philippe le Bel". In: PACAUT, Marcel. *Lês structures politiques de l'occident Medieval.* Paris: Librairie Armand Colin, 1969.

MAGNO, Gregorio. *Libros Morales/1.* Madrid: Editorial Ciudad Nueva, 1998.

ORÓSIO. *Histórias*: libros V-VII. Traducción y notas de Eustaquio Sànchez Salor. España: Editorial Gredos, 1982.

PÁDUA, Marsílio de. "Defensor menor". In: *Clássicos do Pensamento político.* Petrópolis: Vozes, 1991.

"Quaestio in utramque partem". In: SOUZA, José Antônio C. R. de & BARBOSA, João Morais. *O reino de deus e o reino dos homens*: as relações entre os poderes espiritual e temporal na Baixa Idade Média (da Reforma Gregoriana a João Quidort). Porto Alegre: EDIPUCRS, 1997.

QUIDORT, Johannes. *Sobre o poder régio e papal.* Tradução e introdução de Luis A. de Boni - Petrópolis, RJ: Vozes, 1989.

__________. *De Regia Potestate et Papali.* In: BLEIENSTEIN, Fritz. *Johannes Quidort von Paris* - Über königliche und päpstliche Gewalt. (De Regia Potestate et Papali). Stuttgart: Ernst Klett, 1969.

__________. *De Regia Potestate et Papali.* In: LECLERCQ, Dom Jean. *Jean de Paris*: l´ecclésiologie du XIIIe siècle. Paris: Librairie Philosophique J. Vrin, 1942.

ROMANO, Egídio. *Sobre o poder eclesiástico.* Tradução de Cléa Pitt B. Goldman Vel Lejbman & Luís A. De Boni. Petrópolis: Vozes, 1989.

SCOTUS, João Duns. *Prólogo da Ordinatio.* Tradução, introdução e notas de Roberto Hofmeister Pich. Porto Alegre: EDIPUCRS, 2003.

VITERBO, Tiago de. "Sobre a subordinação do poder terreno ao espiritual". IN: SOUZA, José Antônio de C. R. de. O reino de Deus e o reino dos Homens: as relações entre os poderes espiritual e temporal na Baixa Idade Média (da

Reforma Gregoriana a João Quidort). Porto Alegre: EDIPUCRS, 1997.

OBRAS CITADAS E CONSULTADAS

AMEAL, João. *História da Europa.* Portugal: Livraria Tavares Martins, 1964.

ANDERSON, Perry. *Passagens da Antigüidade ao feudalismo.* São Paulo:Brasiliense, 1991.

ARNAUT, Cezar & BERNARDO, Leandro Ferreira. *Virtù e Fortuna no pensamento de Maquiavel.* Revista Acta Scientiarum. Maringá, v. 24, n. 1, 2002.

BARBEY, Jean. *Être roi*: Le roi et son gouvernement en France de Clóvis à Louis XVI. Paris: Fayard, 1992.

BARK, William Carrol. *Origens da Idade Média.* Rio de Janeiro: Zahar, 1957.

BARKER, Ernest. "O conceito de império". In BAILEY, Cyril (Org). *O legado de Roma.* Rio de Janeiro: Imago, 1992.

BARROS, Alberto Ribeiro de. *A teoria da soberania de Jean Bodin.* São Paulo: Unimarco, 2001.

BATISTA NETO, Jônatas. *História da Baixa Idade Média (1066-1453).* São Paulo: Ática, 1989.

BERTELLONI, Francisco. "El pensamiento politico papal en la 'Donatio Constantini': aspectos históricos, políticos y filosóficos del documento papal". In SOUZA, José Antônio de C. R. de. *O reino e o sacerdócio: o pensamento político na Alta Idade Média.* Porto Alegre: EDIPUCRS, 1995.

__________. *La crisis de la monarquía papal mediante un modelo causal ascendente: Juan de París*, De Regia Potestate et Papali. Porto Alegre: Veritas. V. 51. n. 03, 2006.

BLACK, Antony. *Political thought in Europe*: 1250-1450. Cambridge: University Press, 1992.

BLEIENSTEIN, Fritz. *Johannes Quidort von Paris* - Über königliche und päpstliche Gewalt. (De Regia Potestate et Papali). Stuttgart: Ernst Klett, 1969.

BLOCH, Marc. *A sociedade feudal.* Lisboa: Edições 70, 1998.

__________. *Os reis taumaturgos.* São Paulo: Companhia das Letras, 1993.

BOBBIO, Norberto. *As teorias das formas de governo.* Brasília: EUB, 1998.

BOEHNER, Philotheus & GILSON, Etienne. *História da filosofia Cristã.* Petrópolis: Vozes, 2004.

BOURDIEU, Pierre. *A economia das trocas simbólicas.* São Paulo: Perspectiva, 2005.

BOUREAU, Alain. "Un obstacle à la sacralité royale en occident: le principe hiérarchique". In BOUREAU, Alain & INGERFLON, Claudio Sergio. *La royauté sacrée dans le monde chrétien.* (Colloque de Royaumont, mars 1989). Paris: École des Hauts Études en Sciences Sociales, 1992.

BRAUDEL, Fernand. *O Mediterrâneo*: os homens e a Herança. Tradução de Teresa Meneses. Lisboa: Teorema, 1987.

BURNS, James Henderson. *Histoire de la pensée politique Médiévale.* Paris: Presses universitaires de France, 1993.

__________. "A estrutura da felicidade: o legislador e a condição humana". In: KING, Preston. *O estudo da política.* Brasília: Editora Universidade de Brasília,

1980.

CAILLOIS, Roger. *O homem e o sagrado.* Portugal: Edições 70, 1950.

CARDOSO, Ciro Flamarion. *Baixa idade Média* (ênfase nos séculos XIII e XIV). Notas de aula.

CERTEAU, Michel de. *A escrita da história.* Rio de Janeiro: Forense Universitária, 1982.

CHAUNNU, Pierre. *Expansão européia do século XIII ao XV.* São Paulo: Pioneira: 1978.

__________. *A Civilização da Europa Clássica.* Lisboa: Editora Estampa, 1993.

COMTE, Augusto. *Reorganizar a sociedade.* São Paulo: Escala, 2005.

CORVISIER, André. *História moderna.* São Paulo: editora Bertrand Brasil, 4a ed., 1995.

DAVID, M. *La souveraineté et les limites juridiques du pouvoir monarchique du IXe au XVe siècle.* Paris : Dalloz, 1954.

DAWSON, Christopher. *Ensayos acerca de la Edad Media.* Madrid: Aguilar, 1960.

DE BONI, Luís Alberto. "Introdução". In ROMANO, Egídio. *Sobre o poder eclesiástico.* Petrópolis: Vozes, 1989.

__________. "Introdução". In. QUIDORT, Johannes. *Sobre o poder régio e papal.* Tradução e introdução de Luis A. de Boni - Petrópolis, RJ: Vozes, 1989.

DEL ROIO, José Luiz. *As religiões na História*; Igreja Medieval: a Cristandade latina. São Paulo: Ática, 1997.

DUBY, Georges. *As Três Ordens ou o Imaginário do Feudalismo*. Lisboa: Estampa, 1982.

__________. *Ano 1000 ano 2000 na pista de nossos medos*. São Paulo: Editora da UNESP, 1998.

__________. *Damas do século XII*: a lembrança das ancestrais. São Paulo: Companhia das Letras, 1997.

__________. *Economia rural e vida no campo no Ocidente Medieval.* Vol. II. Lisboa: Edições 70, 1962.

__________. *Idade Média na França*: de Hugo Capeto a Joana D'Arc. Rio de Janeiro: Jorge Zahar Ed., 1992.

__________. *O tempo das catedrais*: a arte e a sociedade 980-1420. Lisboa: Editorial Estampa, 1993.

__________. *Para uma história das mentalidades*. Lisboa: Terramar, 1999.

__________. *Senhores e Camponeses*. São Paulo: Martins Fontes, 1990.

ELIADE, Mircea. *História das crenças e das idéias religiosas*. Rio de Janeiro: Zahar Editores, 1983.

ELIAS, Norbert. *A sociedade dos indivíduos*. Rio de Janeiro: Jorge Zahar, 1994.

__________. *O processo civilizador. Volume 2: Formação do Estado e Civilização.* Rio de Janeiro: Jorge Zahar, 1993.

FARRÉ, Luis. *Filosofia cristiana, patrística y medieval.* Buenos Aires: Editorial Nova, 1960.

FEBVRE, Lucien. *A Europa*: gênese de uma civilização. São Paulo: Edusc.

__________. *Combates pela história.* 3a ed. Lisboa: Presença, 1989.

FOURQUIN, Guy. *Senhorio e feudalidade na Idade Média.* Lisboa: Edições 70, 1970.

GAUDEMET, Jean. "O milagre romano". In BRAUDEL, Fernand. *O Mediterrâneo:* os homens e a Herança. Lisboa: Teorema, 1987.

GOMES, Francisco José. "A Igreja e o Poder: representações e discursos". In RIBEIRO, Maria Eurydice de Barros (org.). *A vida na Idade Média.* Brasília: EdUNB, 1979.

GUENÉE, Bernard. *O Ocidente nos séculos XIV e XV*: os Estados. São Paulo: Pioneira: Ed. da Universidade de São Paulo, 1981.

GUIGNEBERT, Charles. *El Cristianismo medieval y moderno.* México: Fondo de Cultura Económica, 1927.

GUILLEMAIN, Bernard. *O despertar da Europa:* do ano 1000 a 1250. Lisboa: Publicações Dom Quixote, 1980.

GUNNEL, John G. *Teoria política.* Brasília: EUB, 1981.

__________. "Teoria política: texto e ação". In: GUNNEL, John G. *Teoria política.* Brasília: Editora Universidade de Brasília, 1981.

HANSEN, João Adolfo. "Razão de Estado". In: NOVAES, Adauto (Org.). *A crise da razão.* São Paulo: Companhia das Letras; Brasília, DF: Ministério da Cultura; Rio de Janeiro: Fundação Nacional de Arte, 1996.

HEERS, Jacques. *O Ocidente nos séculos XIV e XV*: aspectos econômicos e sociais. Tradução de Anne Arnichand da Silva. São Paulo: Pioneira; Ed. da Universidade de São Paulo, 1981.

KANTOROWICZ, Ernst H. *Os dois corpos do rei:* Um estudo sobre teologia política medieval. São Paulo: Companhia das Letras, 1998.

KRITSCH, Raquel. *Soberania:* a construção de um conceito. São Paulo: Humanitas FFLCH/USP: Imprensa Oficial do Estado, 2002.

LADURIE, Emmanuel Le Roy. *Montaillou, povoado accitânico, 1294-1324*. São Paulo: Companhia das Letras, 1997.

LE GOFF, Jacques & SCHMITT, Jean-Claude (Org.) *Dicionário Temático doOcidente Medieval.* Volume 1 e 2. São Paulo: Edusc, 2006.

LE GOFF, Jacques. *Os intelectuais na Idade Média.* São Paulo: Brasiliense, 4ªed., 1995.

__________. *A bolsa e a vida.* São Paulo: Brasiliense, 1995.

__________. *Para um novo conceito de Idade Média.* Lisboa: Estampa, 1979.

__________. "A política será ainda a ossatura da História?" IN: LE GOFF, Jacques. *O Maravilhoso e o quotidiano no Ocidente Medieval.* Lisboa: Edições 70, 1983.

__________. "A visão dos outros: um medievalista diante do presente". In: CHAUVEAU, Agnès & TÉTART, Philippe. *Questões para a história do presente.* São Paulo: EDUSC, 1999.

__________. "Na Idade Média: tempo da Igreja e tempo do mercador". In LE GOFF, Jacques. *Para um novo conceito de Idade Média.* Lisboa: Estampa, 1979.

__________. *Por amor às cidades.* São Paulo: Editora da UNESP, 1998.

__________. *São Luís*: Biografia. São Paulo: Editora Record, 1999.

LE GOFF, Jacques & TRUONG, Nicolas. *Uma história do corpo na Idade Média.* Rio de Janeiro: Civilização Brasileira, 2006.

LECLERCQ, Dom Jean. *Jean de Paris*: l´ecclésiologie du XIIIe siècle. Paris: Librairie Philosophique J. Vrin, 1942.

__________. *Consideraciones monásticas sobre Cristo en la Edad Media.* Espanha: Desclée de Brouwer, 1999.

LEMERLE, Paul. *História de Bizâncio.* São Paulo: Martins Fontes, 1991.

LIMA, José Jivaldo. *A visão de João Quidort a respeito dos poderes temporal e espiritual.* Goiânia: Dissertação de Mestrado defendida na Universidade Federal de Goiás: 2000.

__________. "O poder temporal em João de Paris". In: *Revista Ágora Filosófica.* Pernambuco: Universidade Católica de Pernambuco, ano 5, n. 2., 2005.

LOT, Ferdinand & FAWTIER, Robert. *Histoire des institutions française au Moyen Age.* Tome III - Institutions ecclésiastique. Paris: Presses Universitaires de France, 1962.

__________. *O fim do mundo antigo e o princípio da Idade Média.* Lisboa: Edições 70, 1968.

LUPI, João. "A estética na Ordem de Agostinho de Hipona". In: LUPI, João & JÚNIOR, Arno Dal Rí. *Humanismo Medieval*: caminhos e descaminhos. Ijuí: Ed. Unijuí, 2005.

MARAVALL, José Antônio. *Estado Moderno y Mentalidad Social.* Madrid: Revista de Occidente, 1972.

MARX, Karl & ENGELS, Friedrich. Feuerbach: a oposição entre a concepção materialista e a idealista. In A ideologia alemã (Feuerbach). São Paulo: Hucitec, 1987.

MAZON, Brigitte. "Introdução". In FEBVRE, Lucien. *A Europa*: gênese de uma civilização. São Paulo: Edusc.

MAZZARINO, Santo. *O fim do mundo antigo*. 1a ed. São Paulo: Martins Fontes, 1991.

MOLLAT, Michel. *Os pobres na Idade Média*. Rio de Janeiro: Campus, 1989.

NEDERMAN, Cary J. & FORHAN, Kate Langdon. *Medieval political theory: a reader: the quest for the body politic, 1100-1400*. London: Routledge, 1993.

NOGUEIRA, Carlos Roberto F. "Apresentação". In: VERGER, Jacques. *Homens e saber na Idade Média*. São Paulo: EDUSC, 1999.

OLDENBOURG, Zoé. *As cruzadas*. Rio de Janeiro: Civilização Brasileira, 1968.

OLIVEIRA, Waldir Freitas. *A caminho da Idade Média*: cristianismo, Império Romano e a presença germânica no Ocidente. São Paulo: Brasiliense, 1987.

PACAUT, Marcel. *Les structures politiques de l'occident Medieval*. Paris: Librairie Armand Colin, 1969.

PASSOS, José Afonso de Morais Bueno. *Bonifácio VIII e Felipe IV de França*. São Paulo. Tese de Doutoramento em História Social, USP, 1973.

PINSKY, Jaime. *Primeiras civilizações*. São Paulo: Atual, 1994.

PIRENNE, Henri. *Historia de Europa*: desde las invasiones hasta el siglo XVI.

México: Fondo de Cultura Económica, 2003.

__________. *História Econômica e Social da Idade Média*. São Paulo: Editora Mestre Jaú, 1982.

PLUTARCO. *Alexandre*. Tradução de Hélio Veiga. Rio de Janeiro: Ediouro, 2004.

PRÉLOT, M. *As doutrinas políticas*. Lisboa: Presença, 1974. vol. 2.

QUEIROZ FILHO, Mário Galvão de. *O rei concreto e o rei secreto nas fábulas de La Fontaine (1668-1715)*. Tese de Doutorado em História. Orientadora Doutora Vânia Leite Fróes. Niterói: Universidade Federal Fluminense, 1999.

RÉMOND, Réné (org.). *Por uma história política*. Rio de Janeiro: Editora UFRJ, 1996.

__________. "Do político". In: RÉMOND, René (org.). *Por uma história política*. Rio de Janeiro: FGV, 1996.

RIBEIRO, Renato Janine. *A última razão dos reis:* ensaios sobre filosofia e política. São Paulo: Companhia das Letras, 1993.

RUSSEL, Bertrand. *História do pensamento ocidental*: a aventura das idéias, dos Pré-Socráticos a Wittgenstein. Rio de Janeiro: Ediouro, 2001.

SANTIDRIÁN, Pedro Rodríguez. "Introdução". In: BOÉCIO, Anicio Manlio Severino. *La consolación de la filosofía*. Madrid: Alianza Editorial, 2004.

SARANYANA, Josep-Ignasi. *A filosofia Medieval: das origens patrísticas à escolástica barroca*. São Paulo: Instituto Brasileiro de Filosofia e Ciência "Raimundo Lúlio", 2006.

SCHNÜRER, Gustave. *L'Église et la civilisation au Moyen Age*. III. Paris: Payot,

1938.

SIRINELLI, François. "Ideologia, tempo e história". In: CHAUVEAU, Agnès & TÉTART, Philippe. *Questões para a história do presente.* São Paulo: EDUSC, 1999.

SKINNER, Quentin. *As fundações do pensamento político moderno.* São Paulo: Companhia das Letras, 1999.

SOUZA, José Antônio C. R. de & BARBOSA, João Morais. *O reino de deus e o reino dos homens:* as relações entre os poderes espiritual e temporal na Baixa Idade Média (da Reforma Gregoriana a João Quidort). Porto Alegre: EDIPUCRS, 1997.

SOUZA, José Antônio de C. R. de. "A teocracia imperial no fim da Alta Idade Média". In SOUZA, José Antônio de C. R. de. *O reino e o sacerdócio: o pensamento político na Alta Idade Média.* Porto Alegre: EDIPUCRS, 1995.

STRAYER, Joseph Reese. *As origens medievais do Estado moderno.* Lisboa : Gradiva, 1969.

THEIMER, Walter. *História das idéias políticas.* Lisboa: Arcádi, 1970.

TORRES, Moisés Romanazzi. *O conceito de império em Marsílio de Pádua (c. 1275 - c. 1342-43).* Rio de Janeiro: Tese de Doutorado defendida na Universidade Federal do Rio de Janeiro, 2003.

ULLMANN, Walter. *Escritos sobre teoría política medieval.* 1a Edição. Buenos Aires: Eudeba, 2003.

__________. *Historia del pensamiento político en la Edad Media.* Ba: Ariel, 5ª Edição, 2004.

__________. *Principles of government and politics in the Middle Ages.* London: Methuen and co. Ltd, 1961.

__________. *The Growth of Papal Government in the Middle Ages.* London : Methuen. 1962.

VERGER, Jacques. *Homens e saber na Idade Média.* São Paulo: EDUSC, 1999.

VEYNE, Paul Marie. *Como se escreve a história.* Brasília: Editora Universidade de Brasília.

VOEGELIN, Eric. *A nova teoria política.* Brasília: EUB, 1979.

WEBER, Max. *Ciência e política:* duas vocações. São Paulo: Martin Claret, 2002.

WINOCK, M. "As idéias políticas". In: RÉMOND, R. (org.). *Por uma história política.* Rio de Janeiro: UFRJ/FGV, 1996.

ZILLES, Urbano. *Fé e razão no pensamento medieval.* Porto Alegre: Edipucrs, 1993.

ZUMTHOR, Paul. *A letra e a voz:* a "literatura" medieval. São Paulo: Companhia das Letras, 1993.

__________. *La medida del mundo*: representación del espacio en la Edad Media. Madrid: Catedra, 1994.

SOBRE O AUTOR

É paranaense de Palotina e Doutor em História pela Universidade Federal Fluminense, UFF. Bacharel em Direito, é autor de diversos livros e artigos. Organizador dos livros: "*Da prosperidade divina à riqueza dos homens*", "*De campo a campus: uma década de investigação científica*", "*História e discurso*" e "*Nem toda a história, mas um pouco dela*". Também é autor dos livros "*A perfeição do político*", "*Manifestações do sagrado*" e "*Da bondade de Deus e a força dos homens*".

No dia 1º de julho de 2002 iniciou as atividades como docente na Universiadade Estadual do Oeste do Paraná – UNIOESTE, no Curso de História do Campus de Marechal Candido Rondon-PR.

No dia 24 de março de 2004, foi aprovado no Doutorado na UFF e no concurso público para a cadeira de História Medieval na Universidade Estadual de Goiás – UEG, no campus universitário da cidade de Itumbiara.

No dia 1º de dezembro de 2006, após aprovação em concurso público, tomou posse na Universidade Federal de Mato Grosso do Sul – UFMS, campus de Nova Andradina. Nesta universidade, desenvolveu pesquisas, ocupou o cargo de Coordenador do Curso de História diversas vezes, além de ter sido eleito para Diretor de Campus.

Em 29 de julho de 2019, após a aprovação de Projeto de Cooperação Técnica, foi cedido para a Universidade Tecnologia Federal do Paraná, campus de Toledo. Nesta universidade, integra o corpo docente do Curso de Especialização em *Busines Intelligence em Competitividade e Sustentabilidade*, estando na presente data (27 de março de 2022), em cedência para a UTFPR de Toledo-PR.

Atualmente (março de 2022) é professor Associado da Universidade Federal de Mato Grosso do Sul cedido para a UTFPR de Toledo-PR.

www.ingramcontent.com/pod-product-compliance
Lightning Source LLC
LaVergne TN
LVHW050404160826
845677LV00002BA/248

* 9 7 9 8 4 4 1 1 0 3 9 4 7 *